Johanna Handschmann

Zucchini

Bassermann

Inhalt

Eine interessante und köstliche Salatkombination aus Zucchini, Möhren und Fenchel (Rezept Seite 13)

Ganz einfach zuzubereiten: Zucchini-Pilz-Pfanne

Risotto mit Zucchini und Ingwer auf italienische Art

Im Handumdrehen sind die überbackenen Zucchini mit Käsekruste fertig

Allroundgemüse Zucchini

Die vielseitigen Zucchini sind preiswert, leicht zu verarbeiten, haben immer Saison und eignen sich für zahlreiche pikante und süße Zubereitungen von einfach bis raffiniert.

Das in Zucchini reichlich enthaltene Vitamin A kurbelt den gesamten Stoffwechsel an und stärkt die körperliche und geistige Vitalität. So haben Müdigkeit, Leistungs- und Konzentrationsschwäche keine Chance.

Heimat und Anbauländer

Zucchini, auch Zucchetti oder Courgettes genannt, sind die kleinsten Vertreter der großen Kürbisfamilie *(Cucurbita pepo)*. Ursprünglich in Mexiko zu Hause, gelangten sie im 15. Jahrhundert nach Europa, wo sie allerdings zunächst nur in Italien und Griechenland kultiviert wurden. Inzwischen wachsen sie längst im gesamten Mittelmeerraum von Spanien bis zur Türkei, wo sie wegen des milden Klimas ganzjährig angebaut werden, während man sie in unseren kühlen Breiten nur von Juni bis September ernten kann.
Dank ihres dezenten, aber dennoch aromatischen Geschmacks, ihrer überaus vielseitigen Verwendbarkeit und des reichen Erntesegens, den die schnellwüchsigen und ertragreichen Pflanzen den Hobbygärtnern bescheren, haben die Gemüsefrüchte in den letzten 20 Jahren einen festen Platz auf unserem Speisezettel erobert.

Farben und Formen

Zucchini werden in vielen Varianten kultiviert: Neben den bekannten dunkelgrünen Sorten gibt es hellgrüne, goldgelbe, weiße und grünweiß gesprenkelte Früchte, deren Formen zwischen schlank und gurkenförmig bis zu kugelrund variieren, wobei sich Letztere besonders gut zum Füllen eignen. In der Regel werden bei uns die schlanken, dunkelgrünen Zucchini angeboten, die ein Gewicht von mehreren Kilogramm erreichen können, jedoch am besten schmecken, wenn sie nicht länger als 20 Zentimeter sind. Besonders große Exemplare lassen sich aber auch noch in Eintöpfen oder für Kuchen verwenden.

Vielseitig und unkompliziert

Zucchini sind eine Delikatesse mit verstecktem Charme. Sie schmecken mild, haben ein feines, leicht nussartiges Aroma und lassen sich nahezu universell einsetzen, egal ob für Salate, Vorspeisen, Hauptgerichte oder als Beilage. Auch zum Füllen oder Panieren und sogar für süße Gerichte sind diese Allroundkünstler bestens geeignet.

- Zucchini harmonieren mit fast allen Kräutern. Besonders beliebt sind Kombinationen mit Thymian, Rosmarin, Salbei und Oregano, sehr fein schmecken aber auch Zitronenmelisse oder Dill. Als Gewürze eignen sich neben Salz und Pfeffer auch Curry, Safran, Muskatnuss, Ingwer, Zitrone und Knoblauch.
- Zucchini lassen sich vorzüglich mit mediterranem Gemüse wie Auberginen, Fenchel oder Tomaten kombinieren, vertragen sich aber auch bestens mit einheimischem Gemüse wie Möhren, Zwiebeln, Porree, Kartoffeln oder Erbsen.

Fitmacher Zucchini

Zucchini schmecken nicht nur gut, sondern sind durch ihren hohen Gehalt an lebenswichtigen Vitaminen, Mineral- und Ballaststoffen auch überaus gesund:

- Zucchini enthalten viel Vitamin A und C, Vitamin B1 und B2, Niazin und Vitamin E.
- Zucchini sind reich an Kalzium, Magnesium, Phosphor, Kalium, Eisen, Fluor und Natrium.
- Zucchini besitzen reichlich mild wirkende Ballaststoffe.
- Zucchini enthalten kaum Fett und nur wenig Kalorien (16 Kilokalorien pro 100 Gramm) und sind deshalb die idealen Schlankmacher.

Darüber hinaus fördern sie körperliche und geistige Leistungsfähigkeit, denn sie

- entwässern und entsäuern den Organismus
- entgiften den Darm
- beseitigen Darmträgheit und Verstopfung
- helfen beim Aufbau einer gesunden Darmflora und
- stärken die Immunkräfte des Körpers.

Zucchini eignen sich ideal zum Abnehmen, da sie besonders wenig Kalorien, aber sehr viele Ballaststoffe enthalten. Außerdem sind sie leicht verdaulich und deshalb gut für eine Magen- und Darmdiät geeignet.

Zehn gute Gründe, Zucchini zu essen

1. Zucchini helfen beim Schlankwerden.
2. Zucchini stärken das Immunsystem.
3. Zucchini verbessern die körperliche und geistige Vitalität.
4. Zucchini erhöhen die Konzentrationsfähigkeit.
5. Zucchini aktivieren den Zellstoffwechsel und somit die Leistungsfähigkeit.
6. Zucchini kräftigen Muskeln und Herz.
7. Zucchini wirken entwässernd und entsäuernd.
8. Zucchini entgiften den Darm und binden Fettstoffe.
9. Zucchini beseitigen Darmträgheit und Verstopfung.
10. Zucchini kräftigen alle Schleimhäute im Körper und helfen so bei der Darmpflege.

Zucchini einkaufen

Mit den vielfältigen Rezepten in diesem Buch können Sie dem Erntesegen im eigenen Garten gelassen entgegensehen.

Zucchini sind preiswert und haben dank der Importe aus den Mittelmeerländern zu allen Jahreszeiten Saison.
Achten Sie beim Einkauf auf pralle, glänzende Früchte mit unversehrter Schale, die im Verhältnis zu ihrer Größe relativ schwer sind. Leichte Zucchini sind dagegen meist schon zu lange gelagert und an der Spitze häufig bereits weich.
Welche Sorte Sie beim Einkauf wählen, hängt vor allem vom späteren Verwendungszweck ab, denn die verschiedenen Zucchinisorten unterscheiden sich geschmacklich kaum voneinander, lassen sich dafür aber gut für optische Kontraste nutzen. So passen z. B. die intensiv gelben Zucchini farblich sehr schön zu grünen Nudeln, wildem Reis oder Blumenkohl, während eine Mischung aus gelben und grünen Zucchini besonders reizvoll in Kombination etwa mit Tomaten oder roten Paprikaschoten bzw. mit roten Peperoni aussieht.
Am besten schmecken relativ kleine Zucchini bis etwa 20 Zentimeter Länge mit festem, saftigem Fruchtfleisch und dünner Schale, die nur eine kurze Garzeit benötigen.
Größere Zucchini haben eine dickere Schale, so dass sie zwar länger gelagert werden können, dafür aber auch eine etwas längere Garzeit haben. Ihr Fruchtfleisch ist außerdem etwas trockener als das von kleineren Früchten und enthält zudem größere Kerne, die vor der Zubereitung entfernt werden sollten.

Jede Zucchinipflanze trägt männliche und weibliche Blüten, wobei die männlichen Blüten nur einen Stiel haben. Die Blüten eignen sich besonders gut zum Frittieren oder zum Füllen.

Zucchiniblüten

Raffinierte Extras bieten Zucchini mit großen Blüten, die sich wunderbar zum Füllen und Frittieren oder auch einfach nur zum Dekorieren eignen. Die attraktiven Blüten, die es bei uns in der Regel nur im Sommer gibt, können frisch auch sehr gut solo zubereitet werden – am besten schmecken sie, wenn sie erst kurz vor der Zubereitung aus dem eigenen Garten geerntet werden. Dabei schadet es den Zucchinipflanzen nicht, wenn Sie die Blüten ernten, sondern sie werden dadurch im Gegenteil zu weiterer Blütenproduktion angeregt.
Zucchiniblüten sollten Sie immer nur vorsichtig unter kaltem Wasser abbrausen und zum Abtropfen auf Küchenpapier legen.

Zucchini lagern

Im Kühlschrank können Sie Zucchini im Gemüsefach oder in einer mit Luftlöchern versehenen Plastiktüte ohne weiteres ein bis zwei Wochen aufbewahren. Wichtig ist, dass die Früchte nicht luftdicht verpackt sind, da sie sonst bald zu schimmeln beginnen. Ältere, größere Zucchini mit dicker Schale können Sie ähnlich wie Kürbisse über längere Zeit auch im kühlen, dunklen Keller oder in der Speisekammer lagern.

Zucchini konservieren

Zucchini lassen sich auf vielerlei Weise konservieren: auf mediterrane Art zusammen mit Kräutern in Öl eingelegt, als pikantes Chutney für exotische Gerichte oder klassisch süßsauer eingemacht wie Kürbisse (Seite 28 f.).
Gewaschen, geputzt, in Scheiben geschnitten und in Tiefkühlbeutel verpackt, können die Früchte auch unblanchiert sehr gut bis zu acht Monate tiefgefroren werden.

Mein blitzschnelles Zucchini-Lieblingsrezept schmeckt nicht nur gut, sondern ist auch ideal geeignet, das fettlösliche Provitamin A für den Körper verfügbar zu machen: Dünne Zucchinischeiben in wenig Olivenöl zusammen mit etwas Knoblauch goldbraun braten.

Zucchini vorbereiten

1 Den Zucchino waschen, mit Küchenpapier sorgfältig trockentupfen und Stiel- und Blütenansatz entfernen.

2 Die Frucht in 5 bis 7 Millimeter dicke Scheiben schneiden (dicke Zucchini vorher 1- bis 2-mal längs halbieren).

3 Zackenmuster schneiden: Den Zucchino mit einem Buntmesser in 5 bis 7 Millimeter dicke Scheiben schneiden.

4 Dünne Stifte schneiden: Den Zucchino mit einem Julienneshobel in feine, 2 bis 3 Millimeter dicke Stifte schneiden.

5 Gleichmäßige Längsscheiben schneiden: Den Zucchino mit einem großen Messer oder mit der Maschine schneiden.

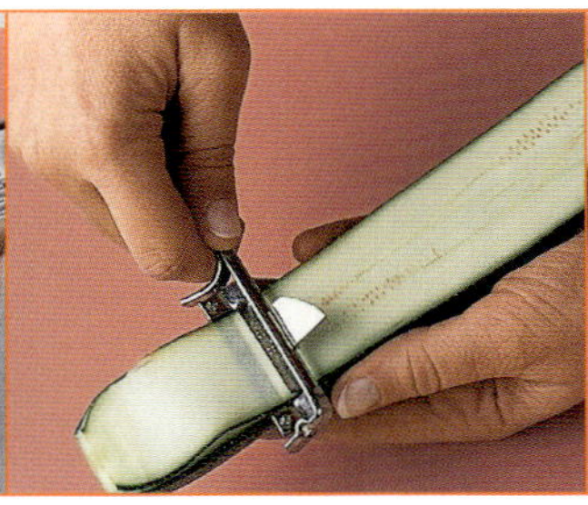

6 Besonders dünne Scheiben schneiden: Den Zucchino an der Längsseite gleichmäßig mit einem Sparschäler schälen.

7 Zucchino aushöhlen: Die Frucht in der Mitte längs durchschneiden, Stiel- und Blütenansatz dabei stehen lassen.

8 Das Fruchtfleisch mit einem scharfkantigen Teelöffel herauslösen, dabei einen 5 Millimeter dicken Rand stehen lassen.

Vorspeisen und Salate

Ob als aromatische Zutat in einem knackigen gemischten Salat, als feine Vorspeise für ein festliches Menü oder als appetitliche Häppchen auf einem dekorativen Büfett – mit Zucchini, den unkomplizierten Allroundkünstlern, können Sie immer neue Varianten zaubern. Dezent und unaufdringlich im Geschmack passen sie zu fast jedem Gemüse, harmonieren mit Fleisch, Geflügel, Fisch, Krustentieren und Eiern, lassen sich mit zahlreichen Kräutern und Gewürzen kombinieren und schmecken auch vorzüglich zu würzigem Käse.

Geht schnell

Gemischter Salat mit Zucchini und Pilzen

Verwenden Sie Austernpilze möglichst nicht in Kombination mit allzu würzigen Lebensmitteln, da sich ihr Aroma sonst nicht entfalten kann.

Für 4 Portionen

1 kleiner Blattsalat (Eichblattsalat, Lollo Rosso, Endiviensalat)
1 Möhre
2 Tomaten
1 Stück Salatgurke (etwa 5 cm)
1 EL Apfelessig
2 EL Öl
Salz
frisch gemahlener bunter Pfeffer
200 g Austernpilze
1 Zucchino
2 Knoblauchzehen
1 EL Butter
1 EL Balsamicoessig

20 Minuten

1 Den Salat waschen, putzen und abtropfen lassen. Die Möhre waschen oder schälen und in feine Streifen hobeln. Die Tomaten waschen, vierteln und den Stielansatz entfernen. Die Salatgurke schälen und in nicht zu feine Streifen oder Würfel schneiden.

2 Den Apfelessig mit Öl, Salz und Pfeffer verrühren. Die Salatblätter in mundgerechte Stücke zerpflücken und mit den Möhrenstreifen, Tomatenvierteln und der Marinade vermischen.

3 Die Pilze putzen und in schmale Streifen schneiden. Den Zucchino waschen und in dünne Scheiben schneiden. Den Knoblauch abziehen und sehr fein würfeln.

4 Die Butter zerlassen und den Knoblauch darin in 1 bis 2 Minuten goldbraun braten. Die Pilze zugeben und bei starker Hitze 2 bis 3 Minuten braten. Die Zucchinischeiben zufügen und alles unter Wenden weitere 3 bis 4 Minuten bei mittlerer Temperatur schmoren. Mit dem Balsamicoessig ablöschen und Pilze und Zucchini auf den Salat geben.

Tipp der Köchin

Zu diesem feinen Salat servieren Sie am besten knuspriges Baguette. Aber auch ein herzhaftes Bauernbrot schmeckt gut dazu. Nach Belieben können Sie noch einige gebratene Puten- oder Hühnerbruststreifen auf dem kalt-warmen Salat verteilen.

Besonders kleine Austernpilze haben ein sehr festes Fleisch.

Sehr fein

Zucchini-Möhren-Fenchel-Salat

Für 4 Portionen

400 g Zucchini
200 g Möhren
1 kleine Fenchelknolle
2 cm frische Ingwerwurzel
250 ml Orangensaft
1 Prise Zucker, Salz
frisch gemahlener bunter Pfeffer
50 g schwarze Oliven, gehackt
4 EL Olivenöl
1–2 TL Zitronensaft

30 Minuten

1 Das Gemüse waschen und putzen. Zucchini und Möhren in dünne Stifte hobeln, die Fenchelknolle sehr fein hobeln. Den Ingwer schälen und fein würfeln.

2 Den Orangensaft mit dem Ingwer erhitzen und Zucchini, Möhren und Fenchel darin 4 bis 5 Minuten offen dünsten, dabei den Orangensaft etwas einkochen lassen.

3 Das Gemüse in einer Salatschüssel mit Zucker, Salz und Pfeffer würzen. Die Oliven zufügen. Öl und Zitronensaft darüber gießen, alles gut vermischen und nochmals abschmecken.

Der Zucchini-Möhren-Fenchel-Salat mit einer besonders frischen Note dank Orangen- und Zitronensaft, die noch durch das Aroma und die leichte Schärfe des frisch geriebenen Ingwers unterstützt wird.

Lässt sich vorbereiten

Saftiger Zucchini-Gemüse-Salat

Zitronenmelisse passt besonders gut zu Gerichten, die intensiv schmecken. Man gibt sie aber erst kurz vor dem Servieren dazu, da ihr Aroma sehr flüchtig ist.

Für 4 Portionen

- 250 g kleine Zucchini
- 1 EL Olivenöl
- 1 rote Paprikaschote
- 1 gelbe Paprikaschote
- 1 Möhre
- 2 Stangen Staudensellerie
- Salz
- 1 Fleischtomate
- 4 EL Sherry- oder Apfelessig
- frisch gemahlener bunter Pfeffer
- 4 EL kaltgepresstes Olivenöl
- 2–3 Stängel Basilikum, Petersilie, Zitronenmelisse oder Dill

30 Minuten

1 Die Zucchini waschen, den Stielansatz entfernen und die Früchte sehr fein (etwa 3 Millimeter), würfeln. 1 Esslöffel Öl erhitzen, die Zucchiniwürfel darin 2 bis 3 Minuten unter Rühren andünsten und in eine Salatschüssel umfüllen.

Dieser »Gabelbissensalat« findet auf einer Grillparty oder auf einem kalten Büfett begeisterte Anhänger.

2 Die Paprikaschoten waschen, den Stielansatz und die Kerne entfernen. Die Möhre waschen und bürsten oder schaben. Den Staudensellerie waschen und abziehen. Paprika, Möhre und Sellerie ebenfalls sehr fein würfeln, zu den Zucchini geben, alles vermengen und das Gemüse mit 1 Prise Salz würzen.

3 Die Tomate mit Wasser überbrühen und kurz ziehen lassen. Den Stielansatz entfernen und die Haut abziehen. Das Fruchtfleisch fein würfeln und zu dem Gemüse geben.

4 Für die Marinade den Essig mit Pfeffer und Öl verrühren und mit dem Gemüse vermischen. Die Kräuter waschen, trockenschwenken, fein hacken und darüber streuen.

Tipp der Köchin

Sie können die Zucchini auch roh verwenden, sollten den Salat dann aber einige Stunden ziehen lassen.

Zucchini in feine Würfel schneiden

1 Den Zucchino waschen und längs in feine Scheiben schneiden.

2 Die Scheiben der Länge nach in feine Streifen schneiden.

3 Die Streifen portionsweise quer in feine Würfelchen schneiden.

Für Gäste

Bunter Zucchini-Gemüse-Salat mit Oliven

Da sich das Auberginenfruchtfleisch bei Luftkontakt schnell verfärbt, ist es ratsam, die Schnittflächen nach dem Anschneiden mit etwas Zitronensaft zu beträufeln.

Für 4 Portionen

250 g Zucchini
250 g Auberginen
etwas Zitronensaft, Salz
250 g rote Zwiebeln
250 g Staudensellerie
25 g Kapern
8 EL Olivenöl
2–3 EL Weißwein- oder Rotweinessig
1 TL Honig oder Zucker
250 g Kirschtomaten
50 g schwarze oder grüne Oliven
2–3 EL Basilikumblätter
2 EL Pinienkerne

40 Minuten

1 Von Zucchini und Auberginen den Stiel- bzw. Blütenansatz abschneiden. Die Früchte waschen, je nach Größe halbieren oder vierteln und in 1 Zentimeter dicke Scheiben schneiden. Die Auberginenscheiben mit etwas Zitronensaft beträufeln.

2 Zucchini und Auberginen mit Salz bestreuen und etwa 15 Minuten ziehen lassen.

3 Die Zwiebeln abziehen, halbieren und in feine Streifen schneiden. Den Staudensellerie waschen, putzen und in Scheiben schneiden. Die Kapern abtropfen lassen.

4 2 bis 3 Esslöffel Öl in einer Pfanne erhitzen und die Zwiebeln darin in etwa 5 Minuten hellbraun anbraten. Das restliche Öl und das Gemüse dazugeben, einige Minuten unter Rühren dünsten und zugedeckt bei niedriger Hitze in etwa 10 Minuten bissfest garen. Essig, Honig oder Zucker und die Kapern unterrühren und alles in einer Salatschüssel lauwarm abkühlen lassen.

5 Die Tomaten waschen, halbieren und unter den Salat mischen. Die Oliven halbieren und entsteinen, das Basilikum waschen und trockenschwenken und beides mit dem Salat mischen. Die Pinienkerne in einer fettfreien Pfanne unter Wenden in etwa 3 Minuten goldbraun rösten und über den Salat streuen.

Tipp der Köchin

Dieser saftige Salat schmeckt lauwarm oder kalt. Zusammen mit knusprigem Baguette können Sie ihn als Vorspeise oder als kleines Abendessen servieren, er eignet sich aber auch als Beilage zu Fleisch- oder Fischgerichten.

Schnell zubereitet

Lauwarmer Zucchinisalat mit Pilzen

Für 4 Portionen

500 g Zucchini
Salz
200 g Champignons
1 rote Paprikaschote
1 kleine Stange Porree
6 EL Olivenöl
2 TL Apfelessig
2 TL Balsamicoessig
frisch gemahlener bunter Pfeffer
1 Bund glatte Petersilie

20 Minuten

1 Die Zucchini waschen, putzen, in dünne Scheiben schneiden und salzen. Die Pilze putzen und in Scheiben schneiden. Die Paprikaschote waschen, Stiel und Kerne entfernen und fein hacken. Den Porree putzen, in dünne Ringe schneiden und waschen.

2 Die Hälfte des Öls erhitzen. Das Gemüse darin 1 bis 2 Minuten unter Rühren dünsten und 5 Minuten bei schwacher Hitze schmoren.

3 Das Gemüse mit Essig, dem restlichen Öl, Pfeffer und Salz würzen. Die Petersilie waschen, hacken und zum Salat geben.

Ob lauwarm oder kalt – mit ein paar Scheiben frischem Baguette ist der lauwarme Zucchinisalat mit Pilzen ein Hochgenuss.

Tipp der Köchin

Gedünstete Gemüsesalate sind leicht verdaulich und eignen sich deshalb besonders gut als Abendessen.

Original verpackte Oliven sind auch ungekühlt etwa ein Jahr haltbar. Wenn Sie Oliven offen kaufen, sollten Sie sie in einem luftdicht verschlossenen Behälter im Kühlschrank aufbewahren.

Raffiniert

Gebratene Zucchinischeiben mit Tomaten-Oliven-Sauce

Für 4 Portionen

2 mittelgroße Zucchini (500 g)
Salz
6 EL Olivenöl

Sauce:

400 g reife Tomaten
50 g schwarze oder braune Oliven
1 TL Thymianblättchen
Salz
1 Prise Zucker
frisch gemahlener bunter Pfeffer
2 Knoblauchzehen
4 Stängel Basilikum oder glatte Petersilie

30 Minuten

1 Die Zucchini waschen und die Stielansätze entfernen. Das Fruchtfleisch der Länge nach in etwa 5 Millimeter dicke Scheiben schneiden und leicht salzen.

2 In einer weiten Pfanne 2 Esslöffel Olivenöl erhitzen und die Zucchinischeiben darin auf beiden Seiten goldbraun braten. Das Gemüse herausnehmen, auf Küchenpapier etwas abtropfen lassen und dekorativ auf vier Tellern verteilen.

3 Die Tomaten mit kochendem Wasser überbrühen und häuten. Die Früchte halbieren und dabei den Stielansatz herausschneiden. Das Fruchtfleisch fein würfeln. Die Oliven, wenn nötig, entsteinen und fein hacken.

4 Tomatenwürfel und Oliven mit den Thymianblättchen, 1 Prise Salz, Zucker und Pfeffer würzen und mit 2 Esslöffeln Olivenöl verrühren. Die Tomatensauce auf den Zucchinischeiben verteilen.

5 Die Knoblauchzehen abziehen und in sehr feine Scheiben schneiden. 2 Esslöffel Öl erhitzen, den Knoblauch darin in 1 bis 2 Minuten goldbraun braten und über den Zucchinischeiben verteilen. Basilikum oder Petersilie waschen und trockenschwenken. Die Blätter von den Stängeln zupfen, grob hacken und darüber streuen.

Tipp der Köchin

Wenn Sie gerade keine frischen Tomaten im Haus haben, können Sie die Tomatensauce auch aus fertigem Tomatenpüree oder geschälten Tomaten aus der Dose oder dem Tetrapak zubereiten. Nach Belieben können Sie außerdem noch geröstete Pinien- oder Sonnenblumenkerne über diese feine Vorspeise streuen.

Ganz einfach

Zucchini mit Weinzwiebeln und Sardinen

Für 4 Portionen

- 2 mittelgroße Zucchini
- 2 EL Olivenöl
- 2 Zwiebeln
- 1/8 l Weißwein
- 2 TL Balsamicoessig
- Salz
- Pfeffer
- 4 Stängel glatte Petersilie
- 1 Dose Ölsardinen (etwa 100 g)
- 1 unbehandelte Zitrone

20 Minuten

1 Die Zucchini waschen, den Stielansatz entfernen und das Gemüse der Länge nach in dünne Scheiben schneiden. In einer beschichteten Pfanne etwas Öl erhitzen. Die Zucchinischeiben darin auf beiden Seiten bei mittlerer Temperatur goldbraun braten, herausnehmen, abtropfen lassen und fächerartig auf vier Tellern verteilen.

2 Die Zwiebeln abziehen und in dünne Ringe schneiden. In derselben Pfanne noch etwas Öl erhitzen. Die Zwiebelringe darin glasig anbraten und den Wein angießen. Das Gemüse zugedeckt bei mittlerer Temperatur etwa 5 Minuten dünsten, mit dem Balsamicoessig ablöschen und mit Salz und Pfeffer würzen.

3 Die Petersilie waschen und trockenschwenken. Die Blätter von den Stielen zupfen und fein hacken.

4 Das Zwiebelgemüse auf den Zucchinischeiben verteilen. Die Sardinen aus der Dose nehmen, abtropfen lassen, längs halbieren und dekorativ über die Zwiebeln legen.

5 Die Zitrone heiß abwaschen und etwa 1 Teelöffel Schale dünn abreiben. Zitronenschale und gehackte Petersilie über Zucchini und Sardinen streuen. 4 hauchdünne Zitronenscheiben abschneiden und jeden Teller mit 1 Zitronenscheibe dekorieren. Nach Belieben noch etwas Sardinenöl über das Gemüse träufeln und ein knuspriges Baguette dazu servieren.

Tipp der Köchin

Eine raffinierte, schnelle Vorspeise oder ein kleines Abendessen, das wenig Arbeit macht. Statt der Sardinen können Sie auch Thunfisch verwenden.

Anstelle der Lachsscheiben können Sie auch Schinken- oder Käsescheiben verwenden. Besonders raffiniert schmecken die Zucchiniröllchen mit Scampi oder Riesengarnelen.

Für Gäste

Zucchini-Lachs-Röllchen

Für 4 Portionen

2 mittelgroße Zucchini
Salz
2 EL Olivenöl
4 Zweige Dill
100 g Räucherlachs in Scheiben

15 Minuten

1 Die Zucchini waschen, putzen, längs in 5 Millimeter dicke Scheiben schneiden und leicht salzen. Das Öl erhitzen und die Zucchinischeiben darin von beiden Seiten bei mittlerer Hitze goldgelb braten, bis sie gerade eben weich sind.

2 Die Zucchinischeiben nebeneinander auf Küchenpapier abtropfen lassen. Den Dill waschen und trockenschwenken. Einige Spitzen abzupfen und auf den Zucchini verteilen. Die Lachsscheiben auf die Breite der Zucchini zurechtschneiden und auf die Zucchinischeiben legen. Die Zucchini aufrollen und mit Zahnstochern fixieren. Die restlichen Dillzweige in die Röllchen stecken.

Dekorativ wirken die Zucchini-Lachs-Röllchen auf kalten oder warmen Büfetts.

Geht schnell

Ziegenkäseröllchen

Für 4 Portionen

2 mittelgroße Zucchini, Salz
2 EL Olivenöl
1 EL Basilikumblättchen
8 Rucolablättchen
100 g Ziegenfrischkäse
1–2 EL Joghurt, 8 Salatblätter

20 Minuten

1 Die Zucchini waschen, putzen, längs in 5 Millimeter dicke Scheiben schneiden und leicht salzen. Das Öl erhitzen und die Zucchinischeiben darin von beiden Seiten bei mittlerer Hitze goldgelb braten, bis sie gerade eben weich sind.

2 Die Scheiben nebeneinander auf Küchenpapier legen. Basilikum und Rucola waschen, trockentupfen, fein schneiden und mit dem Käse verrühren. Den Joghurt unterrühren.

3 Die Salatblätter waschen, trocknen und auf vier Teller verteilen. Die Käsecreme auf die Zucchinischeiben streichen. Die Zucchini aufrollen, mit Zahnstochern fixieren und auf die Salatblätter setzen.

Tipp der Köchin

Statt Basilikum und Rucola können Sie auch Schnittlauch, Dill oder Petersilie verwenden.

Sehr fein

Zucchini-Tomaten-Sülze mit Thunfisch

Für 4 Portionen

1 Päckchen Gelatinepulver (9 g)
300 g Zucchini
1/2 l Gemüsebrühe
1 Tasse (100 g) TK-Erbsen
4 Stängel Petersilie
(oder 1 Bund Schnittlauch)
Salz
1 Prise Currypulver
150 g Kirschtomaten
100 g weißer Thunfisch, in Öl eingelegt (oder gekochter Schinken)

Sauce:

1 Becher Joghurt
4–6 TL Dijonsenf
Salz
Zucker

30 Minuten
120 Minuten Kühlzeit

1 Die Gelatine mit 1/2 Tasse kaltem Wasser verrühren und quellen lassen. Inzwischen die Zucchini waschen, putzen und klein würfeln. Die Gemüsebrühe erhitzen und die Zucchini darin in 5 bis 7 Minuten bissfest garen. Nach 3 Minuten die Erbsen dazu geben.

2 Die Kräuter waschen, trockenschwenken, fein hacken und in die Brühe geben. Alles mit Salz und Curry abschmecken. Die gequollene Gelatine in die Gemüsebrühe geben und unter Rühren darin auflösen.

3 Die Tomaten waschen, halbieren und je 4 bis 5 Hälften mit der Rundung nach unten in vier Schälchen legen. Die Gemüsemasse darüber verteilen. Den Thunfisch abtropfen lassen und zerpflücken bzw. den Schinken fein schneiden und mit den restlichen Tomaten in der Brühe verteilen. Die Sülze in den Kühlschrank stellen und in etwa 2 Stunden fest werden lassen.

4 Für die Sauce den Joghurt mit dem Senf verrühren und mit Salz und Zucker abschmecken. Vor dem Servieren die Schälchen mit der Sülze kurz in heißes Wasser tauchen. Den Rand mit einem Messer lösen und die Sülze auf vier Teller stürzen. Die Joghurt-Senf-Sauce dazu servieren. Zu dieser Gemüsesülze passt ein gemischter Blattsalat sehr gut.

Tipp der Köchin

Statt der gemahlenen Gelatine können Sie auch 1 Päckchen Blattgelatine (= 6 Blätter) nehmen, die Sie etwa 5 Minuten in kaltem Wasser einweichen und dann gut ausgedrückt in die heiße Brühe einrühren. Und anstelle von Thunfisch oder Schinken können Sie auch hart gekochte Eier verwenden.

Schnell zubereitet

Zucchinischeiben mit Gorgonzola

Für 4 Portionen

1 mittelgroßer Zucchino
2 EL Olivenöl
50 g Gorgonzola

20 Minuten

1 Den Zucchino waschen, putzen und schräg in etwa 5 Millimeter dicke Scheiben schneiden.

2 Das Olivenöl in einer weiten Pfanne erhitzen und die Zucchinischeiben darin von beiden Seiten goldbraun braten.

3 Den Käse würfeln oder in Streifen schneiden und über die Zucchinischeiben legen. Die Pfanne zudecken und den Käse in 5 Minuten bei kleiner Hitze schmelzen lassen.

Tipp der Köchin

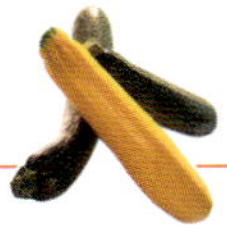

Mit Gorgonzola oder einem anderen aromatischen Käse können Sie auch ein Zucchinigemüse würzen, da der Käse ideal mit dem milden Zucchinigeschmack harmoniert.

Völlig unkompliziert, aber unschlagbar im Geschmack: knusprige Zucchinischeiben mit geschmolzenem Gorgonzola.

Für Gäste

Zucchini-Mozzarella-Päckchen

Die Kombination aus Zucchini und rotem Gemüse wie Tomaten oder roten Paprikaschoten ist nicht nur ein optischer Genuss, denn die in diesem Gemüse enthaltenen Biostoffe ergänzen einander auf optimale Weise.

Für 4 Portionen

- 1 mittelgroßer, schlanker Zucchino (etwa 300 g)
- Salz
- frisch gemahlener bunter Pfeffer
- 16 Basilikumblätter
- 1 Bund Schnittlauch
- 100–150 g Kirschtomaten
- 150 g Mozzarella
- Zahnstocher oder Schnittlauch zum Fixieren
- 1 kleine Chilischote
- 1 Knoblauchzehe
- 1 TL Balsamicoessig
- 1 Tasse Olivenöl

20 Minuten
2 Stunden Marinierzeit

1 Den Zucchino waschen und den Stielansatz abschneiden. Mit einem Sparschäler dünne Längsscheiben abschneiden. Jeweils 2 Scheiben aneinanderlegen, so dass sie sich etwas überlappen, leicht salzen und pfeffern. Die Basilikumblätter und den Schnittlauch waschen und trockenschwenken. Die Tomaten waschen und abtropfen lassen.

2 Den Mozzarella abtropfen lassen und in 8 bis 12 Würfel schneiden. Jeweils 1 Käsewürfel, 1 Basilikumblatt und 1 Tomate auf die Zucchinischeiben legen. Die Scheiben zusammenrollen und mit Zahnstochern zusammenstecken oder mit Schnittlauchhalmen zusammenbinden.

3 Die Käsepäckchen in eine kleine Schale setzen. Die Chilischote waschen und fein hacken. Die Knoblauchzehe abziehen, fein hacken und zusammen mit Chilistückchen, Salz, Pfeffer und Essig in das Öl einrühren. Das Öl über die Päckchen träufeln und zugedeckt mindestens 2 Stunden ziehen lassen.

Appetitliche Häppchen aus Mozzarellawürfeln, Zucchinischeiben und kleinen Kirschtomaten laden zum Zugreifen ein.

Tipp der Köchin

Diese Zucchinipäckchen sind eine raffinierte Vorspeise, die sehr gut 1 bis 2 Tage im Voraus zubereitet werden kann. Das Kräuteröl können Sie anschließend für eine Salatmarinade verwenden. Wenn Sie es lieber etwas kräftiger mögen, nehmen Sie statt des milden Mozzarellas die gleiche Menge würzigen Ziegen- oder Schafskäse. Dazu schmecken auch sehr gut getrocknete, eingelegte Tomaten.

Raffiniert

Gefüllte Zucchiniblüten

Anchovis werden überwiegend in Gläsern oder Dosen, in Salzlake oder Öl eingelegt, angeboten.

Für 4 Portionen

4 Minizucchini mit (weiblichen) Blüten
2 TL Zitronensaft
Salz
4 EL Olivenöl
1/2 rote Paprikaschote
4 Stängel Basilikum oder Dill
1 Knoblauchzehe
100 g Ziegenfrischkäse
1–2 Anchovisfilets
frisch gemahlener bunter Pfeffer

Zucchiniblüten gibt es im Sommer in gut sortierten Gemüsegeschäften oder – noch besser – frisch geerntet aus dem eigenen oder vielleicht auch aus Nachbars Gemüsegarten.

30 Minuten

1 Die Zucchiniblüten abtrennen, vorsichtig waschen und die Blütenstempel behutsam entfernen. Von den Zucchini die Stielansätze entfernen. Die Früchte waschen, trocknen und in hauchfeine Scheiben schneiden. Zitronensaft, Salz und 2 Esslöffel Öl vermischen, darüber gießen und die Zucchini ziehen lassen.

2 Die Paprikaschote waschen, Stielansatz und Kerne entfernen und das Fruchtfleisch sehr fein würfeln. Die Würfel in 2 Esslöffel Öl bei schwacher Hitze zugedeckt 5 bis 7 Minuten dünsten.

3 Die Kräuter waschen, trockenschwenken und bis auf einen kleinen Rest fein hacken. Die Knoblauchzehe abziehen und in den Ziegenkäse pressen. Die Anchovis fein würfeln und mit den gehackten Kräutern und den Paprikawürfeln unter den Ziegenkäse rühren. Alles mit Salz und Pfeffer abschmecken.

4 Die Käsemasse mit einem kleinen Löffel vorsichtig in die Blüten füllen. Die Blüten mit den Zucchinischeiben und den restlichen Kräutern garniert anrichten.

Tipp der Köchin

Wenn Sie es lieber etwas milder mögen, nehmen Sie einfach einen »normalen« Frischkäse. Ziegenfrischkäse, den Sie in gut sortierten Supermärkten oder im Feinkostgeschäft finden, wird übrigens auf die gleiche Weise hergestellt wie Frischkäse aus Kuhmilch. Er enthält zwar mehr Fett als dieser, dafür aber weniger Cholesterin.

Ganz einfach

Gegrillte Kräuterzucchini

Für 4 Portionen

8–10 EL Olivenöl
je 2 TL Thymian, Oregano und Rosmarin, frisch oder getrocknet
500 g mittelgroße Zucchini
Salz, bunter Pfeffer

30 Minuten

1 Ein Backblech mit dem Öl bestreichen und mit der Hälfte der Kräuter bestreuen. Den Backofen auf 220 °C (Umluft 200 °C, Gas Stufe 4–5) vorheizen.

2 Die Zucchini waschen, putzen, längs in etwas dickere Scheiben schneiden und salzen. Nebeneinander in die Kräuter-Öl-Mischung auf das Blech legen, pfeffern und die restlichen Kräuter darüber streuen.

3 Das Gemüse auf der mittleren Schiene im Backofen 20 bis 25 Minuten backen, dabei aber nicht zu weich werden lassen.

Tipp der Köchin

Dieses Rezept lässt sich problemlos auch in größeren Mengen zubereiten.

Aus den gegrillten Kräuterzucchini wird mit ein paar Paprikastreifen und einigen Pilzen ein herrlicher Vorspeisenteller.

Das Zucchinichutney können Sie gekühlt 2 bis 3 Monate aufbewahren. Die süßsauren Zucchini sind im Kühlschrank etwa 3 Wochen haltbar.

Sehr fein

Zucchinichutney

Für 4 Gläser à 0,35 Liter
1 kg gelbe und grüne Zucchini
10 Knoblauchzehen
5 cm frische Ingwerwurzel
2–3 EL Olivenöl
1 TL Korianderkörner, Salz
4 Chilischoten
200 ml Obst- oder Weinessig
400 g brauner Zucker, 1 Apfel

40 Minuten

1 Die Zucchini waschen, trocknen, putzen und in Scheiben schneiden. Den Knoblauch abziehen und in feine Scheiben schneiden. Den Ingwer schälen und fein würfeln.

2 Das Olivenöl erhitzen und Knoblauch und Ingwer kurz darin anbraten. Die Zucchini zugeben und alles 5 Minuten dünsten. Den Koriander mit einem Messerrücken zerdrücken, zufügen und salzen. Die Chilischoten hacken und zugeben. Essig und Zucker einrühren.

3 Den Apfel schälen, würfeln und untermischen. Alles etwa 20 Minuten offen kochen, bis die Flüssigkeit verdampft ist. Das Chutney in heiß ausgespülte Schraubdeckelgläser füllen, verschließen und kühlen.

Lässt sich vorbereiten

Süßsaure Zucchini

Für 4 bis 5 Gläser à 0,5 Liter
1/2 l Obst- oder Weinessig
250 g Zucker
1 unbehandelte Zitrone
5 cm frische Ingwerwurzel
1 Stange Zimt
1 TL Pfeffer- und Pimentkörner
1 1/2 kg Zucchini
2 TL Salz

40 Minuten

1 Essig, 1/2 Liter Wasser und Zucker kochen, bis sich der Zucker aufgelöst hat. Die Zitrone waschen, die Schale dünn abschälen, in Streifen schneiden und zugeben. Den Ingwer schälen, fein würfeln und unterrühren. Zimtstange, Pfeffer- und Pimentkörner zugeben und alles etwa 10 Minuten kochen.

2 Die Zucchini waschen, trocknen, Stiel- und Blütenansätze entfernen, in 1 Zentimeter dicke Scheiben schneiden oder grob würfeln und mit dem Salz vermischen. Das Gemüse in den Sud geben, bei schwacher Hitze weitere 10 Minuten kochen, vom Herd nehmen und 1 bis 2 Stunden ziehen lassen.

3 Die Gläser heiß ausspülen und die Zucchini mit einem Schaumlöffel in den Gläsern verteilen. Den restlichen Sirup etwas einkochen lassen, über das Gemüse gießen und die Gläser sofort verschließen.

Ganz einfach

Eingelegte Kräuterzucchini

Für 2 Gläser à 0,5 Liter

1 kg Zucchini, Salz
4 Zweige frischer Rosmarin oder Thymian
1/4 l Olivenöl
frisch gemahlener Pfeffer

40 Minuten

1 Die Zucchini mit kaltem Wasser waschen, trocknen und Stiel- und Blütenansätze entfernen. Das Fruchtfleisch in 1 Zentimeter dicke Scheiben schneiden und leicht salzen.

2 Die Rosmarinnadeln oder Thymianblätter von den Stielen streifen und in einer weiten Pfanne mit 3 bis 4 Esslöffeln Olivenöl erhitzen. Die Zucchinischeiben zugeben, unter häufigem Wenden etwa 5 Minuten dünsten und mit Pfeffer abschmecken.

3 Die Zucchinischeiben in saubere, heiß ausgespülte Schraubdeckelgläser schichten. Das restliche Olivenöl darüber gießen und dabei die Zucchini mit einem Löffel leicht eindrücken, bis sie vollständig mit Öl bedeckt sind. Die Gläser gut verschließen und im Kühlschrank aufbewahren.

Eingelegte Kräuterzucchini können Sie im Kühlschrank bis zu 2 Wochen aufbewahren, wenn sie gut verschlossen und vollständig mit Öl bedeckt sind.

Aus Topf oder Pfanne

Man nehme ein paar knackige Zucchini, aromatische Kräuter und Gewürze, frisches Gemüse, Zwiebeln und Knoblauch – und schon lassen sich von der Suppe über feine Beilagen bis hin zu Gebratenem aus der Pfanne die köstlichsten Gerichte zubereiten – mal exotisch, wie das Zucchini-Linsen-Curry oder die chinesische Gemüsepfanne, mal mediterran wie der Gemüsetopf und mal einheimisch-raffiniert wie das feine Zucchinipüree oder die knusprigen Zucchini-Möhren-Küchlein mit aromatischer Kräutersauce.

Vegetarisch

Zucchini-Kartoffel-Suppe

Statt mit Kartoffeln können Sie die Suppe auch mit 150 Gramm Grieß andicken, den Sie einfach zusammen mit den Zucchini 10 Minuten vor Ende der Garzeit in die Suppe einrühren.

Für 4 Portionen

1 große Zwiebel
1 Knoblauchzehe
40 g Butter
500 g mehlig kochende Kartoffeln
500 g Zucchini
1 kleine Stange Porree
1 Prise Muskat
1 Prise Currypulver
2 Gemüsebrühwürfel
frisch gemahlener bunter Pfeffer
Salz
1 Bund Petersilie oder Schnittlauch
100 g Sahne
4 Zucchiniblüten

30 Minuten

1 Die Zwiebel und die Knoblauchzehe abziehen, beides fein hacken und in heißer Butter glasig dünsten. 1 1/4 Liter Wasser zum Kochen bringen.

2 Die Kartoffeln schälen, waschen, in feine Streifen hobeln oder mittelgrob raspeln und in das kochende Wasser geben. Die Suppe etwa 10 Minuten zugedeckt kochen, dabei gelegentlich umrühren.

3 Die Zucchini waschen, den Stielansatz entfernen und das Fruchtfleisch in feine Streifen hobeln oder mittelgrob raspeln. Den Porree putzen, längs durchschneiden, gründlich waschen und in feine Streifen schneiden.

4 Zucchini, Porree, Zwiebeln und Knoblauchwürfel in die Suppe geben und bei geringer Hitze etwa 5 Minuten kochen. Die Suppe mit Muskat, Curry, Brühwürfeln, Pfeffer und Salz würzen.

5 Die Kräuter waschen, trockenschwenken und fein hacken bzw. in feine Röllchen schneiden. Sahne und Kräuter in die Suppe einrühren und alles nochmals abschmecken.

6 Die Zucchiniblüten waschen und Staubgefäße und Stielansätze entfernen. Die Blüten in Streifen schneiden und die Suppe damit garnieren. Reichen Sie dazu herzhaftes Bauernbrot, und stellen Sie ein Schälchen mit Croûtons auf den Tisch.

Tipp der Köchin

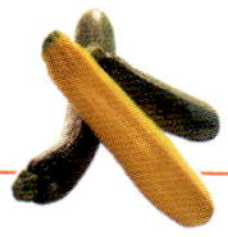

Sehr gut schmeckt auch geriebener Käse in der Suppe. Wenn Sie es herzhaft mögen, können Sie zum Schluss noch etwas fein gewürfelten, ausgelassenen Speck über die Suppe streuen.

Ganz einfach

Zucchini-Nudel-Suppe

Für 4 Portionen
1 Zwiebel, 1 Knoblauchzehe
20 g Butter
4 TL Instant-Gemüsebrühe
2 Möhren
250 g Suppennudeln
200 g Zucchini
Salz, Muskat
1 Bund Schnittlauch

20 Minuten

1 Zwiebel und Knoblauch abziehen, fein würfeln und in der Butter glasig dünsten. Mit 1 1/2 Liter Wasser ablöschen und die Gemüsebrühe zufügen.

2 Die Möhren waschen, schälen, in feine Streifen oder kleine Würfel schneiden und in die Brühe geben. Die Nudeln einstreuen und alles 5 bis 7 Minuten kochen.

3 Die Zucchini waschen, putzen, in feine Streifen schneiden oder hobeln, zugeben und 4 bis 5 Minuten mitgaren. Alles mit Salz und Muskat abschmecken.

4 Den Schnittlauch waschen, schneiden und darüber streuen.

Eine klare Gemüsesuppe mit Zucchini, Möhren und Nudeln schmeckt einfach immer.

Tipp der Köchin

Statt mit Nudeln können Sie die Suppe auch mit Reis oder Hirse zubereiten, die allerdings eine längere Garzeit haben.

Lässt sich vorbereiten

Kalte Zucchinisuppe mit Knoblauchchips

Grüne, weiße und schwarze Pfefferkörner kommen von derselben Pflanze, werden aber in unterschiedlichen Reifestadien geerntet. Roter oder rosafarbener Pfeffer entstammt dagegen einer anderen Pfefferfamilie und hat auch einen etwas beißenderen Geschmack.

Für 4 Portionen

500 g Zucchini
4 Frühlingszwiebeln oder
1 Stange Porree
2 große Knoblauchzehen
4 EL Olivenöl
1/2 l Gemüsebrühe
200 g Sahne
Salz
frisch gemahlener bunter Pfeffer
4 Stängel Dill, Basilikum oder Minze
100 g Kirschtomaten

30 Minuten

1 Die Zucchini waschen, den Stielansatz entfernen und das Fruchtfleisch in dünne Scheiben hobeln.

2 Die Frühlingszwiebeln oder den Porree waschen, putzen und in feine Ringe schneiden. Die Knoblauchzehen abziehen.

3 Das Öl in einer weiten Pfanne erhitzen.

4 Die Knoblauchzehen portionsweise in feinen Scheiben direkt in das heiße Öl hobeln, in 2 bis 3 Minuten goldbraun braten, herausnehmen und auf Küchenpapier gut abtropfen lassen.

5 Zucchini und Frühlingszwiebeln in das Knoblauchöl geben und unter Rühren kurz darin anbraten. Das Gemüse mit der Gemüsebrühe ablöschen und zugedeckt etwa 10 Minuten kochen.

6 Die Suppe mit dem Stabmixer pürieren. Die Sahne langsam einrühren, die Suppe mit Salz und Pfeffer abschmecken und abkühlen lassen.

7 Die Kräuter waschen, die Blätter von den Stängeln zupfen, trockenschwenken und fein schneiden. Die Kirschtomaten waschen, trockenreiben und halbieren.

8 Die Suppe auf vier Teller verteilen und mit Tomaten und Knoblauchchips garnieren. Die Kräuter darüber streuen.

Tipp der Köchin

Kalte Suppen wie diese eignen sich gut für heiße Sommertage, denn sie sind erfrischend, leicht und fettarm zugleich. Die Suppe schmeckt aber auch warm sehr gut! Mit einigen Spritzern Tabasco bekommt sie eine leicht pikante Note.

Vegetarisch

Mediterraner Gemüsetopf (Ratatouille)

Für 4 Portionen
250 g Zucchini
250 g Auberginen
Salz
2 große Zwiebeln
4 EL Olivenöl
1 rote oder gelbe Paprikaschote
250 g Tomaten
2 Knoblauchzehen
frisch gemahlener bunter Pfeffer
1 Bund glatte Petersilie oder Basilikum
2 EL Pinienkerne

40 Minuten

1 Zucchini und Auberginen waschen und Stielansätze entfernen. Das Gemüse längs in 5 Millimeter dicke Scheiben schneiden, die Scheiben leicht salzen und etwa 15 Minuten ziehen lassen.

2 Die Zwiebeln abziehen, halbieren und in feine Scheiben schneiden. Die Hälfte des Öls in einer Pfanne oder Kasserolle erhitzen und die Zwiebeln darin in etwa 5 Minuten hellbraun anbraten.

3 Die Paprikaschote waschen, Stielansatz und Kerne entfernen und das Fruchtfleisch in 5 Millimeter breite Streifen schneiden. Die Auberginenscheiben würfeln, zu den Zwiebeln geben und einige Minuten mitbraten. Zucchinischeiben und Paprikastreifen zufügen, 1 Tasse Wasser angießen und das Gemüse bei niedriger Hitze zugedeckt in 5 bis 7 Minuten bissfest garen. Die Tomaten waschen und für einige Minuten auf das Gemüse setzen, damit sich die Haut besser abziehen lässt.

4 Die Tomaten herausnehmen, mit kaltem Wasser abschrecken und häuten. Den Stielansatz entfernen und das Fruchtfleisch würfeln. Die Knoblauchzehen abziehen und fein hacken. Tomaten- und Knoblauchwürfel zum Gemüse geben und alles weitere 3 bis 4 Minuten dünsten.

5 Das Gemüse mit Salz und Pfeffer abschmecken. Die Kräuter waschen, trockenschwenken, grob hacken und unter die Ratatouille mischen. Die Pinienkerne ohne Zugabe von Fett in einer Pfanne in etwa 3 Minuten goldbraun rösten und über das Gemüse streuen.

Tipp der Köchin

Dieses saftige Gemüse mit seiner optimalen Vitamin- und Mineralstoffkombination schmeckt warm oder kalt, als Vorspeise oder als Beilage. Sie können auch gleich die doppelte Menge zubereiten und eine Hälfte warm servieren. Den Rest können Sie mit etwas Balsamicoessig anmachen und am nächsten Tag als Gemüsesalat genießen.

Knoblauch ist bei uns in den letzten Jahrzehnten immer beliebter geworden. Um eine »Knoblauchfahne« zu vermeiden, können Sie die Knoblauchzehen in vielen Gerichten auch ungeschält mitgaren.

Lässt sich vorbereiten

Zucchini-Möhren-Küchlein mit Kräutersauce

Die schnell zubereiteten Gemüseküchlein schmecken sehr gut zu einem frischen Rohkostsalat, zu buntem Saisongemüse oder als Beilage zu kurz gebratenem Fleisch oder Fisch. Sie eignen sich auch bestens zum Mitnehmen für unterwegs.

Für 4 Portionen

4 Eier
40 g Emmentaler oder Pecorino
150 g Mehl
Salz
frisch gemahlener bunter Pfeffer
1 Prise Currypulver
1 Prise Muskat
1 große Zwiebel
300 g Zucchini
200 g Möhren
1 Bund Petersilie
Butterschmalz zum Braten

Sauce:

1 Bund Dill oder Schnittlauch
1 Stück Salatgurke
2 Becher Joghurt (3,5%)
Salz, Pfeffer

Für alle Liebhaber der fleischlosen Bratlinge sind diese Küchlein aus Zucchini und Möhren genau richtig.

30 Minuten

1 Die Eier in einer Schüssel aufschlagen und den Käse dazu reiben. Mehl, Salz, Pfeffer, Curry und Muskat zufügen und alles gut verrühren.

2 Die Zwiebel abziehen und fein würfeln.

3 Die Zucchini waschen, die Stielansätze entfernen und das Fruchtfleisch in feine Stifte schneiden. Die Möhren putzen, schaben oder dünn schälen und fein raspeln. Die Petersilie waschen, die Blätter von den Stängeln zupfen, trockenschwenken und fein hacken. Gemüse und Petersilie in die Eier-Käse-Masse rühren.

4 In einer beschichteten Pfanne Butterschmalz erhitzen. Mit einem Esslöffel kleine Portionen von der Masse abstechen, in die Pfanne geben und etwas flach drücken. Die Küchlein zugedeckt bei schwacher bis mittlerer Hitze etwa 5 Minuten auf einer Seite braten. Den Deckel abnehmen, die Küchlein wenden und offen noch etwa 5 Minuten weiterbraten.

5 Für die Sauce den Dill oder den Schnittlauch waschen, trockenschwenken und fein schneiden. Die Salatgurke waschen, schälen und fein würfeln.

6 Den Joghurt mit den Kräutern und den Gurkenstückchen verrühren und mit Salz und Pfeffer abschmecken. Die Sauce zu den Zucchiniküchlein servieren.

Tipp der Köchin

Diese vielseitige Joghurtsauce passt auch gut als Dip für eine Rohkostplatte oder zu Fleisch-, Getreide- oder Kartoffelgerichten.

Vegetarisch

Chinesische Gemüsepfanne

Bambussprossen werden bei uns meist im eigenen Saft eingelegt als Konserve angeboten. Übrig gebliebene Sprossen können Sie mit frischem Wasser bedeckt gut verschlossen einige Tage im Kühlschrank aufbewahren, sollten das Wasser aber spätestens alle zwei Tage erneuern.

Für 4 Portionen

2 Möhren
1 Stange Staudensellerie
200 g Champignons
1 rote Paprikaschote
300 g Zucchini
100 g Sojabohnensprossen oder geschnittene Bambussprossen (Dose)
2 Knoblauchzehen
ca. 4 cm frische Ingwerwurzel
8 EL Öl
4 EL Sherry
4–6 EL Sojasauce
Salz
frisch gemahlener bunter Pfeffer
1 Prise Zucker

30 Minuten

1 Die Möhren waschen, schaben oder dünn schälen und in sehr feine Scheiben oder Stifte schneiden oder hobeln. Den Staudensellerie waschen, abziehen und in feine Ringe schneiden. Die Pilze, wenn nötig, kurz abbrausen, trockentupfen, putzen und in Scheiben schneiden.

2 Die Paprikaschote waschen, Stielansatz und Kerne entfernen und das Fruchtfleisch in Streifen schneiden.

3 Die Zucchini waschen, die Stielansätze entfernen und das Fruchtfleisch in 5 Millimeter dicke Scheiben schneiden. Die Bohnen- oder Bambussprossen in einem Sieb abtropfen lassen.

4 Die Knoblauchzehen abziehen, den Ingwer schälen und beides fein hacken. In einem Wok oder einer großen Pfanne das Öl erhitzen und Knoblauch und Ingwer kurz darin anbraten.

5 Möhren, Sellerie und Bohnen- oder Bambussprossen dazugeben und etwa 5 Minuten bei mittlerer Hitze unter Rühren schmoren. Pilze und Paprika zugeben und alles unter Rühren weitere 2 bis 3 Minuten braten.

6 Die Zucchini zufügen und alles zusammen noch 3 bis 4 Minuten schmoren lassen. Das Gemüse mit Sherry und Sojasauce ablöschen und mit Salz, Pfeffer und Zucker abschmecken.

Tipp der Köchin

Wenn Sie die Sauce etwas sämiger mögen, rühren Sie noch 1 Teelöffel mit kaltem Wasser verrührte Speisestärke in die Sauce und lassen alles einmal kurz aufkochen.

Ganz einfach

Zucchini mit Blumenkohl

Für 4 Portionen

1 kleiner Blumenkohl
300 g gelbe Zucchini
1 Zwiebel
1 Knoblauchzehe
ca. 2 cm frische Ingwerwurzel
40 g Butter
1 Prise Currypulver, Salz
1 Bund glatte Petersilie

40 Minuten

1 Den Blumenkohl waschen, putzen, in Röschen zerteilen und den Strunk fein würfeln. Die Zucchini waschen, schälen und in Scheiben schneiden. Zwiebel und Knoblauch abziehen, den Ingwer schälen und alles fein würfeln.

2 Die Butter erhitzen, Zwiebel und Knoblauch darin glasig dünsten. Ingwer und Blumenkohl zugeben, mit Curry und Salz würzen, 1 Tasse Wasser angießen und alles 10 Minuten zugedeckt dünsten.

3 Die Zucchinischeiben zugeben und alles weitere 10 Minuten garen. Die Petersilie waschen und trockenschwenken. Die Blätter abzupfen, fein hacken und untermischen.

Harmonie in Farbe und Geschmack: weiße Blumenkohlröschen und gelbe Zucchinistücke in einer leichten Currysauce.

Tipp der Köchin

Größere Zucchini haben ein festeres Fruchtfleisch, eine dickere Schale und daher auch eine etwas längere Garzeit.

Bei Gemüsepaprika entsprechen Farbe und Geschmack dem jeweiligen Reifegrad bei der Ernte. Die roten, voll ausgereiften Schoten sind aromatischer und süßer als die nicht ganz reif geernteten grünen und gelben Früchte.

Zu Zucchini in der Knusperhülle sind ein frischer Joghurtdip mit Ingwer und ein gemischter Salat fast ein Muss.

Vegetarisch

Zucchinischnitzel mit Joghurtsauce

Für 4 Portionen

150 g Mehl
1 Messerspitze Backpulver
Salz
1 Ei
175–200 ml trockener Weißwein oder Mineralwasser
2 mittelgroße Zucchini (500 g)
Öl zum Braten

Sauce:

1 Stück frische Ingwerwurzel
1 rote Paprikaschote
500 g Naturjoghurt
Salz
frisch gemahlener bunter Pfeffer
2 EL Zitronenmelisse-, Dill- oder Basilikumblättchen

60 Minuten

1 Das Mehl mit dem Backpulver und dem Salz vermischen. Das Ei und den Weißwein oder das Mineralwasser einrühren, bis ein glatter, zähflüssiger Teig entsteht. Den Teig mindestens 20 Minuten quellen lassen.

2 In der Zwischenzeit die Zucchini waschen, Stiel- und Blütenansätze abschneiden und die Früchte längs in 5 Millimeter dicke Scheiben schneiden. Die Scheiben nebeneinander legen und salzen.

3 Für die Sauce den Ingwer waschen, schälen und sehr fein hacken. Die Paprika waschen, Stielansatz und Kerne entfernen und die Schote sehr fein würfeln.

4 Ingwer und Paprika mit dem Joghurt verrühren und die Sauce mit Salz und Pfeffer abschmecken. Die Kräuter waschen, trockenschwenken, fein hacken und zur Sauce geben.

5 In einem hohen Topf mit kleinem Durchmesser oder Wok etwa 1/4 Liter Öl erhitzen. Die Zucchinischeiben einzeln in den Teig tauchen, abtropfen lassen, in das heiße Öl gleiten lassen und in 3 bis 4 Minuten goldbraun frittieren.

6 Die Zucchinischnitzel auf Küchenpapier abtropfen lassen und mit der Sauce servieren.

Tipp der Köchin

Zucchinischnitzel passen gut zu einem knackigen Salat oder zu buntem Gemüse. Zum Frittieren eignen sich Traubenkern-, Maiskeim- oder Sonnenblumenöl sehr gut. Anstelle des Teigs können Sie die Zucchinischeiben auch einfach nur in Ei und Semmelbröseln wenden und in einer beschichteten Pfanne mit weniger Fett braten.

Dieses universale, unkomplizierte Zucchinipüree sollten Sie unbedingt in Ihr Kochrepertoire aufnehmen! Je nach Menge der Flüssigkeit, die Sie zugeben, können Sie das Püree auch als Sauce oder Suppe servieren.

Geht schnell

Zucchinipüree

Für 4 Portionen

- 800 g Zucchini
- 300 g Kartoffeln
- 1/2 l Milch
- 2 Knoblauchzehen
- 2 TL Instant-Gemüsebrühe
- 1 Prise Muskat, Salz
- frisch gemahlener bunter Pfeffer
- 1–2 EL Butter (nach Belieben)

20 Minuten

1 Die Zucchini waschen, putzen und das Fruchtfleisch in einen Topf raspeln. Die Kartoffeln waschen, schälen und über die Zucchini raspeln. Die Milch dazu gießen und alles zum Kochen bringen.

2 Die Knoblauchzehen abziehen und dazu pressen. Alles zusammen etwa 10 Minuten offen kochen, bis die Flüssigkeit etwas reduziert ist.

3 Das Püree mit der gekörnten Brühe, Muskat, Salz und Pfeffer und nach Belieben mit Butter würzen und mit dem Schneebesen unterrühren.

Tipp der Köchin

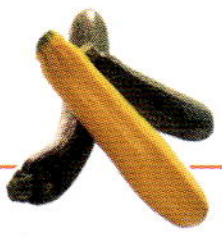

Mehlig kochende Kartoffelsorten, wie z. B. Irmgard, Aula oder Datura, eignen sich besonders gut für die Zubereitung des Pürees.

Vegetarisch

Zucchini-Linsen-Curry

Für 4 Portionen

- 150 g kleine Berglinsen
- 500 g gelbe Zucchini
- 2 Zwiebeln, 2 Knoblauchzehen
- 2–3 cm frische Ingwerwurzel
- 4 EL Öl
- 4 EL Currypaste oder -pulver
- 1/8 l Apfelsaft oder Weißwein
- 2 TL Instant Gemüsebrühe, Salz
- 2 Tassen TK-Erbsen
- Pfeffer
- 1 Kiwi

30 Minuten

1 Die Linsen verlesen, waschen, mit 1 Liter Wasser zum Kochen bringen und 25 bis 30 Minuten garen. Die Zucchini waschen, putzen und grob würfeln.

2 Zwiebeln und Knoblauch abziehen und fein würfeln. Den Ingwer schälen und in sehr feine Würfel schneiden. Alles in einer weiten Pfanne im heißen Öl anbraten.

3 Zucchiniwürfel zu den Zwiebeln geben. Curry, Apfelsaft und Gemüsebrühe zufügen. Mit Salz würzen und 10 Minuten dünsten.

4 Das Gemüse zu den Linsen geben. Die Erbsen zufügen und 5 Minuten ziehen lassen. Alles mit Salz und Pfeffer abschmecken. Die Kiwi schälen, in Scheiben schneiden und das Curry damit garnieren.

Ganz einfach

Gefüllte Zucchini

Für 4 Portionen

4 mittelgroße Zucchini (1 kg)
2 Zwiebeln
2 Knoblauchzehen
4 EL Olivenöl
etwa 1/8 l Gemüsebrühe
100 g Champignons
50 g Pecorino, frisch gerieben
Salz
frisch gemahlener bunter Pfeffer
Currypulver
1 Bund Petersilie
4 EL Pinienkerne
2 Eier

40 Minuten

1 Die Zucchini waschen, die Stiel- und Blütenansätze entfernen, die Früchte längs halbieren und das Fruchtfleisch mit einem scharfkantigen Löffel herausschaben. Dabei einen etwa 1/2 Zentimeter breiten Rand stehen lassen.

2 Die Zwiebeln und die Knoblauchzehen abziehen und fein würfeln. In einer weiten Pfanne das Öl erhitzen und Zwiebeln und Knoblauch darin goldgelb anbraten.

3 Das Zucchinifruchtfleisch hacken, zu den Zwiebeln geben und die Gemüsebrühe angießen. Alles etwa 5 Minuten dünsten.

4 Die Champignons putzen, fein würfeln und zur Zucchini-Zwiebel-Mischung geben. Alles zusammen noch weitere 2 bis 3 Minuten schmoren. Die Pfanne vom Herd nehmen und das Gemüse leicht abkühlen lassen.

5 Den Backofen auf 200 °C (Umluft 180 °C, Gas Stufe 3–4) vorheizen. Den Pecorino unter das Gemüse mischen und alles mit Salz, Pfeffer und Curry würzen. Die Petersilie waschen, trockentupfen, grob hacken und zusammen mit den Pinienkernen und den Eiern unter das Gemüse rühren. Die Füllung in den ausgehöhlten Zucchinihälften verteilen.

6 Die Zucchinihälften in eine Auflaufform geben, 1 Tasse Wasser auf den Boden der Form gießen und die Zucchini auf der mittleren Schiene des Backofens etwa 30 bis 35 Minuten überbacken.

Zusätzlich können Sie etwa 5 Minuten vor Ende der Garzeit noch je 1 Scheibe Käse über die Zucchinihälften geben und schmelzen lassen.

Tipp der Köchin

Wenn Sie die ausgehöhlten Zucchini mit 1 Tasse Salzwasser einige Minuten vordünsten, verkürzt sich die Garzeit im Backofen auf etwa 20 Minuten.

Butterschmalz ist das reine Butterfett – also Butter, der durch Erhitzen die Molke entzogen wurde. Butterschmalz enthält so gut wie kein Wasser mehr und eignet sich daher sehr viel besser als Butter zum Anbraten von Gemüse und Fleisch.

Sehr fein

Zucchini-Möhren-Gemüse

Für 4 Portionen

500 g Möhren
4 cm frische Ingwerwurzel
2 Knoblauchzehen
3 EL Butterschmalz oder Öl
1/4 l Gemüsebrühe
500 g Zucchini
5 Frühlingszwiebeln
Currypulver
Salz
4 Stängel Zitronenmelisse oder Petersilie

30 Minuten

1 Die Möhren waschen, schaben oder dünn schälen und in dünne Scheiben schneiden. Die Ingwerwurzel schälen, die Knoblauchzehen abziehen und beides sehr fein würfeln.

2 Das Butterschmalz oder Öl in einer weiten Pfanne erhitzen und Ingwer und Knoblauch darin anbraten. Die Möhren dazugeben und die Gemüsebrühe angießen. Alles zusammen etwa 5 Minuten zugedeckt dünsten.

3 In der Zwischenzeit die Zucchini waschen, Stiel- und Blütenansätze entfernen, das Fruchtfleisch in dünne Scheiben schneiden und zu den Möhren geben. Die Zucchini zugedeckt bei geringer Hitze etwa 5 Minuten mitgaren.

4 Die Frühlingszwiebeln waschen, putzen, in schmale Ringe schneiden und unter das Gemüse mischen. Alles mit Curry und Salz würzen.

5 Die Kräuter waschen, die Blätter von den Stängeln zupfen, trockenschwenken, fein hacken und vor dem Servieren über das Gericht streuen.

Tipp der Köchin

Dieses Möhren-Zucchini-Gemüse passt sehr gut zu Fleisch-, Fisch- oder Getreidegerichten. Nach Belieben können Sie es zusätzlich noch mit etwas abgeriebener, unbehandelter Zitronenschale aromatisieren.
Übrigens: Die Heimat der Frühlingszwiebeln war ursprünglich das südwestliche Sibirien. Erst seit dem 16. Jahrhundert werden sie auch in Europa angebaut. Sie schmecken etwas schärfer als Schnittlauch, aber milder als Zwiebeln. Der weiße Schaft wird wie normale Zwiebeln verwendet.

Ganz einfach

Zucchini-Pilz-Pfanne

Für 4 Portionen

1 große Zwiebel, 1 Knoblauchzehe
3 EL Olivenöl
400 g Zucchini
Salz, bunter Pfeffer
250 g Austernpilze oder Champignons
20 g Butter
2–3 Zweige Thymian, 2 Tomaten

30 Minuten

1 Zwiebel und Knoblauch abziehen, fein würfeln und in heißem Öl goldbraun anbraten. Die Zucchini waschen, putzen, grob würfeln und zu den Zwiebeln geben. Alles salzen und pfeffern und 5 bis 7 Minuten zugedeckt dünsten. Die Pilze putzen und fein schneiden.

2 In einer zweiten Pfanne die Butter erhitzen, die Pilze darin unter Rühren 4 bis 5 Minuten braten und zu den Zucchini geben.

3 Den Thymian waschen und die Blätter abzupfen. Die Tomaten überbrühen, häuten und würfeln. Tomaten und Thymian in das Gemüse rühren und alles mit Salz und Pfeffer abschmecken.

Bei dieser köstlichen Mischung aus Pilzen, Zucchini und frischem Thymian kann man auf Fleisch oder Fisch ohne weiteres verzichten.

Tipp der Köchin

Dazu schmecken sehr gut Reis, Nudeln oder Kartoffeln und nach Belieben ein Fleisch- oder Fischgericht.

Mit Pasta und Reis

Verwöhnen Sie Familie und Freunde mit Zucchini als aromatischem Begleiter zu Nudeln & Co: Ob italienische Tagliatelle in feiner Zucchini-Sahnesauce oder Penne mit Zucchini, Tomaten und Thunfisch, ob indischer Curryreis mit Aprikosen und Ingwer oder ob Couscous mit Zucchinigemüse – die schnell und unkompliziert zubereiteten Gerichte im nächsten Kapitel verdienen ausnahmslos die Aufnahme ins tägliche Kochrepertoire.

Sehr fein

Tagliatelle mit Zucchini-Sahne-Sauce

In dieser sahnigen Gemüsesauce können Sie nach Belieben außerdem noch einige gekochte Schinkenstreifen mitgaren.

Für 4 Portionen

300 g Tagliatelle
Salz
1 große Zwiebel
1 Knoblauchzehe
2 Möhren
400 g Zucchini
100 g Champignons
3 EL Olivenöl
200 g Sahne
1 Bund Petersilie
40 g Parmesan oder Pecorino
frisch gemahlener bunter Pfeffer

30 Minuten

1 Für die Nudeln 2 bis 3 Liter Wasser mit 1 Teelöffel Salz zum Kochen bringen und die Nudeln darin nach Packungsanleitung bissfest kochen. Die Nudeln in ein Sieb abgießen, das Kochwasser dabei auffangen und warm stellen.

2 In der Zwischenzeit Zwiebel und Knoblauchzehe abziehen und fein würfeln. Die Möhren waschen und schaben oder dünn schälen. Die Zucchini waschen, trocknen und Stiel- und Blütenansätze entfernen. Zucchini und Möhren mit einem Sparschäler in sehr feine Längsscheiben schneiden. Die Champignons putzen, die Stiele etwas kürzen und die Pilze in feine Scheiben schneiden.

3 Das Öl in einer weiten Pfanne erhitzen und Zwiebeln und Knoblauch darin bei kleiner Hitze hellbraun anbraten. Möhren, Zucchini und Pilze zugeben und kurz mitdünsten. Die Sahne dazugießen und alles 5 bis 7 Minuten zugedeckt leise kochen, bis die Sauce cremig wird. Die Petersilie waschen, trockenschwenken, die Blätter von den Stängeln zupfen und fein hacken. Den Käse fein reiben.

4 Nudeln, Petersilie und Käse zur Gemüsesauce geben und alles gut miteinander mischen. Sollte die Sauce zu dickflüssig geworden sein, noch 1 Tasse Nudelwasser dazugießen. Alles mit Salz und Pfeffer abschmecken und die Nudeln sofort servieren.

Tipp der Köchin

Dank ihrer Vielfalt an Formen und Farben gehören Nudeln längst auch bei uns zu den Lieblingsgerichten – und das aus gutem Grund: Sie lassen sich leicht zubereiten, kosten wenig, passen zu fast allem und sind warm oder kalt vielseitig verwendbar, egal ob als Beilage zu Gemüse und Fleisch, als Hauptgericht oder als köstlicher Salat.

Geht schnell

Spaghetti mit Zucchini und Thunfisch

Für 4 Portionen

250–300 g Spaghetti, Salz
2 Knoblauchzehen, 1 große Zwiebel
4 EL Olivenöl
600 g Zucchini, 400 g Porree
50 g Oliven, 125 g Tomatenwürfel
1 kleine Dose Thunfisch (ca. 150 g)
4 Stängel glatte Petersilie

30 Minuten

1 2 Liter Salzwasser zum Kochen bringen. Die Nudeln darin bissfest garen, abgießen und warm stellen. Inzwischen Knoblauchzehen und Zwiebel abziehen, fein würfeln und im heißen Öl glasig dünsten.

2 Die Zucchini waschen, grob würfeln, zugeben und einige Minuten andünsten. Den Porree waschen, putzen, fein schneiden und mit den Oliven und den Tomaten zu den Zucchini geben und kurz mitgaren. Den Thunfisch in grobe Stücke teilen und einrühren.

3 Die Nudeln mit der Gemüse-Thunfisch-Mischung vermengen. Die Petersilie waschen, trockenschwenken, fein hacken und darüber streuen.

Ein Sommeressen par excellence: Nudeln, leichtes Gemüse und Thunfisch, der wahlweise auch durch Sardellen ersetzt werden kann.

Tipp der Köchin

Tomatenwürfel und -püree gibt es im praktischen Tetrapack, sie sind ideal für die schnelle Küche.

Ganz einfach

Bandnudeln mit Zucchini-Pinoli-Sauce

In vielen anspruchsvollen Gerichten spielen Pinienkerne inzwischen eine wichtige Rolle. Wegen der aufwändigen Anbaubedingungen und der mühsamen Ernte – Pinienkerne werden immer noch von Hand geerntet – sind sie allerdings relativ teuer.

Für 4 Portionen

- Salz
- 300 g Eierbandnudeln
- 500 g Zucchini
- 2 Frühlingszwiebeln (100 g)
- 50 g Pinienkerne
- 4 EL Crème fraîche
- 2 EL Olivenöl
- 2 EL Butter
- 1 Tasse TK-Erbsen
- frisch gemahlener Pfeffer
- frisch geriebene Muskatnuss
- 1 TL Instant-Gemüsebrühe
- 50 g Parmesan oder Pecorino, frisch gerieben

30 Minuten

1 Für die Nudeln reichlich Salzwasser zum Kochen bringen. Die Nudeln in das Wasser geben, nach Packungsanweisung bissfest kochen, in ein Sieb abgießen und warm stellen.

2 Während die Nudeln kochen, die Zucchini waschen und Stiel- und Blütenansätze entfernen. Das Fruchtfleisch längs in dünne Scheiben schneiden und salzen. 2 Scheiben beiseite legen, die restlichen Scheiben würfeln und mit 1/8 Liter Wasser in etwa 5 Minuten bissfest garen. Die Frühlingszwiebeln waschen, putzen und in Ringe schneiden.

3 Die Pinienkerne in einer Pfanne ohne Fett unter Rühren goldbraun rösten. Die Hälfte davon im Blitzhacker oder mit dem Stabmixer fein hacken. Zucchini, Frühlingszwiebeln und die Crème fraîche dazugeben und alles fein pürieren.

4 Das Öl und die Butter in einer Pfanne langsam erhitzen. Das pürierte Gemüse und die Erbsen einrühren und 2 bis 3 Minuten bei mittlerer Hitze dünsten. Alles mit Salz, Pfeffer, Muskat und der gekörnten Brühe würzen. Die Nudeln und die Hälfte des Käses untermischen.

5 Die restlichen rohen Zucchinischeiben sehr fein würfeln und zusammen mit den Pinienkernen und dem übrigen Käse darüber streuen. Die Nudeln sofort servieren.

Zu Bandnudeln und Zucchini passen die frisch gerösteten Pinienkerne mit ihrer nussigen Note einfach perfekt.

Tipp der Köchin

Die Farbe dieser cremigen Sauce wird durch die jeweilige Zucchinisorte bestimmt, die von zartgrün bis hellgelb variieren kann. Besonders appetitanregend wirkt dieses Gericht auf schwarzen oder blauen Tellern. Sehr schön sieht es aus, wenn Sie dieses Gericht noch mit einigen dekorativen Zucchiniblüten garnieren.

Vegetarisch

Schnelle Zucchininudeln

Chilischoten, die zur Familie der Gewürzpaprika gehören, gibt es in verschiedenen Formen, Größen und Geschmacksrichtungen. Man sollte sie immer vorsichtig dosieren, da ihre Schärfe beim Kochen noch zunimmt.

Für 4 Portionen

250–300 g Spaghetti
Salz
2 Tomaten
600 g grüne und gelbe Zucchini
2 cm Chilischote
2 Knoblauchzehen
4 EL Olivenöl
4 Frühlingszwiebeln
4 Stängel glatte Petersilie

20 Minuten

1 Reichlich Salzwasser zum Kochen bringen. Die Nudeln nach Packungsanweisung bissfest kochen.

2 Die Tomaten für 2 bis 3 Minuten ins Nudelwasser legen, kalt abschrecken, häuten und würfeln. Die Nudeln abgießen, abtropfen lassen und warm stellen.

3 Die Zucchini waschen, Stiel- und Blütenansätze entfernen und das Fruchtfleisch in dünne Scheiben schneiden. Dicke Zucchini zuvor halbieren oder vierteln. Die Chilischote waschen, entkernen und in feine Streifen schneiden (danach die Hände waschen!). Die Knoblauchzehen abziehen.

4 Das Öl in einer weiten Pfanne erhitzen. Den Knoblauch mit einem Feinhobel in das Öl hobeln und in 1 bis 2 Minuten bei mittlerer Hitze unter Rühren goldbraun braten. Die Zucchinischeiben dazugeben und unter gelegentlichem Rühren 3 bis 5 Minuten dünsten.

5 Die Frühlingszwiebeln waschen, putzen, fein schneiden und zu den Zucchini geben. Alles weitere 2 Minuten dünsten.

6 Die Tomatenstückchen und das Gemüse mit den Nudeln vermischen.

7 Die Petersilie waschen und trockenschwenken. Die Blätter von den Stängeln zupfen, hacken und über Nudeln und Gemüse streuen. Die Nudeln sofort servieren.

Tipp der Köchin

Nach Belieben können Sie die Nudeln noch mit frisch geriebenem Pecorino überstreuen und diesen bei geschlossenem Deckel schmelzen lassen.
Bei diesem Blitzrezept, das auch Kindern prima schmeckt – dann sollten Sie allerdings die scharfe Chilischote lieber weglassen –, können Sie statt der hellen Spaghetti auch grüne oder rote Nudeln verwenden, die farblich sehr schön mit gelben Zucchini harmonieren. Farbige Nudeln werden übrigens unter Zugabe von Tomaten oder Rote Bete (rot) oder Spinat (grün) hergestellt.

Raffiniert

Curryreis mit Aprikosen

Für 4 Portionen

- 1 Zwiebel, 1 Knoblauchzehe
- 4 cm frischer Ingwer, 2 EL Öl
- 12 getrocknete Aprikosen
- 150 g Basmatireis
- 1/2 l Gemüsebrühe
- 1 EL Currypulver, 40 g Butter
- 20 g Mandelblättchen, 1 Banane
- 400 g Zucchini, Salz

35 Minuten

1 Zwiebel und Knoblauch abziehen, den Ingwer schälen. Alles fein hacken und im heißen Öl glasig dünsten. Die Aprikosen fein würfeln. Den Reis waschen und zu den Zwiebeln geben. Die Brühe angießen, Curry und Aprikosen zufügen und alles unter gelegentlichem Rühren etwa 10 Minuten quellen lassen.

2 In der Butter die Mandeln goldgelb rösten. Die Banane schälen, in Scheiben schneiden, zufügen und anwärmen. Zugedeckt beiseite stellen.

3 Die Zucchini waschen, putzen, würfeln, in den Reis einrühren und 5 Minuten ziehen lassen. Alles salzen und die Bananen-Mandel-Mischung vorsichtig untermischen.

Süß und scharf verträgt sich gut, wie milde Zucchini mit Trockenfrüchten, Banane und leicht scharfem Currypulver beweisen.

Tipp der Köchin

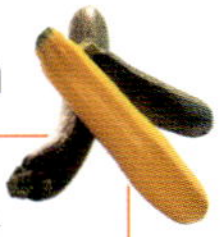

Dieser Curryreis ist eine raffinierte Beilage zu exotischen Fleisch- oder Fischgerichten.

Besonders schön sieht das Risotto aus, wenn Sie grüne und gelbe Zucchini verwenden. Den Risottoreis bekommen Sie in gut sortierten Supermärkten oder in italienischen Feinkostgeschäften.

Vegetarisch

Risotto mit Zucchini und Ingwer

Für 4 Portionen

- 1 Knoblauchzehe
- 2 Zwiebeln
- ca. 2 cm frische Ingwerwurzel
- 2–3 EL Olivenöl
- 400 g Risottoreis
- 600 ml heiße Gemüsebrühe
- 1/4 l Weißwein
- Salz
- frisch gemahlener bunter Pfeffer
- 500 g Zucchini
- 50 g Parmesan oder Pecorino
- 1 Tasse Basilikumblätter

40 Minuten

1 Den Knoblauch und die Zwiebeln abziehen und beides sehr fein würfeln. Das Ingwerstückchen schälen und ebenfalls in feine Würfel schneiden. Das Öl in einem Topf erhitzen und Zwiebeln, Knoblauch und Ingwer darin 2 bis 3 Minuten anbraten.

2 Den Reis waschen, zu den Zwiebeln geben und 2 bis 3 Minuten anrösten. Die Gemüsebrühe und den Wein dazugießen. Den Reis umrühren und zugedeckt bei schwacher bis mittlerer Hitze etwa 10 bis 15 Minuten quellen lassen, dabei ab und zu umrühren. Die Reismischung mit Salz und Pfeffer würzen.

3 In der Zwischenzeit die Zucchini waschen, Stiel- und Blütenansätze entfernen, das Fruchtfleisch in Stifte schneiden und leicht salzen. Die Zucchinistifte unter den Reis rühren und zugedeckt 5 Minuten ziehen lassen. Sollte alle Flüssigkeit aufgesogen sein, noch etwas Wasser nachgießen.

4 Den Reis probieren. Wenn er noch zu fest ist, weiteres Wasser zufügen und den Reis kurz nachquellen lassen. Das Risotto von der Kochstelle nehmen.

5 Parmesan oder Pecorino grob reiben und unter den Reis mischen. Die Basilikumblätter waschen, trockenschwenken, fein hacken und über das Risotto streuen. Das Gericht sofort servieren.

Nur mit dem echten Risottoreis wird dieses Risotto so, wie es sein soll: saftig, leicht klebrig und mit dem unverwechselbaren Biss der Reiskörner.

Tipp der Köchin

Frischen Ingwer kann man wie Zwiebeln bei Zimmertemperatur einige Wochen aufbewahren, man sollte ihn jedoch immer erst direkt vor Gebrauch schälen. Ingwerpulver, das weniger intensiv schmeckt, lagern Sie am besten gut verschlossen an einem kühlen, trockenen und dunklen Platz. Auf diese Weise ist es zwei Jahre haltbar.

Ganz einfach

Schneller Gemüsereis

Erbsen sind immer wieder eine beliebte Beilage zu Fleisch und Geflügel. Sehr junge, frische Erbsen oder Zuckerschoten werden gern auch roh gegessen, schmecken jedoch gegart noch etwas süßer.

Für 4 Portionen

2 Tassen Langkornreis
1 große Zwiebel
2 Knoblauchzehen
2–3 EL Olivenöl
2 mittelgroße Zucchini (etwa 400 g)
2 rote Paprikaschoten oder 1 Möhre
4 Tassen TK-Erbsen
1 Bund Schnittlauch oder Petersilie
2 EL Sojasauce oder 1 TL Currypulver
Salz
frisch gemahlener Pfeffer

25 Minuten

1 Den Reis in einen Topf geben und mehrmals mit klarem Wasser durchspülen, bis das Wasser klar ist. So viel Wasser dazugeben, dass es 1 Zentimeter über dem Reis steht, zum Kochen bringen und den Reis einmal aufkochen lassen. Die Herdplatte ausschalten und den Reis zugedeckt in etwa 10 Minuten ausquellen lassen.

2 Die Zwiebel und die Knoblauchzehen abziehen und beides fein würfeln. Das Olivenöl in einer weiten Pfanne erhitzen und Zwiebeln und Knoblauch darin bei mittlerer Hitze unter Rühren goldgelb anbraten.

3 Zucchini und Paprikaschoten waschen und Stiel- und Blütenansätze abschneiden. Bei den Paprikaschoten die Kerne entfernen. Das Fruchtfleisch in 5 Millimeter große Würfel schneiden. Die Gemüsewürfel zu den Zwiebeln geben und alles bei schwacher Hitze zugedeckt etwa 5 Minuten schmoren. Die Erbsen zufügen und weitere 5 Minuten mitgaren. Wenn die Flüssigkeit verkocht ist, noch etwa 1 Tasse Wasser nachgießen.

4 Den Schnittlauch oder die Petersilie waschen, trockenschwenken, fein hacken und zusammen mit dem Reis, der Sojasauce oder dem Curry unter das Gemüse rühren. Die Reis-Gemüse-Mischung mit Salz und Pfeffer abschmecken.

Tipp der Köchin

Noch schneller geht es, wenn Sie vorgekochten Reis verwenden, von dem Sie 4 Tassen benötigen. Nach Belieben können Sie zum Schluss außerdem noch Pilze und/oder Shrimps untermischen. Diesen schnellen und bunten Gemüsereis können Sie sowohl als Beilage zu Fisch- und Fleischgerichten, Frikassees und Geschnetzeltem servieren als auch mit milden oder scharfen Saucen kombinieren.

Schnell zubereitet

Zucchini mit Couscous

Für 4 Portionen

2 Zwiebeln, 4 Knoblauchzehen
40 g Butter, 1 rote Paprikaschote
500 g Zucchini
1/2 l Gemüsebrühe
200 g Couscous
Salz, Pfeffer
1 Bund Schnittlauch oder Petersilie

20 Minuten

1 Zwiebeln und Knoblauch abziehen, fein würfeln und in heißer Butter goldbraun dünsten.

2 Paprika und Zucchini waschen, Stiel- und Blütenansätze abschneiden, von den Paprikaschoten die Kerne entfernen und das Fruchtfleisch fein würfeln.

3 Die Gemüsebrühe zum Kochen bringen und das Gemüse darin 7 bis 10 Minuten zugedeckt garen. Den Couscousgrieß unter ständigem Rühren einstreuen und 5 Minuten auf der ausgeschalteten Kochstelle quellen lassen.

4 Alles mit Salz und Pfeffer würzen. Schnittlauch oder Petersilie waschen, trockenschwenken, fein schneiden und untermischen.

In diesem sättigenden Blitzgericht, den Zucchini mit Couscous, schmecken auch gehäutete, gewürfelte Tomaten, Porreestreifen oder vorgegarte Brokkoliröschen und beliebige Kräuter.

Mit Fleisch, Fisch oder Ei

Von raffiniert bis fein, von abwechslungsreich bis farbenfroh – im nächsten Kapitel finden Sie zahlreiche Anregungen, wie gut Zucchini zu Eiern, Geflügel und Fleisch passen und welch köstliche Kombinationen aus Fisch und Zucchini möglich sind. Schlemmen Sie mit gefüllten Zucchiniblüten oder feinen Zucchini-Lamm-Spießchen, genießen Sie die spanische Zucchini-Hähnchen-Pfanne oder das Schweinefilet mit Zucchinisahne, und überraschen Sie Ihre Gäste mit einem feinen Zucchini-Kräuter-Flan oder mit gefüllten Kugelzucchini!

Thymian wurde schon in der Antike wegen seiner Heilkraft und seines Dufts geschätzt. Als Gewürzkraut ist er vielseitig verwendbar: Er passt zu Tomaten, Bohnen, Eiern und in viele Saucen und Suppen.

Sehr fein

Zucchini-Kräuter-Flan

Für 4 Portionen

- 1 Zwiebel
- 2 Knoblauchzehen
- 2–3 Salbeiblätter
- 1 Rosmarinzweig
- 4–5 Zweige Thymian
- 3 Stängel glatte Petersilie
- 1 Frühlingszwiebel oder
- 1 Bund Schnittlauch
- 1 kleiner Zucchino (250 g)
- 2 EL Olivenöl
- 200 g Sahne, 4 Eigelbe
- 50 g Parmesan, Salz
- frisch gemahlener bunter Pfeffer
- 1 Prise Muskat
- 4 Eiweiße
- Butter für die Form

60 Minuten

1 Zwiebel und Knoblauchzehen abziehen und fein würfeln. Salbei, Rosmarin und Thymian waschen und trocknen. Die Blätter von den Stielen streifen und fein hacken. Petersilie und Frühlingszwiebel waschen und klein schneiden. Den Zucchino waschen, Stiel- und Blütenansatz entfernen und das Fruchtfleisch in feine Streifen schneiden oder raspeln.

2 Zwiebeln und Knoblauch in heißem Öl bei mittlerer Hitze goldgelb anbraten. Salbei, Rosmarin, Thymian und Zucchinistreifen dazugeben und alles etwa 5 Minuten schmoren. Die Sahne angießen und auf etwa die Hälfte einkochen lassen. Den Topf vom Herd nehmen und das Gemüse etwas abkühlen lassen.

3 Den Backofen auf 180 °C (Umluft 160 °C, Gas Stufe 2–3) vorheizen. Die Fettpfanne mit heißem Wasser füllen und in den Backofen schieben. Eine flache Auflaufform einfetten.

4 Petersilie und Frühlingszwiebel, Eigelbe und Parmesan in die Kräutersahne einrühren und alles mit Salz, Pfeffer und Muskat würzen.

5 Die Eiweißmasse mit 1 Prise Salz steif schlagen und vorsichtig unterheben. Die Masse in der Form verteilen und glatt streichen. Die Form in das heiße Wasserbad stellen und den Flan in 30 bis 35 Minuten stocken lassen. Die Garprobe mit einem kleinen Messerschnitt machen: Wenn die Klinge trocken bleibt, ist der Flan fertig. Den Flan in Stücke schneiden und servieren.

Tipp der Köchin

Sie können diesen Flan, der aus dem Piemont stammt, auch in kleinen ofenfesten Portionsschälchen zubereiten (dann ist die Garzeit allerdings etwas kürzer!) und als feine Vorspeise servieren. Mit einer Gemüse-, Kartoffel- oder Salatbeilage eignet er sich aber auch sehr gut als Hauptgericht.

Für Gäste

Zucchiniomelett

Für 4 Portionen

- 4 Eier
- 4 EL Sahne
- Salz
- frisch gemahlener Pfeffer
- 1 Prise Muskat
- 50 g geriebener Parmesan oder Pecorino
- 1 Zwiebel
- 3 EL Olivenöl oder Butterschmalz
- 500 g Zucchini
- 2 TL Thymianblättchen oder Dill

20 Minuten

1 Die Eier verrühren. Sahne, Gewürze und Käse untermischen.

2 Die Zwiebel abziehen, fein würfeln und in einer beschichteten Pfanne im heißen Öl oder Butterschmalz glasig anbraten.

3 Die Zucchini waschen, Stielansätze entfernen und das Fruchtfleisch mittelgrob raspeln. Die Raspel zu den Zwiebeln geben und 2 bis 3 Minuten mitbraten.

4 Die Eimasse nochmals verquirlen, über das Gemüse gießen und das Omelett zugedeckt bei schwacher Hitze stocken lassen.

Dass Eierspeisen alles andere als langweilig sind, werden Sie bei diesem Zucchiniomelett feststellen.

Tipp der Köchin

Das Zucchiniomelett passt auch gut auf ein kaltes Büfett. Schneiden Sie es dann wie eine Torte in etwa 12 Stücke, und richten Sie diese dekorativ auf einer Platte an.

Safran, das kostbarste Gewürz der Welt, können Sie in Form von Fäden, die in kleinen Tütchen verpackt sind, oder auch als Pulver in kleinen Döschen kaufen.

Wie die echte Paella bekommt auch die spanische Hähnchenpfanne mit Zucchini optisch und geschmacklich das besondere Etwas durch den edlen Safran.

Sehr fein

Spanische Zucchini-Hähnchen-Pfanne mit Reis

Für 4 Portionen

2 Zwiebeln
2 Knoblauchzehen
4 EL Olivenöl
250 g Risottoreis
600 ml heiße Gemüsebrühe
1 Döschen Safranpulver
400 g Hähnchenbrustfilet
1/8 l Weißwein
400 g Zucchini
1 kleine rote Paprikaschote
1 kleine grüne Paprikaschote
2 Tomaten
100 g TK-Erbsen
Salz
frisch gemahlener bunter Pfeffer
4 Stängel glatte Petersilie

40 Minuten

1 Zwiebeln und Knoblauchzehen abziehen und fein würfeln. In einem weiten Topf die Hälfte des Öls erhitzen und Zwiebel- und Knoblauchwürfel darin goldgelb anbraten. Den Reis waschen, zufügen und kurz anrösten. Die Brühe angießen und den Safran einrühren. Den Reis zugedeckt bei schwacher Hitze etwa 10 Minuten quellen lassen, dabei ab und zu umrühren.

2 In der Zwischenzeit das Hähnchenfleisch waschen, trockentupfen und in Streifen schneiden. Das restliche Öl in einer beschichteten Pfanne erhitzen und die Fleischstücke darin in 3 bis 4 Minuten rundherum anbraten. Den Wein angießen und alles zugedeckt bei schwacher Hitze etwa 5 Minuten ziehen lassen.

3 Zucchini und Paprikaschoten waschen und trocknen. Stiel- und Blütenansätze entfernen und das Fruchtfleisch fein würfeln. Das Gemüse unter den halbfertigen Reis mischen. Sollte die Flüssigkeit verdampft sein, noch 1 bis 2 Tassen Wasser oder Gemüsebrühe dazugießen.

4 Die Tomaten waschen, auf den Reis setzen und zugedeckt etwa 5 Minuten dämpfen. Die Tomaten herausnehmen, häuten und in Achtel schneiden, dabei die Stielansätze entfernen. Die Erbsen unter den Reis rühren. Den Reis testen und wenn nötig noch einige Minuten quellen lassen.

5 Die Fleischwürfel mit Salz und Pfeffer würzen und unter den Reis mischen. Die Petersilie waschen. Die Blätter abzupfen und zusammen mit den Tomatenstücken über dem Reis verteilen.

Tipp der Köchin

Anstelle von Hähnchen können Sie auch andere Fleischsorten, oder aber Scampi oder Fischfilet verwenden.

Geht schnell

Pute mit Zucchini und Apfel

Currypulver ist eine Gewürzmischung, die aus vielerlei Zutaten zusammengestellt wird – mitunter werden 15 bis 20 Gewürze kombiniert. Die meisten Mischungen kommen aus England, wo das Currypulver zu Kolonialzeiten eingeführt wurde.

Für 4 Portionen

300 g Putenfleisch
2 Zwiebeln
1 Knoblauchzehe
2 cm frische Ingwerwurzel
500 g grüne Zucchini
Salz
2 EL Butterschmalz
1/4 l Apfelsaft oder Weißwein
1 EL Speisestärke
1 gelbe Paprikaschote
1 süß-säuerlicher Apfel
100 g Sahne
frisch gemahlener Pfeffer
1 Prise Currypulver
1 Bund Petersilie

30 Minuten

1 Das Putenfleisch waschen, trockentupfen und in mundgerechte Würfel schneiden. Zwiebeln, Knoblauchzehe und Ingwer abziehen bzw. schälen und alles fein würfeln. Die Zucchini waschen, putzen, in 5 Millimeter dicke Scheiben schneiden und leicht salzen.

2 Das Butterschmalz in einer weiten Pfanne erhitzen und Zwiebeln, Knoblauch und Ingwer darin in einigen Minuten goldgelb anbraten. Das Fleisch zugeben und bei starker Hitze rundum kurz anbraten. Die Zucchini zufügen.

3 Apfelsaft oder Wein mit der Speisestärke glatt rühren, langsam in das Gemüse einrühren und alles zugedeckt 3 bis 5 Minuten bei schwacher Hitze schmoren.

4 In der Zwischenzeit die Paprikaschote waschen, den Stielansatz und die Kerne entfernen und das Fruchtfleisch fein würfeln. Den Apfel schälen, das Kerngehäuse entfernen und das Fruchtfleisch sehr fein raspeln.

5 Die Paprika und den Apfel mit dem Gemüse vermischen, die Sahne dazugießen und die Sauce cremig einkochen. Alles mit Salz, Pfeffer und Curry abschmecken. Die Petersilie waschen und trockenschwenken. Die Blätter von den Stängeln zupfen, fein hacken und unterrühren. Zu Kartoffeln, Reis oder Nudeln servieren.

Zucchini harmonieren sehr gut mit dem süß-säuerlichen Apfelgeschmack.

Tipp der Köchin

Wenn Sie gelbe Zucchini haben, nehmen Sie statt der gelben Paprikaschote eine rote oder grüne. Statt Putenfleisch können Sie auch Hühnerbrustfilet verwenden.

Ganz einfach

Frikadellen mit Zucchini und Möhren

Für 4 Portionen

- 1 Brötchen
- 500 g Hackfleisch (Rind, Pute oder Schwein)
- 2 Eier, Salz
- Pfeffer, Muskat
- 1 Zwiebel, 1 Knoblauchzehe
- 200 g Zucchini
- 2 mittelgroße Möhren
- 4 Stängel Petersilie
- Öl zum Braten

30 Minuten

1 Das Brötchen in Wasser einweichen, ausdrücken, zerpflücken und mit dem Hackfleisch und den Eiern vermengen. Den Fleischteig mit Salz, Pfeffer und Muskat würzen. Zwiebel und Knoblauchzehe abziehen und fein würfeln. Zucchini und Möhren waschen, putzen und fein raspeln. Die Petersilie waschen und trockenschwenken. Die Blätter abzupfen und fein hacken.

2 Zwiebel, Zucchini, Möhren und Petersilie mit dem Fleisch vermischen. Aus der Masse 8 bis 10 Küchlein formen und die Frikadellen im heißen Öl auf beiden Seiten goldbraun braten.

Die Frikadellen mit Zucchini und Möhren lassen sich sehr gut heiß oder auch kalt verzehren.

Tipp der Köchin

Dazu schmeckt ein Kartoffelbrei oder aber das Zucchinipüree von Seite 42.

Sehr fein

Zucchini-Lamm-Röllchen in Tomatensahne

Speck, zumeist geräucherter oder gepökelter Schweinebauch, schmeckt nicht nur zum Frühstück oder zu Spiegeleiern, sondern klein gewürfelt und kross gebraten auch als würzige Zutat zu Saucen, Braten und Salaten.

Für 4 Portionen

4 Lammfilets
5 EL Olivenöl
1 TL Thymian
1 Prise Cayennepfeffer
Salz
300 g Tomaten
1 langer Zucchino (etwa 250 g)
4 dünne Scheiben Räucherspeck
1/8 l Brühe
1 Knoblauchzehe
4 EL Sahne
frisch gemahlener Pfeffer
2 Stängel Thymian oder Basilikum

40 Minuten

1 Die Lammfilets waschen und trockentupfen. 1 Esslöffel Öl mit Thymian, Cayennepfeffer und Salz vermischen und das Fleisch damit einreiben.

2 Die Tomaten mit kochendem Wasser überbrühen, häuten und das Fruchtfleisch würfeln.

In würzigen Speck und schützende Zucchinischeiben gewickelt, bleibt das zarte Lammfilet besonders saftig.

3 Den Zucchino waschen, den Stielansatz entfernen und das Fruchtfleisch mit einem Sparschäler längs in dünne Scheiben schneiden. Je 2 Zucchinischeiben nebeneinander legen, so dass sie sich etwas überlappen und 1 Lammfilet und 1 Scheibe Räucherspeck darauf legen. Die Zucchinischeiben schneckenförmig aufrollen und mit Zahnstochern oder Rouladennadeln zusammenstecken oder mit festem Garn zubinden.

4 In einer weiten Pfanne das restliche Olivenöl erhitzen und die Röllchen darin unter Wenden von allen Seiten anbraten. Die Brühe dazugießen und die Tomatenwürfel einrühren. Den Knoblauch abziehen, fein hacken oder pressen und dazugeben. Alles etwa 5 bis 10 Minuten zugedeckt bei schwacher Hitze ziehen lassen.

5 Die Sahne einrühren und die Sauce mit Salz und Pfeffer abschmecken. Die Kräuter waschen und trockenschwenken. Die Blätter von den Stielen streifen, grob hacken und unterrühren.

Tipp der Köchin

Als Beilage zu diesen feinen Spießchen passen Kartoffeln und Gemüse oder ein knackiger, bunt gemischter Salat mit schwarzen Oliven. Sie können aber auch einfach knuspriges Baguette dazu reichen.

Das Foto zu diesem Rezept finden Sie auf dem Cover.

Für Gäste

Runde Zucchini mit Fischfüllung

Für 4 Portionen

1 EL gekörnte Gemüsebrühe
Meersalz
300 g Kabeljaufilet
4 runde Zucchini
½ Bund glatte Petersilie
2 Limetten oder 4 Zitronen
40 g Parmesan
schwarzer Pfeffer, grob gemahlen
rosa Pfefferbeeren, grob gemahlen

30 Minuten

1 Etwa 1 l Wasser in einem Topf mit dem Gemüsebrühpulver und etwas Salz zum Kochen bringen. Die Fischfilets in die heiße Brühe legen und bei schwacher Hitze etwa 10 Minuten ziehen lassen, dann herausnehmen und abkühlen lassen.

2 Die Zucchini waschen, den Deckel abschneiden und die Kerne mit einem Löffel entfernen. Die ausgehöhlten Gemüse in die Brühe geben und 5–7 Minuten blanchieren, bis sie halbweich sind.

3 Den Fisch zerpflücken. Die Zucchini herausnehmen und auf eine Platte setzen, dabei unten etwas flach schneiden, damit sie gut stehen. Die Zucchini innen etwas salzen.

4 Die Petersilie waschen, trockenschütteln und die Blätter fein hacken. Die Limetten oder Zitronen auspressen. Den Parmesan reiben. Den zerpflückten Fisch mit dem Limetten- oder Zitronensaft, dem Olivenöl, der Petersilie und dem Parmesan vermischen. Mit Salz und Pfeffer würzen.
Die Fischfüllung in die Zucchini füllen, mit etwas grob gemahlenem rosa und schwarzem Pfeffer und Petersilie garnieren.

Tipp der Köchin

Anstelle von Fisch können Sie auch angebratenes Hackfleisch, gekochten Schinken oder zerkleinerte Nüsse verwenden.

Geht schnell

Schweinefilet mit Oliven

Für 4 Portionen

- 4 Tomaten (250 g)
- 600 g Zucchini
- 1 Knoblauchzehe
- Salz
- frisch gemahlener bunter Pfeffer
- 1 Prise gemahlene Nelken
- 1 TL Instant-Gemüsebrühe
- 200 g Sahne
- 500 g Schweinefilet
- 2 EL Butterschmalz
- 1/8 l Weißwein
- 4 Stängel glatte Petersilie
- 50 g schwarze Oliven ohne Stein

30 Minuten

1 Die Tomaten mit heißem Wasser überbrühen und einige Minuten ziehen lassen.

2 Währenddessen die Zucchini waschen, Stiel- und Blütenansätze entfernen und das Fruchtfleisch in 5 bis 7 Millimeter dicke Scheiben schneiden.

3 Die Tomaten häuten, Stielansätze entfernen und das Fruchtfleisch grob würfeln. Den Knoblauch abziehen und fein hacken.

4 Die Zucchini zusammen mit den Tomaten, dem Knoblauch, Salz, Pfeffer, den Nelken, der Gemüsebrühe und der Sahne in einen Topf geben und zugedeckt bei schwacher Hitze etwa 10 Minuten leicht kochen.

5 In der Zwischenzeit das Fleisch waschen, trockentupfen und in fingerdicke Scheiben schneiden. In einer schweren Pfanne das Butterschmalz erhitzen und die Fleischscheiben darin von beiden Seiten bei mittlerer Temperatur etwa 2 bis 3 Minuten braten. Das Fleisch mit Salz und Pfeffer würzen und mit dem Wein ablöschen. Den Bratensatz fast einkochen lassen.

6 Die Petersilie waschen, trockenschwenken, die Blätter von den Stängeln zupfen und grob hacken. Die Oliven würfeln und zusammen mit der Petersilie unter das Gemüse mischen. Das Fleisch zum Gemüse reichen.

Tipp der Köchin

Dazu schmeckt ein frisches, knuspriges Baguette, aber auch Reis oder Kartoffeln passen sehr gut. Eine besonders erfrischende Note bekommt dieses Gericht, wenn Sie zum Schweinefilet eine Joghurtsauce (siehe Seite 36 oder Seite 40) reichen.

Gewürznelken nennt man die vor der Blüte geernteten Knospen des Gewürznelkenbaums. Nach der Ernte werden sie getrocknet, wodurch sie sich braun verfärben und sehr hart werden.

Sehr fein

Fischfilet süßsauer mit Zucchini

Anstelle von Kabeljaufilet können Sie auch sehr gut Schellfisch, Seelachs oder den feinen Steinbutt verwenden.

Für 4 Portionen

600 g Kabeljaufilet
2 EL Sojasauce
2 EL Fischsauce
2 EL Speisestärke
4 Frühlingszwiebeln
1 kleine rote Paprikaschote
200 g Ananas, frisch oder aus der Dose
4 cm frische Ingwerwurzel
1 mittelgroßer Zucchino
4 EL Sherry- oder Apfelessig
1 EL brauner Zucker
1 Messerspitze scharfe Chilipaste
1/8 l neutrales Öl

30 Minuten

1 Die Fischfilets kalt abspülen und trockentupfen. Die Filets in etwa 3 Zentimeter große Stücke schneiden und in eine Schüssel geben. Je 1 Esslöffel Sojasauce, Fischsauce und Speisestärke verrühren und über die Fischstücke gießen. Den Fisch zugedeckt ziehen lassen.

2 Die Frühlingszwiebeln waschen und in feine Streifen schneiden. Die Paprika waschen, den Stielansatz und die Kerne entfernen und die Schote klein würfeln. Die Ananas schälen und in kleine Würfel schneiden. Den Ingwer schälen und fein würfeln. Den Zucchino waschen, Stiel- und Blütenansatz entfernen und das Fruchtfleisch in dünne Scheiben schneiden.

3 Die restliche Soja- und Fischsauce sowie die restliche Speisestärke mit Essig, Zucker, Chilipaste und 1/8 Liter kaltem Wasser in einer Tasse verrühren.

4 Das Öl in einem Wok oder einer mittelgroßen Pfanne erhitzen. Die marinierten Fischstücke darin portionsweise etwa 2 Minuten bei mittlerer Hitze anbraten, herausnehmen, auf einen Teller legen und zugedeckt warm halten.

5 Ingwer, Zucchini, Frühlingszwiebeln und Paprika im gleichen Wok etwa 2 bis 3 Minuten bei mittlerer Temperatur unter Rühren braten. Die Soja-Fisch-Sauce darüber gießen, die Ananaswürfel dazugeben und alles zusammen etwa 1 bis 2 Minuten bei schwacher Hitze garen. Die Fischstücke wieder hineingeben und vorsichtig unterheben.

Tipp der Köchin

Als Beilage passt am besten ein aromatischer Basmati- oder Duftreis: Dafür 2 Tassen Reis in einem Topf 2- bis 3-mal mit kaltem Wasser durchspülen. Zum Kochen so viel Wasser aufgießen, dass es etwa 1 Zentimeter hoch über dem Reis steht. Den Reis aufkochen und auf der ausgeschalteten Herdplatte etwa 10 Minuten quellen lassen.

Schnell zubereitet

Zanderfilet mit Zucchini und Tomaten

Für 4 Portionen

- 2 Frühlingszwiebeln (ersatzweise Porree)
- 1 Zucchino (ca. 200 g)
- 4 EL Olivenöl
- 1 Fleischtomate
- 1 TL Thymianblättchen
- Salz
- 4 Zanderfilets mit Haut
- 1–2 EL Zitronensaft
- 40 g Butter

30 Minuten

1 Frühlingszwiebeln waschen, putzen und in feine Streifen schneiden. Den Zucchino waschen, putzen und in grobe Scheiben schneiden. Beides im heißen Öl andünsten.

2 Die Tomate überbrühen, häuten, würfeln und zu den Zucchini geben. Das Gemüse mit Thymian und Salz würzen. Die Fischfilets waschen, trockentupfen, salzen und mit Zitronensaft beträufeln.

3 Die Butter erhitzen und die Filets darin mit der Hautseite nach unten je nach Dicke 3 bis 5 Minuten zugedeckt braten. Den Fisch würzen und zum Gemüse servieren.

Fischliebhaber schätzen das feste, wohlschmeckende Zanderfilet ganz besonders. Es verträgt sich mit dem Zucchinigemüse bestens.

Tipp der Köchin

Zu diesem feinen Zandergericht passen als Beilage Kartoffeln oder Reis sehr gut.

Raffiniert

Gefüllte Zucchiniblüten mit Fischfarce

Zu den Blüten passen ein knackiger Salat und eine feine Käsesauce oder ein Zucchinipüree (Seite 42). Wenn Sie keine Blüten haben, können Sie die Füllung auch sehr gut auf dünne Zucchinischeiben streichen, diese aufrollen und wie die Blüten im Backofen gratinieren.

Für 4 Portionen

- 250 g Fischfilet oder Scampi
- 2–3 EL Zitronensaft
- Salz
- 2 Frühlingszwiebeln
- 1 Bund Schnittlauch oder Dill
- 1 Ei
- 230 g Sahne
- frisch gemahlener bunter Pfeffer
- Muskat
- 12 Zucchiniblüten

40 Minuten

1 Die Fischfilets oder Scampi waschen bzw. schälen, mit dem Zitronensaft beträufeln und salzen. Das Fischfilet in grobe Stücke schneiden.

2 Die Frühlingszwiebeln waschen, putzen und grob schneiden. Fisch bzw. Scampi und Zwiebeln im Blitzhacker oder mit dem Stabmixer fein zerkleinern.

3 Den Schnittlauch oder Dill waschen, trockenschwenken und fein schneiden. Die Hälfte der Kräuter in die Fischmasse geben. Das Ei und 2 Esslöffel Sahne einrühren und die Füllung mit Pfeffer, Muskat und Salz würzen.

4 Den Backofen auf 200 °C (Umluft 180 °C, Gas Stufe 3–4) vorheizen. Die Zucchiniblüten vorsichtig abspülen, die Blütengefäße entfernen und die Fischfarce mit einem kleinen Löffel in die Blüten füllen. Die Blütenspitzen leicht zusammendrehen. Die gefüllten Blüten nebeneinander in eine flache Auflaufform setzen und die restliche Sahne darüber gießen.

5 Die Form auf die mittlere Schiene des Backofens stellen und die Blüten etwa 25 bis 30 Minuten backen. Die restlichen Kräuter darüber streuen.

Tipp der Köchin

Sie können die gefüllten Blüten auch in Mehl wenden oder in einen Ausbackteig tauchen und in heißem Öl goldbraun frittieren (siehe Seite 91).

Sehr fein

Zucchinicurry mit Shrimps in Kokossauce

Für 4 Portionen

400 g Zucchini
1 rote Paprikaschote
1 unbehandelte Zitrone
200 ml Kokosmilch
2–3 cm frische Ingwerwurzel
2 EL Currypulver
1 TL Instant-Gemüsebrühe
250 g mittelgroße TK-Shrimps
Salz
4 EL Sahne, Pfeffer

30 Minuten

1 Die Zucchini waschen, putzen und in dünne Scheiben schneiden. Die Paprikaschote waschen, Stielansatz und Kerne entfernen und das Fruchtfleisch grob würfeln.

2 Die Zitrone waschen, die Hälfte der Schale dünn abreiben und in die Kokosmilch einrühren. Den Ingwer schälen, fein würfeln und zugeben. Die Kokosmilch mit dem Curry und der Brühe zum Kochen bringen. Das Gemüse zufügen und etwa 5 Minuten garen, bis die Sauce cremig ist.

3 Die Shrimps abspülen und eventuell Schalen und Darm entfernen. Die Zitrone auspressen. Shrimps mit 3 Esslöffeln Zitronensaft beträufeln, salzen und in die Sauce legen. Die Sahne einrühren, alles 2 bis 3 Minuten leicht kochen und mit Salz und Pfeffer abschmecken.

Geht schnell

Schollenfilet mit Zucchini-Kapern-Gemüse

Für 4 Portionen

400 g Zucchini
2 Stangen Staudensellerie
250 g Porree
40 g Butter
4 Schollenfilets
1 EL Zitronensaft, Salz
2 EL eingelegte Kapern
200 g Sahne, Pfeffer

30 Minuten

1 Zucchini waschen, putzen und in dünne Scheiben schneiden. Den Sellerie waschen, abziehen und fein schneiden. Den Porree putzen, längs halbieren, gründlich waschen und in Streifen schneiden.

2 Die Hälfte der Butter erhitzen und den Sellerie darin zugedeckt 5 bis 7 Minuten dünsten. Die Fischfilets waschen, mit Zitronensaft beträufeln und salzen.

3 Zucchini, Porree, Kapern und Sahne zum Sellerie geben, 5 Minuten bei geringer Hitze mitkochen und mit Salz und Pfeffer würzen.

4 Die restliche Butter erhitzen. Die Filets darin von jeder Seite 3 bis 4 Minuten braten und auf dem Gemüse anrichten.

Kapern sind die Knospen des Kapernstrauchs und werden vor der Blüte geerntet. Früher wurden sie hauptsächlich zum Würzen von Fischsaucen und -gerichten verwendet, heute gibt man sie auch zu Fleisch- und sogar zu Süßspeisen.

Tipp der Köchin

Kokosmilch erhalten Sie im Asienladen oder in gut sortierten Supermärkten.

Wussten Sie, dass die Möhre ihre leuchtend orangegelbe Farbe erst seit dem 19. Jahrhundert hat? In früheren Zeiten war sie dunkelviolett bis fast schwarz!

Die mit einer pikanten Gorgonzolacreme gefüllten Fischpäckchen werden auf einem bunten Gemüsebett serviert.

Sehr fein

Fischpäckchen mit Zucchini

Für 4 Portionen

4 Forellen- oder Lachsforellenfilets (etwa 600 g)
1 EL Zitronensaft
Salz
1 kleine Stange Porree
50 g Gorgonzola
50 g Crème fraîche
2 Stangen Staudensellerie
2 Möhren
2 mittelgroße, schlanke Zucchini
40 g Butter
1 Prise Currypulver
1 TL Instant-Gemüsebrühe
1/8 l Weißwein

40 Minuten

1 Den Fisch unter kaltem Wasser abspülen und trockentupfen. Die Filets mit Zitronensaft beträufeln und mit Salz einreiben.

2 Den Porree putzen, längs halbieren, gründlich waschen und in feine Streifen schneiden. Den Gorgonzola mit einer Gabel zerdrücken und mit der Crème fraîche verrühren. Die Käsepaste auf den Filets verteilen. Einige Porreestreifen darauf legen und die Filets in der Mitte zusammenklappen.

3 Den Staudensellerie waschen, abziehen und fein schneiden. Die Möhren waschen und abschaben oder schälen und in feine Stifte schneiden. Möhren und Sellerie mit 1 Tasse Wasser in einen Topf geben und zugedeckt bei schwacher Hitze 5 bis 7 Minuten dünsten.

4 Die Zucchini waschen und Stiel- und Blütenansätze entfernen. Von den Zucchini mit einem Sparschäler längs dünne Scheiben abschneiden und je 3 Scheiben überlappend aufeinander legen. Die Fischfilets darauf setzen, die Enden der Zucchinischeiben über den Filets übereinander legen und mit Rouladennadeln oder Zahnstochern befestigen.

5 Die Butter zerlassen und die Fischpäckchen darin bei schwacher Hitze von jeder Seite etwa 5 Minuten leicht anbraten. Die übrig gebliebenen Zucchini in feine Streifen schneiden, mit dem restlichen Porree zum Gemüse in den Topf geben und noch 5 bis 7 Minuten dünsten. Alles mit Salz, Curry und Brühe würzen.

6 Den Wein über den Fisch gießen und den Bratensatz lösen. Den Bratenfond etwas einkochen lassen. Das Gemüse auf die Teller geben, die Fischpäckchen darauf setzen und die Sauce darüber träufeln.

Tipp der Köchin

Ein raffiniertes Fischgericht, das wenig Arbeit macht und sich gut vorbereiten lässt. Mit den feinen Zucchinischeiben können Sie auch Fleischstückchen, Scampi und alles, was zart dünsten muss, einwickeln.

Köstliches aus dem Ofen

In diesem Kapitel kommen nicht nur Pizza- und Quichefans auf ihre Kosten, denn die vielseitigen Zucchini eignen sich auch für Lasagne, Calzone, Gratins, Soufflés, Torteletts oder andere pikante Gerichte aus dem Backofen. Und wer Süßes mag, kann sich auf einen feinen Zucchini-Gewürz-Kuchen oder knusprig im Ausbackteig frittierte Zucchiniblüten freuen, mit denen Sie sicherlich auch Feinschmecker überzeugen werden.

Geht schnell

Pizzatoast mit Zucchini

Das Universalkraut Schnittlauch gehört zur Familie der Zwiebeln, ist aber geschmacklich um einiges milder. Es lässt sich auch im Blumentopf leicht kultivieren und wird zum Verfeinern und Garnieren vieler Gerichte verwendet.

Für 4 Portionen

2 Tomaten
4 Scheiben Toastbrot
1 Zwiebel
1 Knoblauchzehe
1 kleiner Zucchino (200 g)
4 EL Olivenöl
je 1 Prise Thymian und Oregano
Salz
frisch gemahlener bunter Pfeffer
100 g Mozzarella oder Gouda
2 Stängel Petersilie, Basilikum oder Schnittlauch

20 Minuten

1 Die Tomaten mit kochendem Wasser überbrühen und einige Minuten ziehen lassen.

2 Die Brotscheiben toasten. Zwiebel und Knoblauchzehe abziehen und fein würfeln. Den Zucchino waschen, putzen und klein würfeln.

3 Die Hälfte des Öls erhitzen und Zwiebeln und Knoblauch darin goldgelb anbraten. Die Zucchini zugeben und alles bei schwacher Hitze zugedeckt etwa 5 Minuten dünsten. Das Gemüse mit Thymian, Oregano, Salz und Pfeffer würzen.

4 Den Backofen auf 250 °C (Umluft 230 °C, Gas Stufe 6) vorheizen. Die Tomaten häuten, Stielansätze entfernen und das Fruchtfleisch fein würfeln. Den Mozzarella oder Gouda ebenfalls fein würfeln.

5 Das restliche Öl über die Toastscheiben träufeln. Tomaten- und Käsewürfel mit dem Gemüse vermischen, auf den Brotscheiben verteilen und alles 5 Minuten im Backofen überbacken.

6 Petersilie oder Basilikum waschen, trockenschwenken, die Blätter von den Stielen zupfen und die Toastscheiben damit garnieren.

Tipp der Köchin

Statt der Toastscheiben können Sie auch halbierte Baguettebrötchen oder Mischbrotscheiben als Unterlage für diesen saftigen Gemüsetoast verwenden. Fleischfans können außerdem noch einige Schinken- oder Salamiwürfel unter das Gemüse mischen oder eine Schinkenscheibe auf das Brot legen.

Raffiniert

Gratinierte Zucchinistifte

Für 4 Portionen

600 g Zucchini
4 Frühlingszwiebeln oder
1 kleine Stange Porree
1 mittelgroße Kartoffel, Salz
80 g harter oder weicher Schafskäse
200 g Sahne
3 EL Semmelbrösel oder Pinienkerne

40 Minuten

1 Den Backofen auf 220 °C (Umluft 200 °C, Gas Stufe 4–5) vorheizen. Die Zucchini waschen, putzen, in feine Stifte raspeln und in eine flache Auflaufform geben.

2 Frühlingszwiebeln oder Porree waschen, putzen und in feine Streifen schneiden. Die Kartoffel schälen, waschen und auf die Zucchini reiben. Zwiebeln, Kartoffeln und Zucchini vermischen und mit Salz würzen.

3 Den Käse reiben oder fein würfeln und untermischen. Die Sahne darüber gießen. Die Semmelbrösel oder Pinienkerne darüber streuen.

4 Die Form auf die mittlere Schiene des Backofens stellen und das Gratin 25 bis 30 Minuten überbacken.

Zucchinistifte, Schafskäse und Pinienkerne sind im Handumdrehen zu einem köstlichen Gratin vereint.

Tipp der Köchin

Eine raffinierte Beilage, die wenig Arbeit macht und zu Fleisch-, Geflügel- und Fischgerichten schmeckt.

Dieser preiswerte und schnell zubereitete Auflauf passt sehr gut als Beilage zu vielen Fleisch- und Fischgerichten und schmeckt natürlich auch solo, am besten zu einem bunten Rohkostsalat.

Vegetarisch

Zucchini-Kartoffel-Gratin

Für 4 Portionen

500 g Kartoffeln
800 g Zucchini
2 Zwiebeln
40 g Butter
2 TL Mehl
200 g Sahne
1/4 l Milch, Salz
2 TL Instant-Gemüsebrühe
2 TL Rosmarinnadeln oder Thymianblättchen
2 TL Oregano
frisch gemahlener bunter Pfeffer
50 g Bergkäse oder Pecorino
20 g Kürbiskerne
Fett für die Form

60 Minuten

1 Die Kartoffeln mit der Schale etwa 20 Minuten kochen, kalt abschrecken, pellen und in Scheiben schneiden.

2 Die Zucchini waschen, Stiel- und Blütenansätze entfernen und das Fruchtfleisch in sehr dünne Scheiben schneiden. Die Zwiebeln abziehen und würfeln. Die Zwiebeln in heißer Butter goldgelb braten. Das Mehl darüber streuen und unter ständigem Rühren leicht anbraten.

3 Sahne und Milch unter Rühren angießen. Die Sauce etwas einkochen lassen und mit Salz, der gekörnten Brühe, Rosmarin, Oregano und Pfeffer würzen. Die Sauce etwas abkühlen lassen. Den Käse reiben und in die Sauce rühren.

4 Den Backofen auf 200 °C (Umluft 180 °C, Gas Stufe 3–4) vorheizen. Eine flache Auflaufform einfetten, die Zucchini- und Kartoffelscheiben dachziegelartig hineinschichten und die Sauce darüber gießen. Die Kürbiskerne grob hacken und darüber streuen. Die Form auf die mittlere Schiene des Backofens setzen und das Gratin etwa 20 Minuten backen, bis die Oberfläche goldbraun ist.

Tipp der Köchin

Nach Belieben können Sie noch Tomatenscheiben oder einige klein geschnittene, eingelegte, getrocknete Tomaten auf das Gratin legen, bevor Sie die Sahnesauce darüber gießen.

Ganz einfach

Gratinierte Zucchiniröllchen

Für 4 Portionen

100 g Reis
1 großer, dicker Zucchino (500 g)
Salz
1 Zwiebel, 1 Knoblauchzehe
20 g Butter
1 rote oder gelbe Paprikaschote
frisch gemahlener Pfeffer
1 Bund Schnittlauch oder Dill
500 g Tomaten
2 EL Olivenöl
1 TL Thymian oder Oregano
4 Scheiben Emmentaler
Fett für die Form

50 Minuten

1 Den Reis in einem Topf 2- bis 3-mal mit kaltem Wasser durchspülen. So viel Wasser aufgießen, dass es etwa 1 Zentimeter hoch über dem Reis steht. Den Reis zum Kochen bringen und auf der ausgeschalteten Kochstelle etwa 10 Minuten quellen lassen.

2 Den Zucchino waschen und Stiel- und Blütenansatz entfernen. Das Fruchtfleisch längs in 8 dünne Scheiben schneiden und salzen.

3 Die Zwiebel und den Knoblauch abziehen, würfeln und in der heißen Butter andünsten. Die Paprika waschen, Stielansatz und Kerne entfernen und die Schote fein würfeln. Die Paprikawürfel zu der Zwiebel geben und 5 bis 7 Minuten dünsten.

4 Den Reis mit dem Gemüse verrühren und alles mit Salz und Pfeffer würzen. Den Schnittlauch oder Dill waschen, trockenschwenken, fein hacken und untermischen.

5 Die Tomaten mit kochendem Wasser überbrühen, kalt abschrecken und häuten, dabei die Stielansätze entfernen. Das Fruchtfleisch würfeln und auf dem Boden einer eingefetteten, ofenfesten Form verteilen. Die Tomaten mit Salz und Pfeffer würzen. Das Olivenöl darüber gießen und Thymian darüber streuen. Den Backofen auf 220 °C (Umluft 200 °C, Gas Stufe 4–5) vorheizen.

6 Je zwei Zucchinischeiben leicht überlappend nebeneinander legen und 1 Käsescheibe darauf legen. Zucchini- und Käsescheiben jeweils zu einer Rolle mit großer Öffnung aufrollen und mit Zahnstochern oder Rouladennadeln fixieren. Die Röllchen mit der Öffnung nach oben nebeneinander auf die Tomaten in die Form setzen und die Reis-Gemüse-Mischung in die Öffnungen füllen.

7 Die Form auf die mittlere Schiene des Backofens setzen und die Zucchiniröllchen etwa 30 Minuten backen.

Oregano und Majoran sind im milden Mittelmeerraum beheimatet. Oregano hat ein etwas herberes Aroma als Majoran. Beide Kräuter eignen sich vorzüglich zum Würzen von Tomaten-, Fisch- und Geflügelgerichten und vielerlei Salaten und Saucen.

Die beliebten Gemüsetorten nach französischem Vorbild sind ideal für Feste und Büfetts. Sie brauchen zwar etwas Zeit, lassen sich aber gut vorbereiten.

Die Zucchiniquiche mit Thunfisch schmeckt als kleiner Snack zu Bier und Wein, aber auch als Hauptgericht mit einem knackigen Salat ist sie sehr beliebt.

Für Gäste

Zucchiniquiche mit Thunfisch

Für etwa 8 Stück

Teig:
- 200 g Mehl
- 1 Messerspitze Backpulver
- 1 TL Salz
- 100 g Quark
- 100 g Butter, Öl für die Form

Belag:
- 300 g Zwiebeln
- 300 g Zucchini
- 1 Dose Thunfisch (100 g)
- 2 EL Öl

Guss:
- 2 Eier
- 100 g Crème fraîche
- 40 g geriebener Parmesan oder Pecorino
- Salz, frisch gemahlener Pfeffer
- 1 Messerspitze Currypulver
- 1 TL Thymianblättchen
- 20 g Pinien- oder Sonnenblumenkerne

90 Minuten

1 In einer Schüssel Mehl, Backpulver, Salz und Quark vermischen. Die Butter in Stückchen zugeben und alles zu einem glatten Teig verkneten. Den Teig zu einer Kugel formen und 10 Minuten kühl stellen.

2 Die Zwiebeln abziehen und in Ringe schneiden. Die Zucchini waschen, putzen und in dünne Scheiben hobeln. Den Thunfisch abgießen und zerteilen.

3 Den Backofen auf 200 °C (Umluft 180 °C, Gas Stufe 4) vorheizen. Eine Springform von 26 Zentimeter Durchmesser einölen. Den Teig auf einer bemehlten Arbeitsfläche ausrollen, in die Form geben und dabei einen kleinen Rand hochziehen. Den Teigboden mehrmals mit einer Gabel einstechen und auf der mittleren Schiene des Backofens 10 bis 15 Minuten vorbacken.

4 Für den Belag das Öl erhitzen und die Zwiebeln darin goldgelb anbraten. Die Zucchini zugeben, 4 bis 5 Minuten dünsten und alles etwas abkühlen lassen. Den Thunfisch mit dem Gemüse vermischen. Die Eier mit der Crème fraîche, dem Käse, Salz, Pfeffer, Curry und Thymian verrühren.

5 Den Teigboden aus dem Backofen nehmen und die Gemüsemischung darauf verteilen. Die Eier-Käse-Creme darüber gießen und mit einer Gabel etwas verteilen. Die Pinienkerne darüber streuen.

6 Die Quiche wieder in den Backofen schieben und etwa 20 bis 25 Minuten backen, bis die Oberfläche goldbraun ist.

Tipp der Köchin

Statt Thunfisch können Sie auch zerkleinerte Ölsardinen oder Sardellen bzw. rohen oder gekochten Schinken verwenden.

Sehr fein

Zucchinisoufflé

Sehr schön sieht es aus, wenn Sie von dem Soufflé mit einem Esslöffel einzelne Nocken abstechen, diese dekorativ auf Teller verteilen und einige Zucchinistifte darüber streuen.

Für 4 Portionen

400 g Zucchini
Salz
40 g Butter
40 g Mehl
1/4 l Milch
1 TL Instant-Gemüsebrühe
frisch gemahlener bunter Pfeffer
1 Prise Muskat
1 Bund Petersilie
100 g Emmentaler
3 Eier
Butter für die Form
1 kleiner Zucchino zum Garnieren

50 Minuten

1 Die Zucchini waschen und Stiel- und Blütenansätze entfernen. Das Fruchtfleisch mittelgrob in einen Topf raspeln und leicht salzen. 1 bis 2 Esslöffel Wasser dazugeben und das Gemüse etwa 3 bis 5 Minuten bei geringer Hitze dünsten, bis alle Flüssigkeit verdampft ist.

2 Die Butter zerlassen. Das Mehl darin unter Rühren 1 bis 2 Minuten anbraten und die Milch langsam einrühren. Die Sauce einige Minuten unter Rühren kochen, bis sie eingedickt ist.

3 Die Zucchini in die Sauce einrühren und mit Brühe, Salz, Pfeffer und Muskat abschmecken. Den Topf vom Herd nehmen und leicht abkühlen lassen.

4 Den Backofen auf 220 °C (Umluft 200 °C, Gas Stufe 4–5) vorheizen und eine Auflaufform darin etwa 5 Minuten anwärmen.

5 Die Petersilie waschen, trockenschwenken und fein hacken. Den Käse reiben. Die Eier trennen. Die Eigelbe mit der Petersilie und dem Käse verrühren und in die Zucchinisauce mischen. Die Eiweißmasse mit 1 Prise Salz steif schlagen und mit einem Schneebesen unter die Zucchini-Eigelb-Sauce ziehen.

6 Die Form aus dem Backofen nehmen und ein Stück Butter auf dem Boden zerlassen. Die Gemüsemasse einfüllen, die Form auf die mittlere Schiene des Backofens stellen und das Soufflé etwa 25 bis 30 Minuten backen, bis die Oberfläche goldbraun ist.

7 In der Zwischenzeit den Zucchino waschen, den Stielansatz entfernen, fein würfeln oder in dünne Stifte schneiden und das fertige Soufflé damit garnieren.

Tipp der Köchin

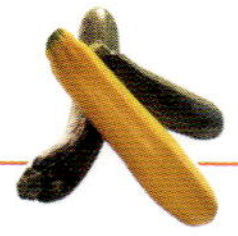

Bei Soufflés dürfen Sie die Backofentür während der ersten Hälfte der Backzeit auf keinen Fall öffnen, damit das Soufflé nicht zusammenfällt.

Für Gäste

Zucchinitorteletts

Für etwa 8 Stück

- 4 Platten TK-Blätterteig (400 g)
- 200 g Möhren, 1 Zwiebel
- 2 EL Öl, 400 g Zucchini
- 100 g Sahne, 100 g geriebener Käse
- 1 TL gehackte Petersilie

40 Minuten

1 Die Teigplatten zum Auftauen auf ein Brett legen. Die Möhren schaben und in Stifte schneiden. Die Zwiebel abziehen, fein würfeln und mit den Möhren in Öl andünsten.

2 Die Zucchini waschen, putzen, in Stifte schneiden und zugeben. Die Sahne angießen. Das Gemüse 5 Minuten dünsten, dabei die Flüssigkeit etwas einkochen lassen.

3 Den Backofen auf 200 °C (Umluft 180 °C, Gas Stufe 3–4) vorheizen. Die Teigstücke zu 4 Millimeter dicken Rechtecken ausrollen und in Quadrate teilen. Die Ränder nach innen biegen.

4 Käse und Petersilie zum Gemüse geben und je etwas von der Mischung in die Mitte der Torteletts geben. Die Torteletts auf ein Blech setzen und ca. 20 Minuten backen.

Die Zucchinitorteletts sind im Handumdrehen zubereitet und als kleiner Snack äußerst beliebt.

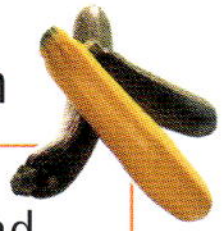

Tipp der Köchin

Diese Torteletts sind eine schöne Ergänzung zu einem Gläschen Wein oder Bier und außerdem schnell zubereitet, wenn sich ganz plötzlich Besuch ansagt.

Vegetarisch

Lasagne mit Zucchini und Pilzen

Diese Lasagneversion schmeckt auch ohne Fleisch sehr gut, da die getrockneten Steinpilze sehr aromatisch sind.

Für 4 Portionen

- 20 g getrocknete Steinpilze
- 2 Zwiebeln
- 2 Knoblauchzehen
- 4 EL Olivenöl
- 500 g Tomatenpüree oder -stücke (aus der Dose)
- 100 g Sahne
- Salz
- frisch gemahlener bunter Pfeffer
- je 1 TL Kräuter (Thymian, Salbei, Oregano)
- 600 g Zucchini
- 100 g frisch geriebener Pecorino
- 8–10 Lasagnenudelplatten

90 Minuten

1 Die Steinpilze mit 1/2 Liter heißem Wasser übergießen und mindestens 40 Minuten einweichen lassen.

2 Die Pilze über einem Sieb abgießen. Das Einweichwasser dabei auffangen und durch eine Filtertüte gießen. Die Pilze verlesen und klein schneiden.

3 Zwiebeln und Knoblauch abziehen, fein schneiden und im heißen Öl goldgelb anbraten. Pilze und Tomatenpüree oder -stücke dazugeben und einige Minuten mitdünsten. Die Sahne und das Pilzeinweichwasser dazugießen. Alles mit Salz und Pfeffer würzen und die Kräuter unterrühren.

4 Den Backofen auf 200 °C (Umluft 180 °C, Gas Stufe 3–4) vorheizen. Die Zucchini waschen, die Stiel- und Blütenansätze entfernen und das Fruchtfleisch in feine Stifte schneiden oder mittelgrob raspeln.

5 In eine rechteckige, mittelgroße Auflaufform abwechselnd Sauce, Käse, Nudelplatten, Zucchinistifte und wieder Käse schichten. Über die letzte Nudelschicht nur noch Sauce und Käse geben. Die Nudelplatten leicht in die Sauce drücken, damit sie ganz von der Flüssigkeit bedeckt sind.

6 Die Gemüselasagne auf der mittleren Schiene des Backofens 30 bis 35 Minuten überbacken. Mit einer Gabel einstechen und testen, ob die Nudeln weich sind, sonst noch einige Minuten im Backofen weiterbacken lassen.

Tipp der Köchin

Lasagneplatten müssen nicht vorgekocht werden, wenn die begleitende Sauce sehr flüssig ist, da die Nudelplatten dann in der Flüssigkeit ausreichend garen.

Ganz einfach

Tortellinigratin mit Zucchini und Tomaten

Für 4 Portionen

- 500 g Zucchini
- Salz
- 200 g Champignons
- 4 EL Olivenöl
- 500 g Tortellini
- 500 g Tomaten
- 2 Zwiebeln
- 2 Knoblauchzehen
- frisch gemahlener bunter Pfeffer
- 4 TL Thymianblättchen oder gehackter Salbei
- 50 g geriebener Pecorino oder Bergkäse

40 Minuten

1 Die Zucchini waschen und Stiel- und Blütenansätze entfernen. Das Fruchtfleisch in Stifte schneiden oder raspeln und leicht salzen. Die Champignons putzen und fein schneiden. 2 Esslöffel Öl in einer beschichteten Pfanne erhitzen und die Pilze darin 2 bis 3 Minuten dünsten.

2 Die Tortellini in reichlich kochendem Salzwasser nach Packungsanweisung garen. Die Tomaten waschen, zu den Tortellini in das kochende Wasser geben, nach etwa 3 Minuten herausnehmen und häuten. Stielansätze entfernen und das Fruchtfleisch grob würfeln. Zwiebeln und Knoblauchzehen abziehen und fein würfeln. Die Tortellini in ein Sieb abgießen.

3 In einem Topf das restliche Öl erhitzen und Zwiebeln und Knoblauch darin anbraten. Die Tomatenwürfel dazugeben und 2 bis 3 Minuten mitschmoren. Alles mit Pfeffer, Salz und Thymian oder Salbei würzen.

4 Den Backofen auf 220 °C (Umluft 200 °C, Gas Stufe 4–5) vorheizen. In eine Auflaufform abwechselnd Tortellini, Pilze, Zucchinistifte, Tomaten-Zwiebel-Mischung und Käse schichten. Die oberste Schicht mit der Tomaten-Zwiebel-Mischung und dem Käse abschließen. Das Gratin auf der mittleren Schiene des Backofens etwa 20 Minuten überbacken.

Salbei sollte man nur sparsam dosieren und auch erst kurz vor Ende der Garzeit zufügen, da er Hitze nicht verträgt.

Tipp der Köchin

Die beliebten gefüllten Teigtaschen bringen Geschmack und Raffinesse ohne viel Aufwand. Achten Sie beim Kauf auf Tortellini mit dünnem Teig und schmackhaften Füllungen. Gute Qualität finden Sie in der Regel in gut sortierten Supermärkten oder italienischen Feinkostgeschäften.

Vegetarisch

Calzone mit Pilzen

Champignons sollte man immer erst kurz vor der Zubereitung säubern. Da die Pilze schnell Wasser aufsaugen, ist es ratsam, sie nur mit einem feuchten Küchenpapier oder einer weichen Bürste zu reinigen. Falls sie doch stärker verschmutzt sind, am besten nur kurz abbrausen und anschließend sofort trockenreiben.

Für 4 Portionen

- 10 g Hefe (1/4 Würfel), Salz
- 250 g Mehl
- 4 EL Olivenöl
- 250 g Zwiebeln
- 1 Knoblauchzehe
- 200 g Champignons
- 300 g Zucchini
- frisch gemahlener bunter Pfeffer
- 1 Prise Muskat oder 1 Muskatblüte
- 100 g geriebener Pecorino
- 50 g Crème fraîche
- 30 g Pinienkerne
- Fett für das Blech
- Olivenöl zum Bestreichen

60 Minuten

1 Für den Teig 125 bis 150 Milliliter lauwarmes Wasser, Hefe und 1 Teelöffel Salz vermischen. Das Mehl langsam einrühren. 1 Esslöffel Öl dazugeben und den Teig mit den Knethaken des Handrührgeräts oder mit der Hand so lange verkneten, bis er geschmeidig ist und sich von der Schüssel löst. Den Teig zugedeckt 20 bis 30 Minuten gehen lassen.

2 Inzwischen für den Belag die Zwiebeln und den Knoblauch abziehen und fein hacken. Die Pilze putzen. Die Zucchini waschen und die Stielansätze entfernen. Zucchini und Pilze in feine Scheiben schneiden.

3 Das restliche Olivenöl in einer Pfanne erhitzen und die Zwiebeln darin goldgelb anbraten. Den Knoblauch dazugeben und kurz anbraten. Pilze und Zucchini zufügen und 2 bis 3 Minuten mitschmoren.

4 Den Hefeteig nochmals kurz kneten und in 4 gleich große Portionen teilen. Die Teigportionen auf einer Arbeitsplatte zu runden, 5 Millimeter dünnen Teigplatten ausrollen.

5 Das Gemüse mit Salz, Pfeffer und Muskat würzen. Den Pecorino und die Crème fraîche einrühren. Die Pinienkerne in einer Pfanne ohne Fett unter Rühren anrösten und untermischen. Den Backofen auf 250 °C (Umluft 230 °C, Gas Stufe 6) vorheizen und ein Blech einfetten.

6 Die Gemüsemasse auf den Teigplatten verteilen und dabei einen etwa 2 Zentimeter breiten Rand lassen. Die Teigplatten in der Mitte zusammenklappen und dabei die Ränder mit den Fingern gut zusammendrücken. Die Teigoberfläche mit Olivenöl bestreichen und die Calzoni auf das Backblech legen.

7 Das Blech auf der mittleren Schiene in den Backofen schieben und die Teigtaschen etwa 10 Minuten backen. Hitze auf 190 °C (Umluft 170 °C, Gas Stufe 3) reduzieren und weitere 5 bis 10 Minuten backen.

Ganz einfach

Überbackene Zucchini

Für 4 Portionen

800 g mittelgroße Zucchini
Salz, 50 g geriebener Käse
2 TL Oregano, Thymian oder Salbei
200 g Sahne

30 Minuten

1 Den Backofen auf 200 °C (Umluft 180 °C, Gas Stufe 3–4) vorheizen.

2 Die Zucchini waschen, putzen und längs in dünne Scheiben schneiden.

3 Die Zucchinischeiben leicht salzen und mit dem Käse und den Kräutern in eine Auflaufform schichten. Die Sahne darüber verteilen.

4 Die Auflaufform auf die mittlere Schiene des Backofens setzen und die Gemüsescheiben in etwa 20 bis 25 Minuten backen.

Tipp der Köchin

In diesem einfachen Gemüseauflauf schmecken auch noch einige in Scheiben geschnittene Pilze oder Schinkenstreifen sehr gut.

Die überbackenen Zucchinischeiben zeichnen sich durch den kräftigen Salbeigeschmack und die Käsekruste aus.

Für Gäste

Zucchini-Gewürz-Kuchen

Haselnüsse bekommen durch das Rösten im Backofen ein kräftigeres Aroma und machen Kuchen und Torten, aber auch pikante Gerichte noch »nussiger«.

Für etwa 12 Stücke

- 150 g Haselnüsse
- Fett für die Form
- 250 g Zucchini
- 80 g weiche Butter
- 125 g Zucker
- 1 Prise Salz
- 2 Eier
- 1 EL Zimtpulver
- 1 TL gemahlene Vanille
- 1 unbehandelte Zitrone
- 250 g Mehl
- 2 TL Backpulver

40 Minuten
60 Minuten Backzeit

1 Den Backofen auf 200 °C (Umluft 180 °C, Gas Stufe 3–4) vorheizen. Die Nüsse auf ein Blech geben und unter gelegentlichem Wenden 15 bis 20 Minuten rösten, bis sie goldbraun sind und würzig duften.

2 Eine Kastenform von 25 Zentimeter Länge einfetten. Die braune Haut der Nüsse mit einem rauen Tuch grob abreiben. Die Nusskerne fein reiben und die Form mit 2 Esslöffeln Nussbrösel ausstreuen.

3 Die Zucchini waschen, Stiel- und Blütenansätze entfernen und das Fruchtfleisch mittelgrob raspeln.

4 Die Butter mit dem Zucker, Salz, den Eiern, Zimt und der Vanille verrühren. Die Zitrone heiß abwaschen, 1 Teelöffel der Schale abreiben und in die Buttermasse einrühren.

5 Das Mehl mit dem Backpulver vermischen und langsam in die Butter-Zucker-Masse einrühren. Die Nüsse und Zucchini hinzufügen und alles gut verrühren, bis der Teig schwer reißend vom Löffel fällt. Sollte er zu fest sein, etwas Milch dazugeben. Den Teig in die Form füllen und glatt streichen.

6 Die Form auf dem Backofenrost auf der zweituntersten Schiene in den Backofen schieben und den Kuchen etwa 60 Minuten backen, bis die Oberfläche schön gebräunt ist.

7 Den Kuchen aus dem Backofen nehmen, 4 bis 5 Minuten ruhen lassen, mit einem scharfen Messer vorsichtig vom Rand lösen und auf ein Kuchengitter stürzen. Den Kuchen auskühlen lassen und in Stücke schneiden.

Tipp der Köchin

Dieser raffinierte Kuchen lässt sich in Folie verpackt gut einige Tage aufbewahren, da ihn die Zucchini schön feucht halten.

Sehr fein

Frittierte Zucchiniblüten

Für 4 Portionen

8–12 Zucchiniblüten mit Stiel
100 g Mehl, 1 TL Zucker
1 Prise abgeriebene unbehandelte Zitronenschale
1/4 l Milch
1 Eigelb, 1 Eiweiß
Salz, Öl zum Frittieren
Puderzucker zum Bestreuen

30 Minuten

1 Die Blüten vorsichtig kalt abbrausen und zum Abtropfen auf ein Küchenpapier legen. Die Staubgefäße mit einer Schere herausschneiden und die grünen Kelchblättchen abzupfen.

2 Das Mehl in einer Schüssel mit Zucker, Zitronenschale, Milch und Eigelb verrühren. Das Eiweiß mit 1 Prise Salz steif schlagen und unter den Teig heben. Das Öl auf 175 °C erhitzen.

3 Die Blüten einzeln in den Teig tauchen, abtropfen lassen und im Öl in 1 bis 2 Minuten goldbraun frittieren. Auf Küchenpapier abtropfen lassen, mit Puderzucker bestreuen und sofort servieren.

Zucchini zum Dessert? Warum nicht! Mit einer süßen Teighülle knusprig ausgebacken.

Tipp der Köchin

Die frittierten Blüten passen sehr gut als raffinierte Beilage z. B. zu Eis mit Fruchtsauce oder auch zu einer feinen Weinschaumsauce.

Rezeptregister

Sachregister

Die Autorin
Johanna Handschmann war lange Jahre Hauswirtschaftslehrerin und Fachschulrätin. Heute lebt und arbeitet sie als freie Autorin in der Nähe vom Bodensee. Sie hat bereits mehrere Kochbücher veröffentlicht und ist vor allem als Fachautorin zu den Themen »Vollwertküche« und »Trennkost« in Erscheinung getreten. Des weiteren hält sie Kochkurse und Weinseminare ab.

Der Fotograf
Kai Mewes ist selbstständiger Foodfotograf in München. Sein Studio mit Versuchsküche befindet sich in der Nähe des Viktualienmarktes. Die stimmungsvollen Bilder sind Ausdruck seiner Hingabe, Fotografie und kulinarischen Genuss zu vereinen.

Bildnachweis
Alle Bilder stammen von Kai Mewes, München außer:
Südwest Verlag, München: 6, 12, 16, 19, 20, 32, 34, 35, 36, 38, 40, 44, 48, 50, 52, 54, 56, 60, 62, 64, 68, 69, 70, 72, 73, 78, 80, 81, 84, 86, 87, 88, 90, 92, 93

Hinweis
Das vorliegende Buch ist sorgfältig erarbeitet worden. Dennoch erfolgen alle Angaben ohne Gewähr. Weder Autorin noch Verlag können für eventuelle Nachteile oder Schäden, die aus den im Buch gemachten praktischen Hinweisen resultieren, eine Haftung übernehmen. Das Rezept auf Seite 68 wurde abgeändert nach Jan Wischnewski.

Impressum

Lektorat: Freya Salpietro, Christine Pfützner
Projektleitung für diese Ausgabe: Birte Schrader
Bildredaktion: Sabine Kestler
Foodfotografie: Kai Mewes
Layout: Manuela Hutschenreiter
Umschlag: Atelier Versen, Bad Aibling
DTP: Jan-Dirk Hansen, Maren Scherer
Druck und Bindung: Neografia, Martin

Printed in Slovakia

FSC www.fsc.org MIX Papier aus verantwortungsvollen Quellen FSC® C020353

Verlagsgruppe Random House FSC® N001967
Das für dieses Buch verwendete FSC®-zertifizierte Papier *Profisilk* wurde produziert von Sappi Alfeld.

ISBN 978-3-8094-3119-0

121970107X817 6253 4453 6271

Nur wer versteht, kann handeln!

Von Mai bis September ist es in vielen katholischen Gemeinden Brauch, dass der Zelebrant am Ende einer Messe den Wettersegen spricht. Darin bittet er unter anderem, Gott möge gedeihliches Wetter schenken und Sturm, Hagel und sonstiges Unheil von den Menschen fernhalten. Auch in der Frühmesse, die wir monatlich in der Wallfahrtskirche Herrnrast bei Pfaffenhofen feiern, steht der Wettersegen zugleich als Bitte und Dank am Ende der Gottesdienste. Der Ursprung des Segensgebetes geht zurück bis ins Mittelalter und hat selbst im Zeitalter von satellitengestützten Wetterprognosen etwas Tröstliches und Hoffnungsvolles.

2019 haben Berichterstattung und Diskussionen über Extremwetterlagen weltweit an Fahrt aufgenommen. »Ist das noch Wetter oder schon Klima?« – diese Frage eines ZEIT-Redakteurs erlauben sich nur wenige Unbelehrbare beim momentanen Kenntnisstand verharmlosend zu beantworten.

Mit dem diesjährigen Weihnachtsgeschenk laden wir Sie ein, hinter die Kulissen unseres Wetters und speziell unseres Klimas zu blicken. Damit wir alle besser begreifen, welche komplexen Zusammenhänge bei Regen, Wind und Sonnenschein wirken. Denn nur, wenn wir wissen, welche Einflussfaktoren zusammenspielen, können wir im privaten und beruflichen Alltag als Klimaschützer aktiv werden. Nur dann gelingt es uns, gemeinsam Lösungswege zu finden und Chancen für uns und unsere Kinder aufzuzeigen. So können wir die Welt für die nachfolgenden Generationen lebens- und liebenswert erhalten.

Seit mehr als 60 Jahren setzen wir uns für die ökologische Landwirtschaft ein und fördern damit eine klimaschonende Bearbeitung unserer wertvollen Böden. An unseren Produktionsstandorten handeln wir klimaschonend, indem wir auf erneuerbare Energien setzen. Gemeinsam mit Ihnen können wir Zeichen setzen. Das haben wir bei BIO getan und können es heute mit unserem Einsatz für den Klimaschutz wieder tun.

Ihnen und Ihren Familien wünsche ich für das Weihnachtsfest 2019 das, was auch im Wettersegen erbeten wird:

Gott möge Sie schützen und Sie auch im neuen Jahr begleiten!

Mit freundlichen Grüßen

Professor Dr. Claus Hipp

Klimaneutral
Verlag
ClimatePartner.com/53585-1805-1001

Selbstverpflichtung zum nachhaltigen Publizieren
Nicht nur publizistisch, sondern auch als Unternehmen setzt sich der oekom verlag konsequent für Nachhaltigkeit ein. Bei Ausstattung und Produktion der Publikationen orientieren wir uns an höchsten ökologischen Kriterien.
Dieses Buch wurde auf 100 % Recyclingpapier, zertifiziert mit dem FSC®-Siegel und dem Blauen Engel (RAL-UZ 14), gedruckt. Auch für den Überzug des Umschlags wurde ein Papier aus 100 % Recyclingmaterial, das FSC®-ausgezeichnet ist, gewählt. Alle durch diese Publikation verursachten CO_2-Emissionen werden durch Investitionen in ein Gold-Standard-Projekt kompensiert. Die Mehrkosten hierfür trägt der Verlag.
Mehr Informationen finden Sie unter:
http://www.oekom.de/allgemeine-verlagsinformationen/nachhaltiger-verlag.html

Nachhaltigkeitskodex des oekom verlags
http://datenbank2.deutscher-nachhaltigkeitskodex.de/Profile/CompanyProfile/9023/de/2015/dnk

Bibliografische Information der Deutschen Nationalbibliothek:
Die Deutsche Nationalbibliothek verzeichnet diese Publikation in der Deutschen Nationalbibliografie; detaillierte bibliografische Daten sind im Internet über http://dnb.d-nb.de abrufbar.

Gesellschaft für ökologische Kommunikation mbH
Waltherstraße 29, 80337 München

Lektorat: Laura Kohlrausch, oekom verlag
Korrektorat: Maike Specht
Umschlaggestaltung: Esther Gonstalla | erdgeschoss-grafik.de
Satz und Infografik: Esther Gonstalla
Druck: Friedrich Pustet GmbH & Co. KG, Regensburg

978-3-96238-124-0

FSC www.fsc.org RECYCLED Aus Recyclingmaterial FSC® C014889

DAS KLIMA BUCH

ALLES, WAS MAN WISSEN MUSS, IN 50 GRAFIKEN

von Esther Gonstalla

oekom

Ein Weckruf in Grafiken

In den letzten Monaten ist der Kampf für die Stabilisierung des Weltklimas – und für die Erhaltung der Lebensgrundlagen der Menschheit – auf spektakuläre Weise in die Hände der Jugend übergegangen. Bei der Fridays-for-Future-Bewegung erleben wir gänsehautnah, wie das langjährige Leugnen und Ignorieren wissenschaftlicher Erkenntnisse durch die etablierten politischen Kräfte von den Heranwachsenden nicht mehr hingenommen wird, ja einen ebenso zornigen wie unschuldigen Sturm des Protests entfacht hat. Die Mädchen und Jungen haben erkannt, dass die Zeit für eine radikale Minderung des Ausstoßes von klimaschädlichen Treibhausgasen im Sinne des Pariser Abkommens von 2015 fast abgelaufen ist und dass ihre Zukunft und die ihrer Kinder auf diesem Planeten von den älteren Generationen verjubelt wird. Durch Medien, Schulunterricht, eigene Forschung und nicht zuletzt direkten Kontakt mit Wissenschaftler*innen haben die Schüler*innen von Fridays for Future sich die entscheidenden Informationen angeeignet und die richtigen Konsequenzen daraus gezogen. Als Klimaforscher, der zu diesem Wissensfundus ein wenig beigetragen hat, schaue ich auf diese jüngste Entwicklung mit großer Spannung, kleinem Stolz und vorsichtiger Hoffnung. Denn auf einen derartigen Aufschrei haben wir seit dem Jahr 1990, als der erste Bericht des Weltklimarats (IPCC) veröffentlicht wurde, hinsichtlich Politik, Industrie und der erwachsenen (westlichen) Zivilgesellschaft vergeblich gewartet.

Für mich ist die Fridays-for-Future-Bewegung der bisher sichtbarste Beweis der Entstehung einer neuartigen Allianz zwischen Wissenschaft, Jugend und – wie in diesem Buch von Esther Gonstalla so klar dargestellt – Kunst. Wenn ich mir die wissenschaftlich fundierten und höchst originellen Grafiken der Autorin ansehe, erkenne ich die Arbeit von zahlreichen Kolleg*innen und auch von mir selbst wieder. Und gleichzeitig bin ich davon beeindruckt, wie aussagekräftig und ausdrucksstark diese Erkenntnisse werden, wenn sie kreativ aufgearbeitet werden. Ich glaube fest daran, dass ohne die »Übersetzungsarbeit« von Künstler*innen und Medien-Gestalter*innen die Anzahl von jungen Menschen, die sich nun der Fridays-for-Future-Bewegung und den zahlreichen Folgebewegungen anschließen, deutlich geringer wäre. Ich stehe fast tagtäglich vor der Herausforderung, die neuesten und manchmal auch die wohletablierten wissenschaftlichen Ergebnisse in Bezug auf den Klimawandel einer breiten Öffentlichkeit zu vermitteln – in Vorträgen, Podiumsdiskussionen, Editorials oder Artikeln. Dabei erlebe ich, wie wichtig es ist, Konzepte und konkrete Zahlen so in Bilder, Symbole und Geschichten zu übersetzen, dass die essenziellen Informationen nicht nur transportiert, sondern auch memoriert werden können. Letzten Endes wird nicht jede*r einen Vortrag von mir oder von einem meiner Kolleg*innen hören bzw. ein tabellenschwangeres Buch über den Klimawandel lesen können – die Urfakten dahinter müssen viral werden!

Dem Buch von Esther Gonstalla gelingt es, sowohl die globale als auch die regionale Sicht auf den Klimawandel einzunehmen und die Ursachen, Auswirkungen sowie mögliche Lösungsansätze in einem Panorama darzustellen. Für mich ist die Visualisierung des Beitrags des Klimawandels zur wachsenden Armut in Afrika besonders ergreifend. Anhand der Darstellung der historischen nationalen Treibhausgasemissionen wird mehr als eindeutig klar, wie die Erderwärmung ein krasser Beleg für das Versagen der modernen Gesellschaft geworden ist. Die Verheißungen der globalisierten Moderne lösen sich spätestens mit diesen Betrachtungen endgültig in Luft auf: Gerade die Länder und Bevölkerungen, die am wenigsten zum Klimawandel beigetragen haben, stehen in der Schusslinie und leiden am meisten unter dessen zum Teil drastischen Konsequenzen. Gonstallas Appell für einen persönlichen, aber auch einen weltwirtschaftlichen Wandel wird an dieser Stelle zu einem moralischen Gebot – mit der vollen Unterstützung der aktuellsten Wissenschaft.

Die Dringlichkeit des Kampfes gegen die Klimakrise und für einen radikalen Wandel der globalen Wirtschaft ist seit dem Abschluss der Arbeit an diesem Buch keinesfalls geringer geworden. Der Wirbelsturm »Idai« in Südostafrika und die jüngste Rekordhitzewelle in Australien sind nur zwei von vielen Desastern, vor denen Esther Gonstalla in ihren Grafiken warnt. Die Botschaften und Fakten in diesem wichtigen Buch sind ebenso elementar wie apodiktisch.

Ich bin davon überzeugt, dass damit ein mächtiger Multiplikator für das Wissen über den Klimawandel geschaffen, aber auch ein gangbarer Weg zu einem stabilisierten Erdsystem aufgezeigt wurde. Ich hoffe, Gonstallas Buch wirkt wie ein Blasebalg, der die legitime Empörung in der Gesellschaft weiter anfeuert und die Allianz mit der Wissenschaft befeuert.

Portrait: Foto Hollin

Prof. Hans Joachim Schellnhuber,
Potsdam, Mai 2019

Das Klima …

macht das Leben auf der Erde erst möglich.

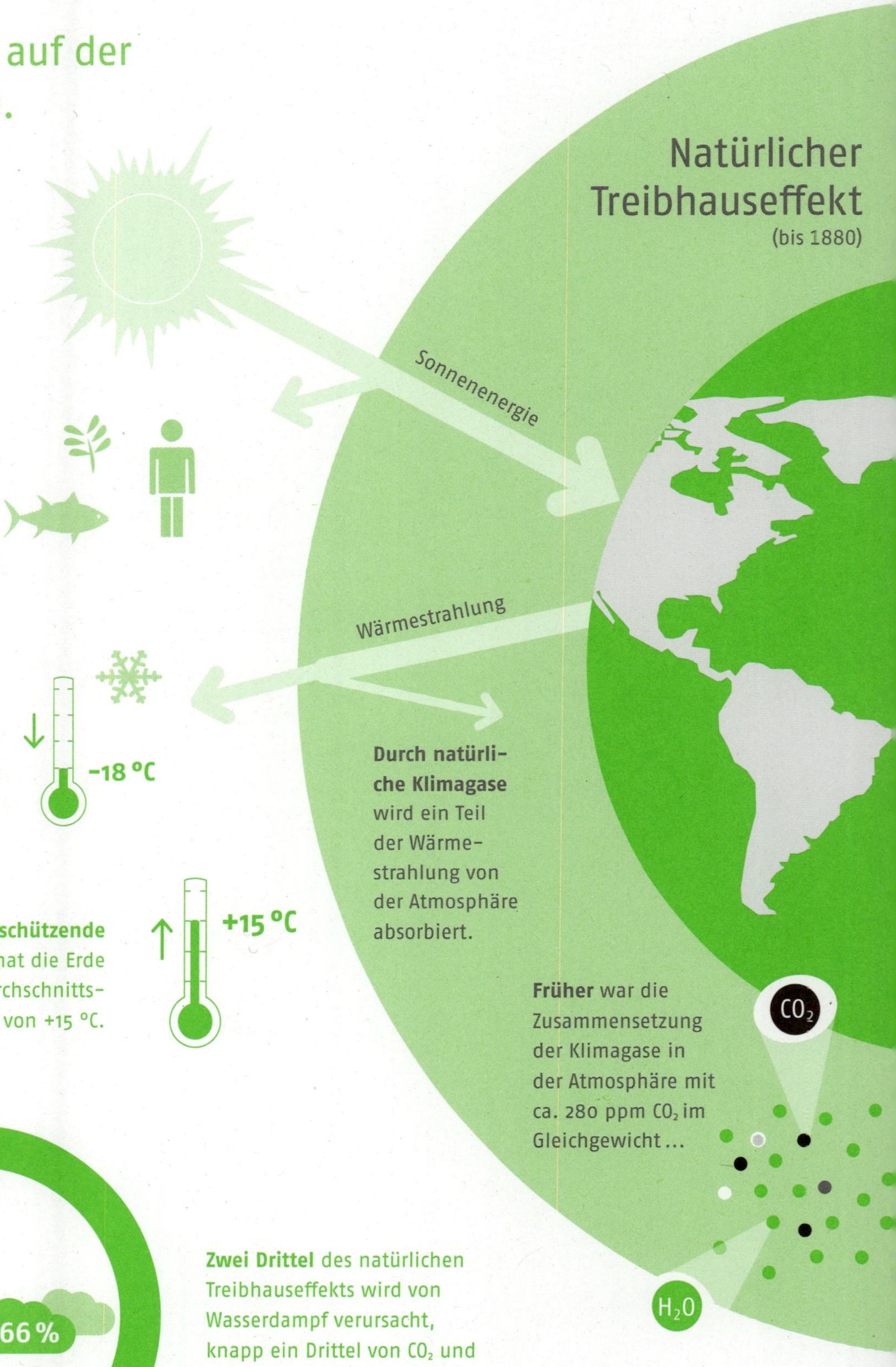

Der natürliche Treibhauseffekt macht das Leben auf der Erde erst möglich.

Ohne natürlichen Treibhauseffekt würden eisige −18 °C auf der Erde herrschen.

Durch unsere schützende Atmosphäre hat die Erde eine Durchschnittstemperatur von +15 °C.

Durch natürliche Klimagase wird ein Teil der Wärmestrahlung von der Atmosphäre absorbiert.

Früher war die Zusammensetzung der Klimagase in der Atmosphäre mit ca. 280 ppm CO_2 im Gleichgewicht …

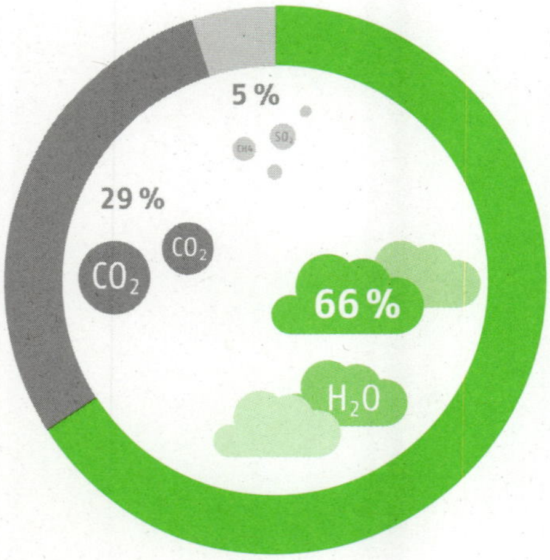

Zwei Drittel des natürlichen Treibhauseffekts wird von Wasserdampf verursacht, knapp ein Drittel von CO_2 und ein kleiner Prozentsatz von weiteren Spurengasen wie Methan (CH_4).

Quellen: DWD (2018), IPCC (2014), Rahmstorf (2013), Riedel & Janiak (2015)

… und der Mensch

verändert das Klima mit hohen CO_2-Emissionen, verursacht durch:

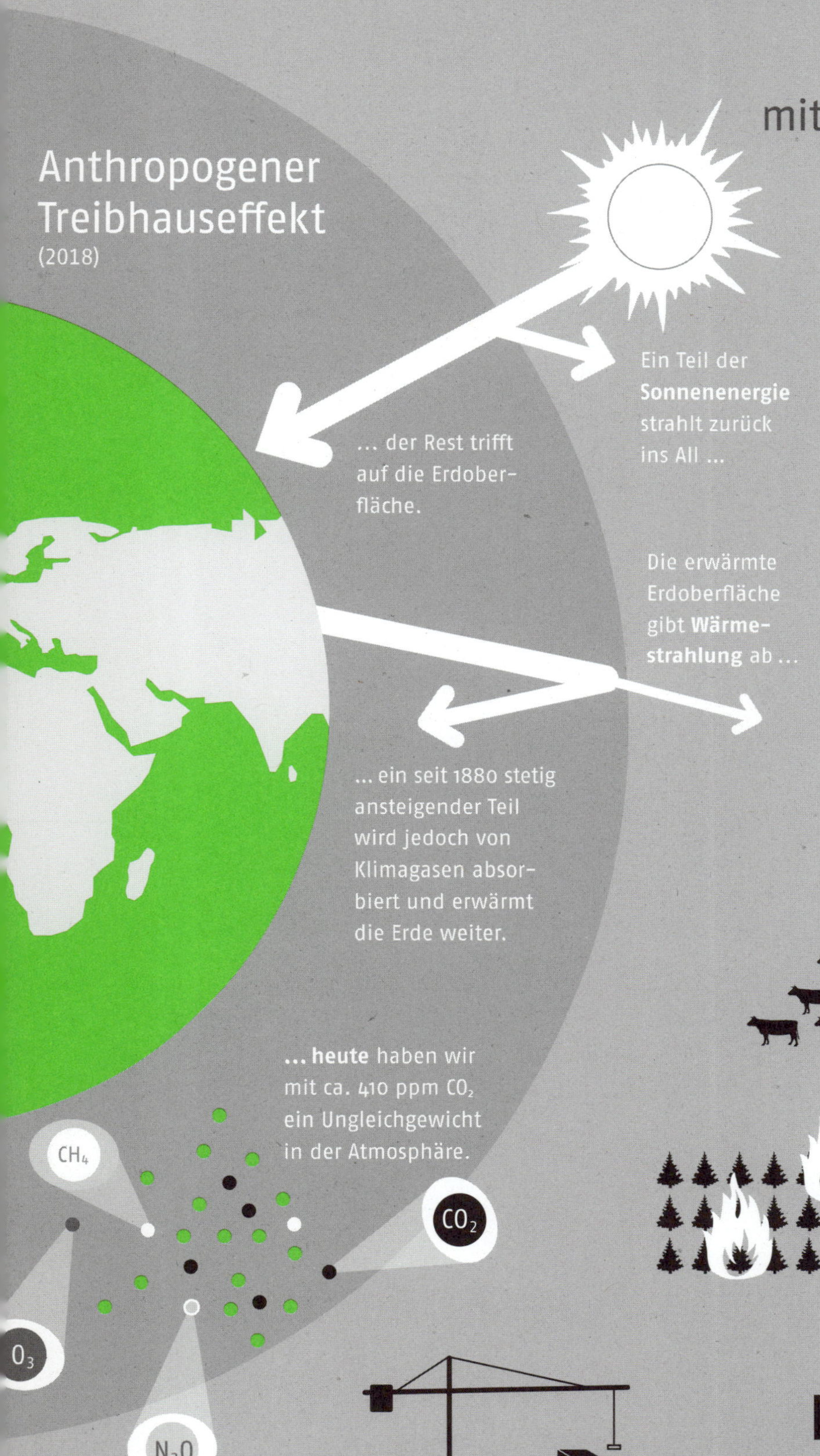

Verbrennung fossiler Brennstoffe wie Kohle, Öl und Gas für den weltweit steigenden Strombedarf

Herstellung von Waren, Transportmitteln, Textilien und Möbeln in energieintensiven Prozessen

Landwirtschaft, Futtermittelherstellung und Massentierhaltung sowie Fleischverarbeitung

Waldbrände, Waldnutzung und Forstmanagement

Wohnungs- und Hausbau, Heizen und Energiebedarf im privaten Sektor

Personen- und Gütertransport auf Straßen, Flüssen, Meeren und in der Luft

Bestandteile des Klimasystems → 1. Komponenten → 2. Komponenten → 3. Komponenten

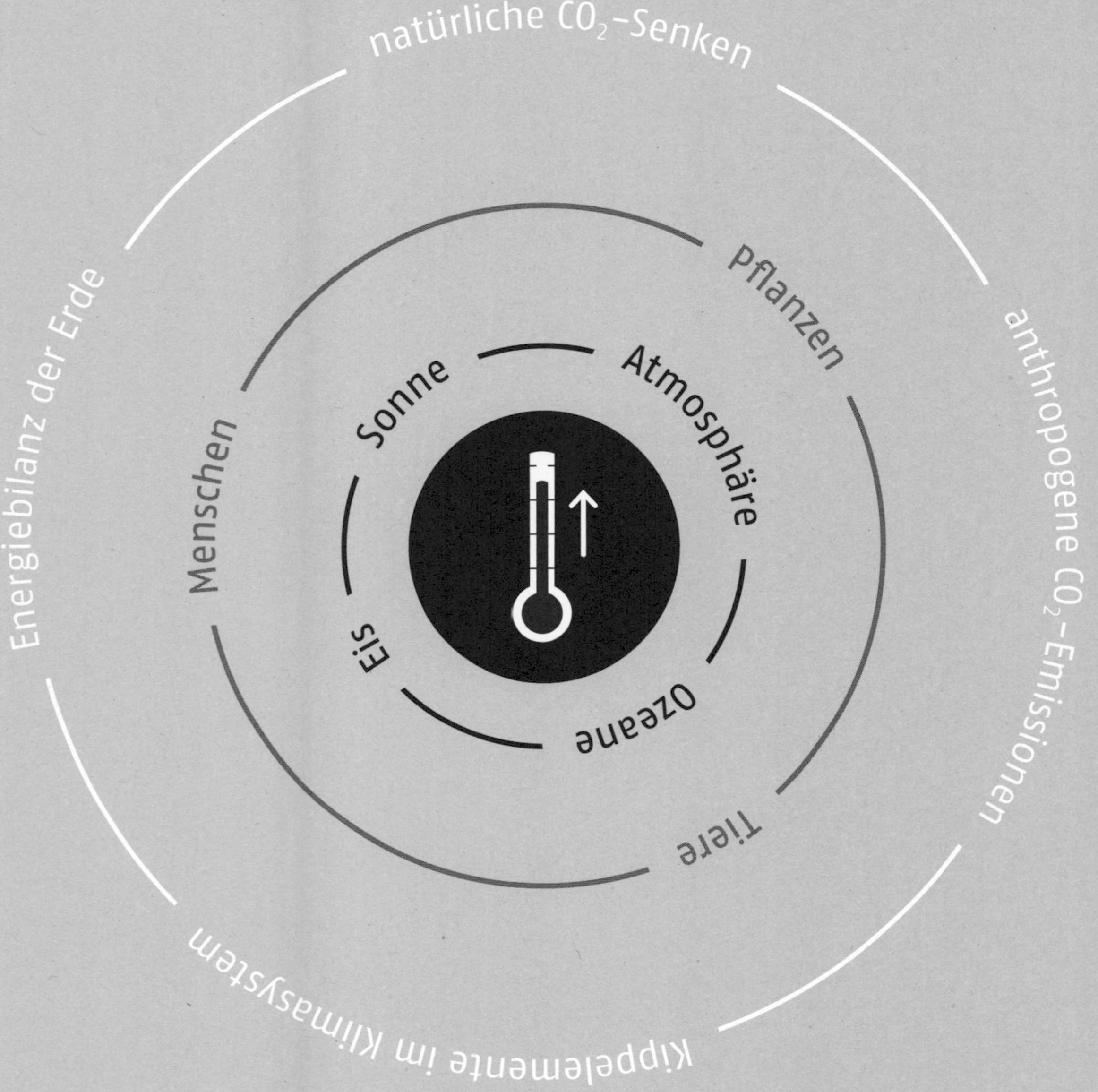

Klima und CO_2

Wie das Klimasystem funktioniert

2 **Die Atmosphäre ist eine** Gashülle um unseren Planeten, die das Leben auf unserer Erde ermöglicht, indem sie die Temperatur reguliert und Sauerstoff speichert.

1 **Die Sonne ist der Energie**lieferant der Erde und der Motor des Klimasystems.

Luftzirkulation und Wärmetransport

Warme Luft wird in Richtung der Pole transportiert, kalte Luft zum Äquator. Diese dreidimensionalen Luftbewegungen werden »atmosphärische Zirkulation« genannt und bestimmen das Klima in den unterschiedlichen Regionen entscheidend mit.

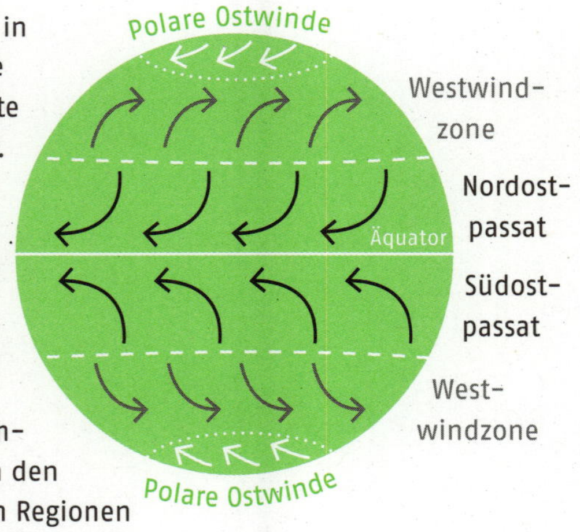

Zusammensetzung der Atmosphäre

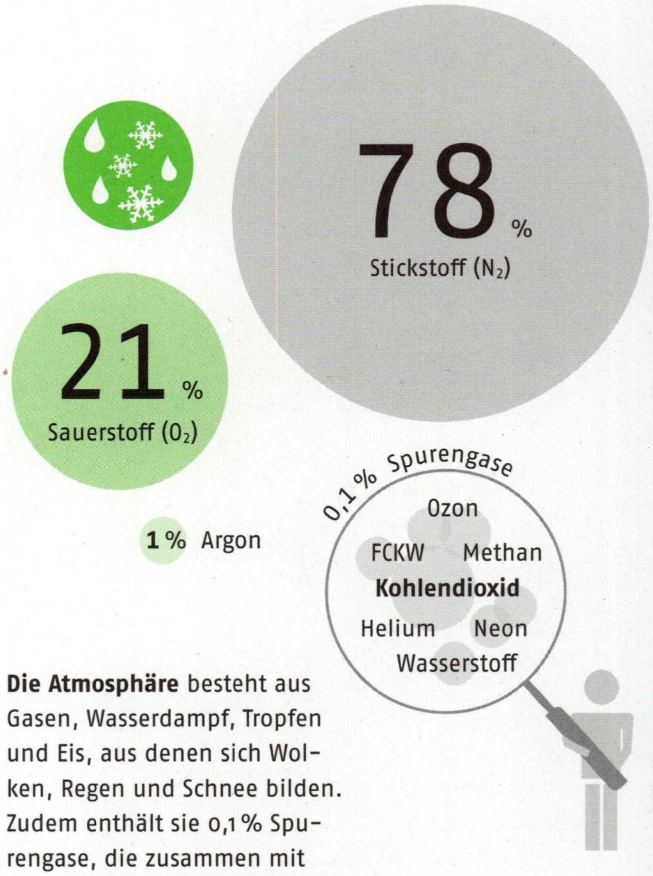

Die Atmosphäre besteht aus Gasen, Wasserdampf, Tropfen und Eis, aus denen sich Wolken, Regen und Schnee bilden. Zudem enthält sie 0,1 % Spurengase, die zusammen mit dem Wasserdampf den natürlichen Treibhauseffekt bewirken. Deshalb ist die Erde im Mittel 15 °C warm – ohne natürlichen Treibhauseffekt wären es −18 °C.

Luftzirkulation im Querschnitt

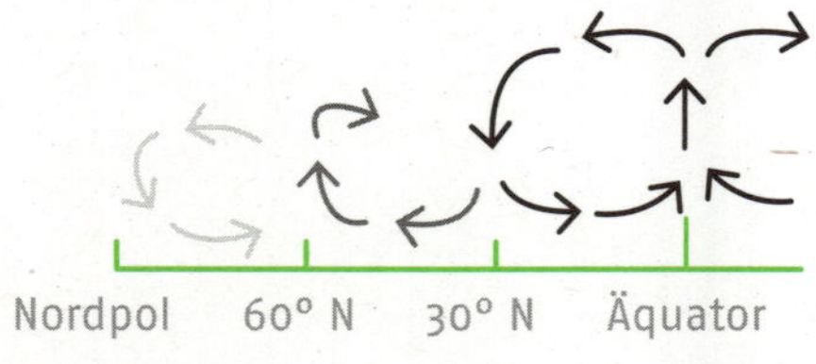

Quelle: Buchal & Schönwiese (2011)

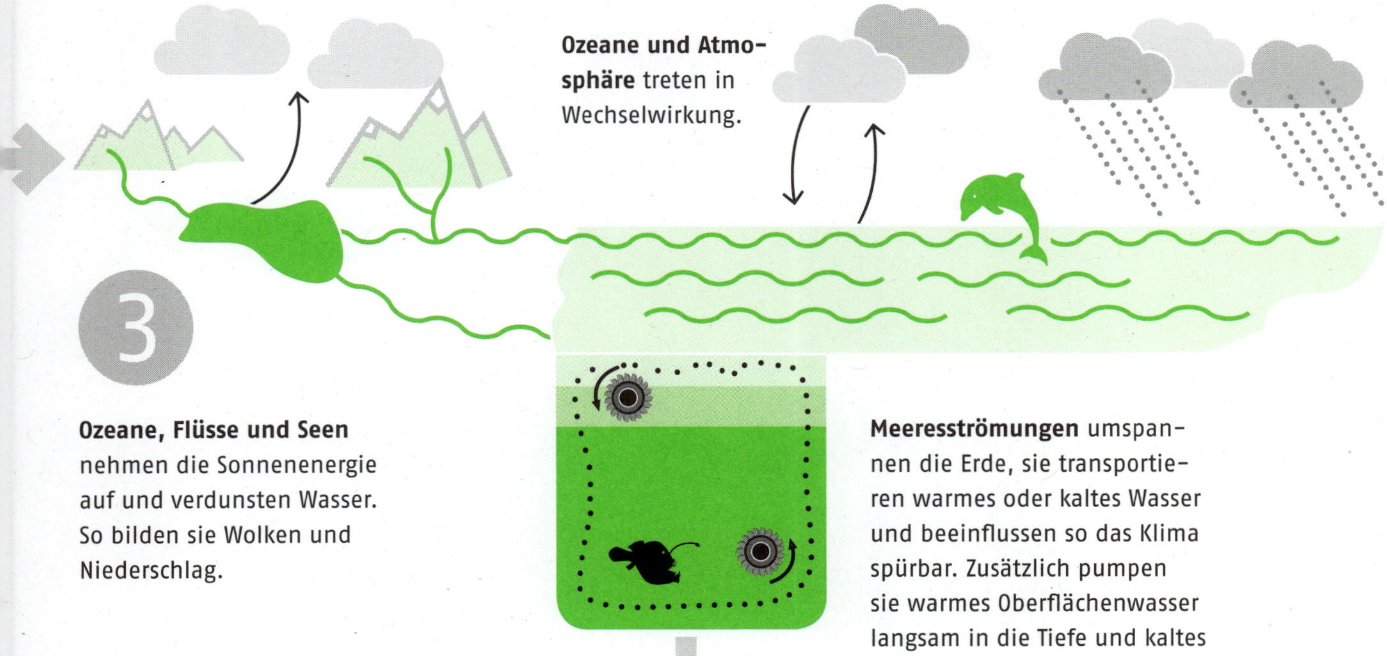

Ozeane und Atmosphäre treten in Wechselwirkung.

3

Ozeane, Flüsse und Seen nehmen die Sonnenenergie auf und verdunsten Wasser. So bilden sie Wolken und Niederschlag.

Meeresströmungen umspannen die Erde, sie transportieren warmes oder kaltes Wasser und beeinflussen so das Klima spürbar. Zusätzlich pumpen sie warmes Oberflächenwasser langsam in die Tiefe und kaltes wieder aufwärts.

4

Die Polargebiete reflektieren mit ihrer hellen Oberfläche die auf sie treffende Wärmestrahlung zu fast 100 %. Schmilzt das Eis dieser Regionen, wird es zu dunklerer Wassermasse, die die Wärmestrahlung stärker absorbiert und dadurch das Klima weiter anheizt.

5

Die Landmassen nehmen genau wie die Ozeane die Wärmestrahlung der Sonne auf. Sie stehen dabei im Austausch mit der Atmosphäre, wobei sich dunklere Böden und Wälder stärker erwärmen als helle Böden. Das kann regional zur Bildung von Tief- und Hochdruckgebieten beitragen.

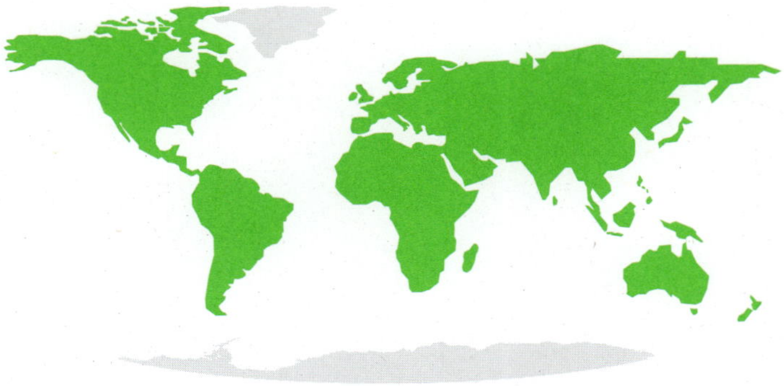

6

Die Biosphäre – also alle lebenden Organismen – speichern und produzieren Stoffe und tauschen sie mit der unbelebten Umwelt aus, wie Sauerstoff, Wasser und Kohlenstoff. Pflanzen, Tiere und auch Menschen gehören zur Biosphäre und verändern so zu unterschiedlichen Anteilen das Klima.

Wälder und Meere: wichtige CO_2-Speicher

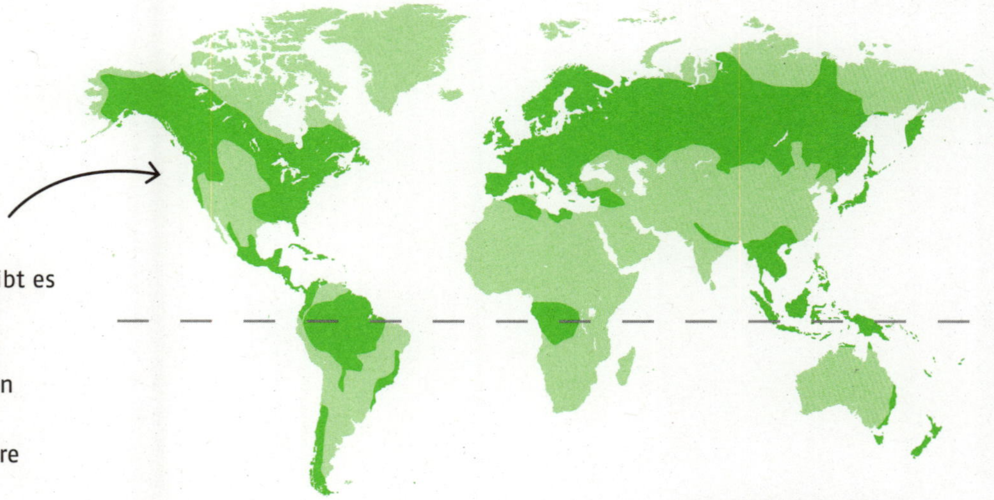

Waldgebiete
Auf der Nordhalbkugel gibt es die größten Waldgebiete der Erde, deren Saisonwechsel für die jährlichen Schwankungen des CO_2-Gehalts in der Atmosphäre verantwortlich sind.

Ca. 28 %

der jährlichen CO_2-Emissionen werden von den Wäldern aufgenommen.

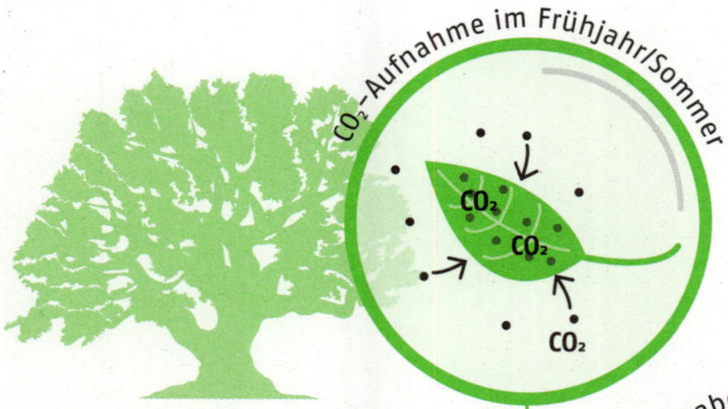

Im Nordhalbkugelsommer sinkt die CO_2-Konzentration in der Atmosphäre. Je grüner es wird, desto mehr CO_2 wird bei der Photosynthese von Blättern aufgenommen und als Kohlenstoff gespeichert.

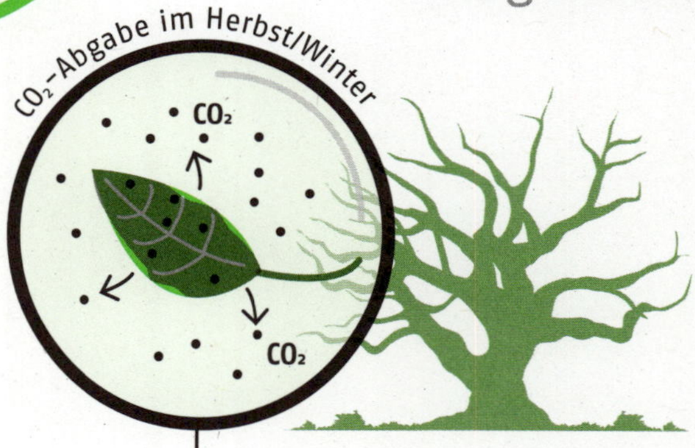

Im Nordhalbkugelwinter steigt die CO_2-Konzentration in der Atmosphäre hingegen stetig an. Je mehr Blätter von den Bäumen fallen und verwesen, desto mehr Kohlenstoff wird aus ihnen freigesetzt.

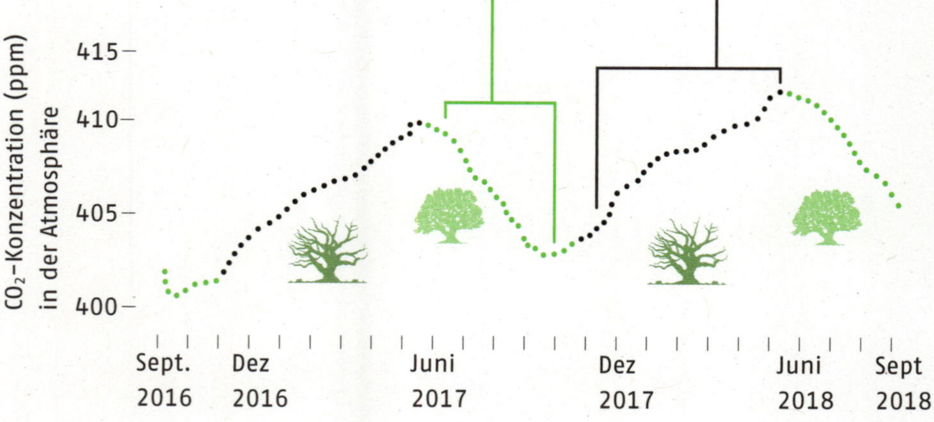

Intakte Wälder können die CO_2-Bilanz eines Landes senken, denn Wälder beeinflussen das Wetter und Klima – nicht nur regional, sondern weltweit. Sie regulieren die Bodentemperatur und wirken sich auf das Reflexionsvermögen der Erdoberfläche (Albedo), auf Wolkenbildung und Niederschlag aus.

Die Ozeane nehmen fast die Hälfte des menschengemachten CO_2 auf. Insgesamt ist in den Meeren zwar mehr als fünfzigmal so viel CO_2 gespeichert wie in der Atmosphäre, der schnelle Anstieg des CO_2-Gehalts stört jedoch das chemische Gleichgewicht der Meere und führt zu einer Versauerung. Je saurer das Wasser, desto stärker löst es kalkhaltige Strukturen auf. Davon sind viele Lebewesen im Ozean betroffen, etwa Korallen, Plankton oder Muscheln. Sie brauchen den Kalk, um ihre Schalen und Knochen aufzubauen.

»Biologische Pumpe«
Oberflächennahe winzige Algen, sogenanntes Phytoplankton, nimmt CO_2 auf, um Photosythese zu betreiben. Abgestorbene Algen sinken in die Tiefe, auch so wird CO_2 für längere Zeit im Ozean gebunden.

Ca. 30–40 %

der jährlichen CO_2-Emissionen werden von den Ozeanen aufgenommen.

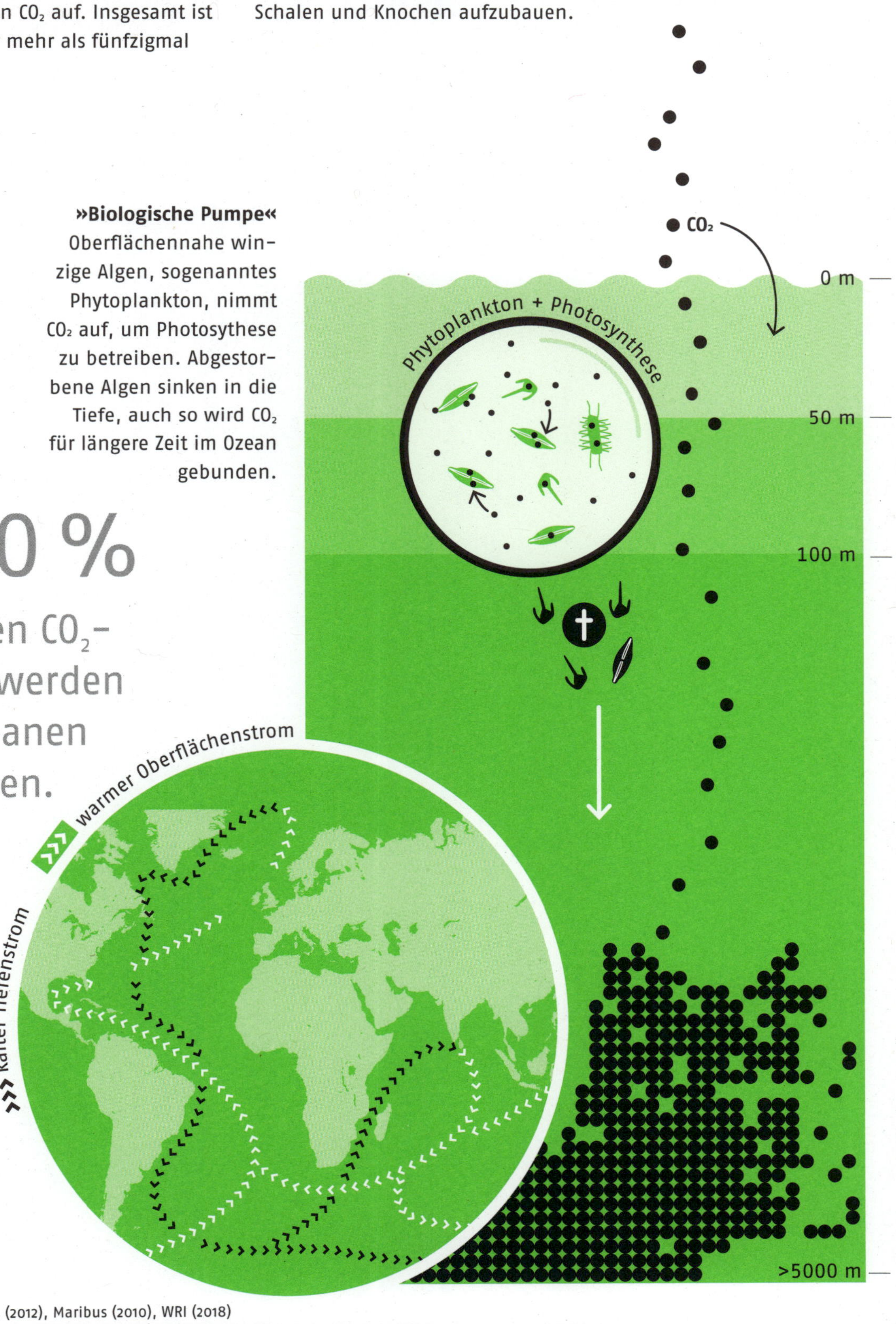

»Physikalische Pumpe«
Die Meeresströmungen transportieren CO_2 in die Tiefsee und sehr langsam um den Globus, bis es mit einer Aufwärtsströmung wieder an die Oberfläche gelangt.

Quellen: IPCC (2014), Le Quéré et al. (2012), Maribus (2010), WRI (2018)

CO_2-Emissionen im Vergleich

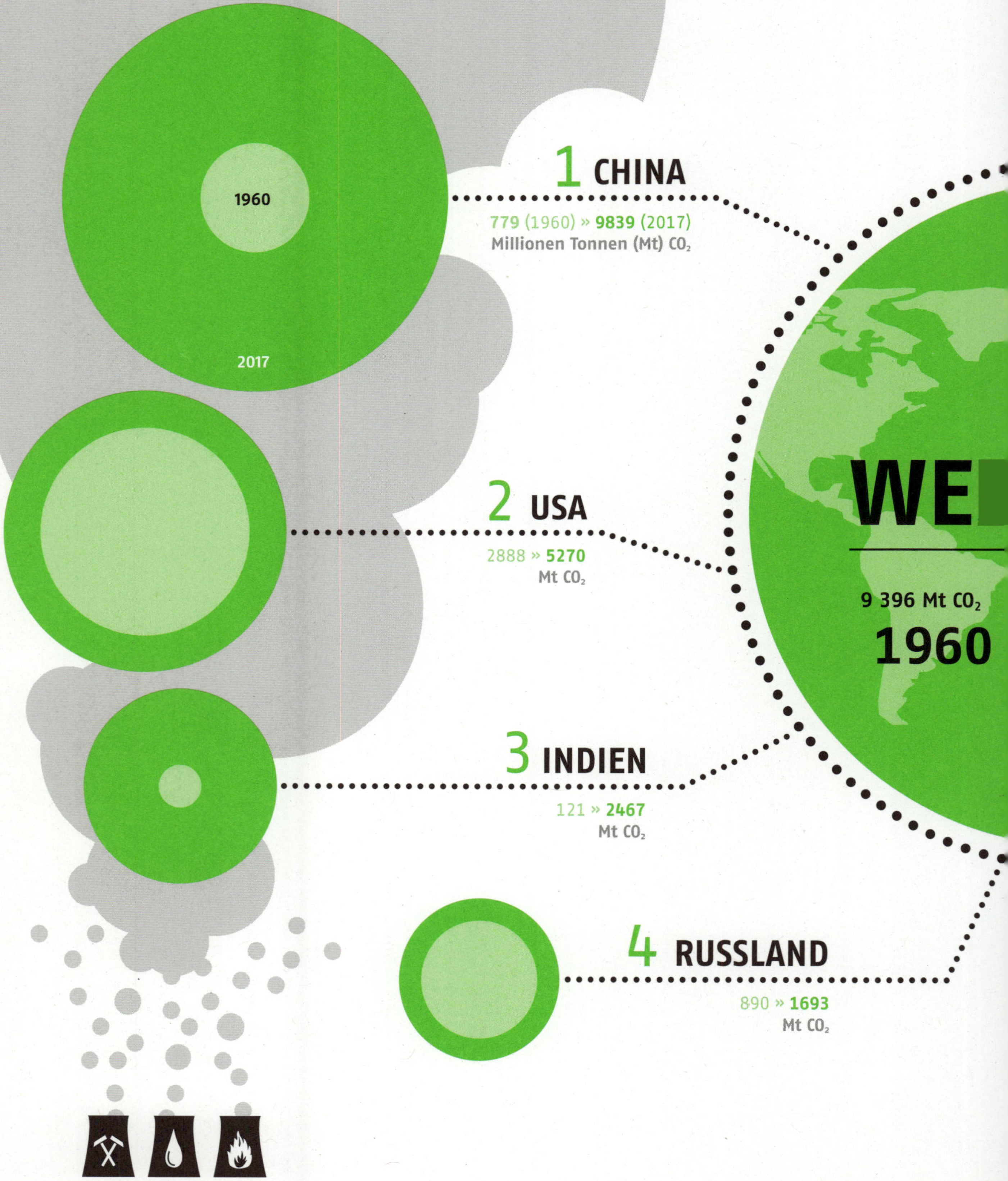

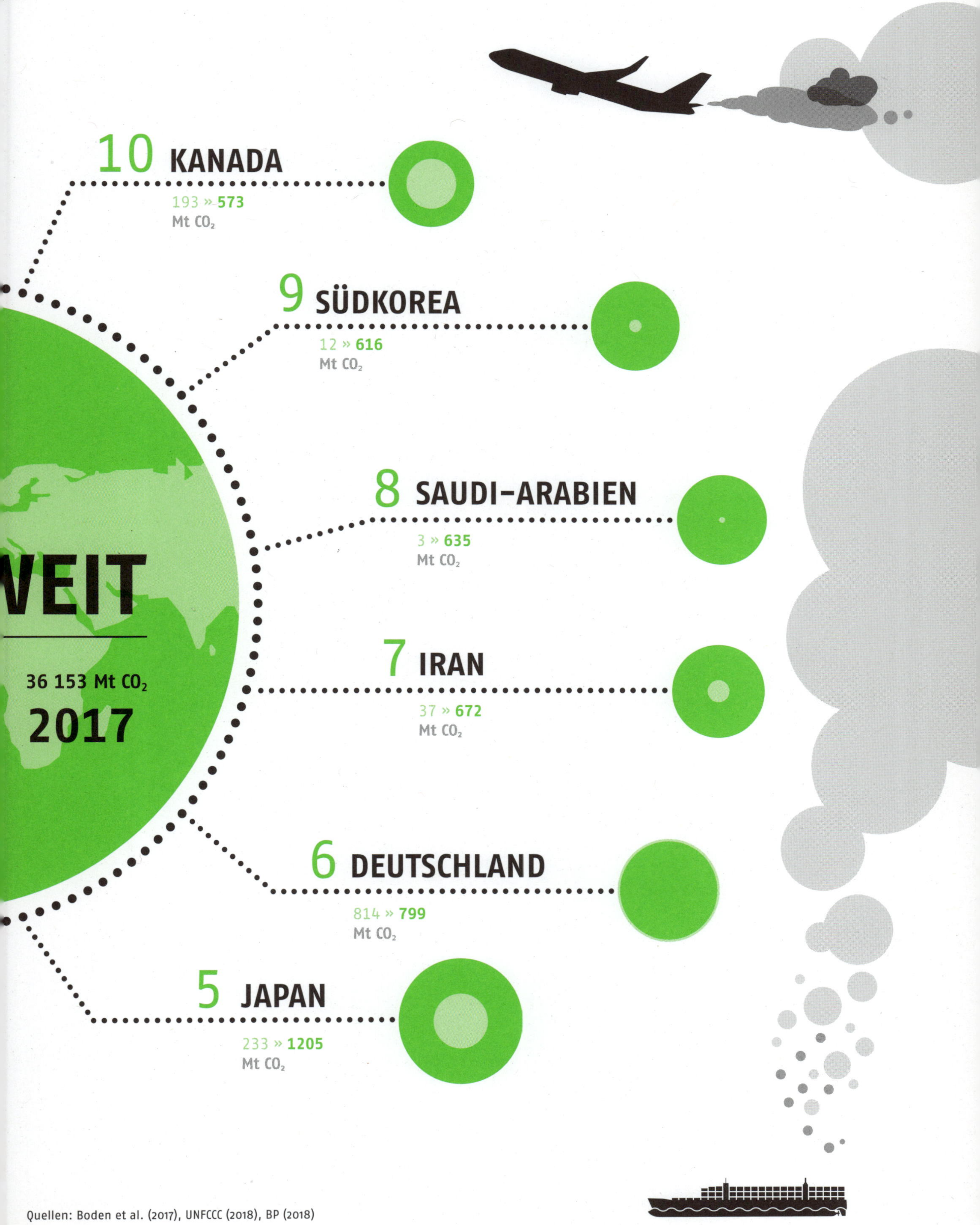

Quellen: Boden et al. (2017), UNFCCC (2018), BP (2018)

Der Energiehaushalt ist im Ungleichgewicht …

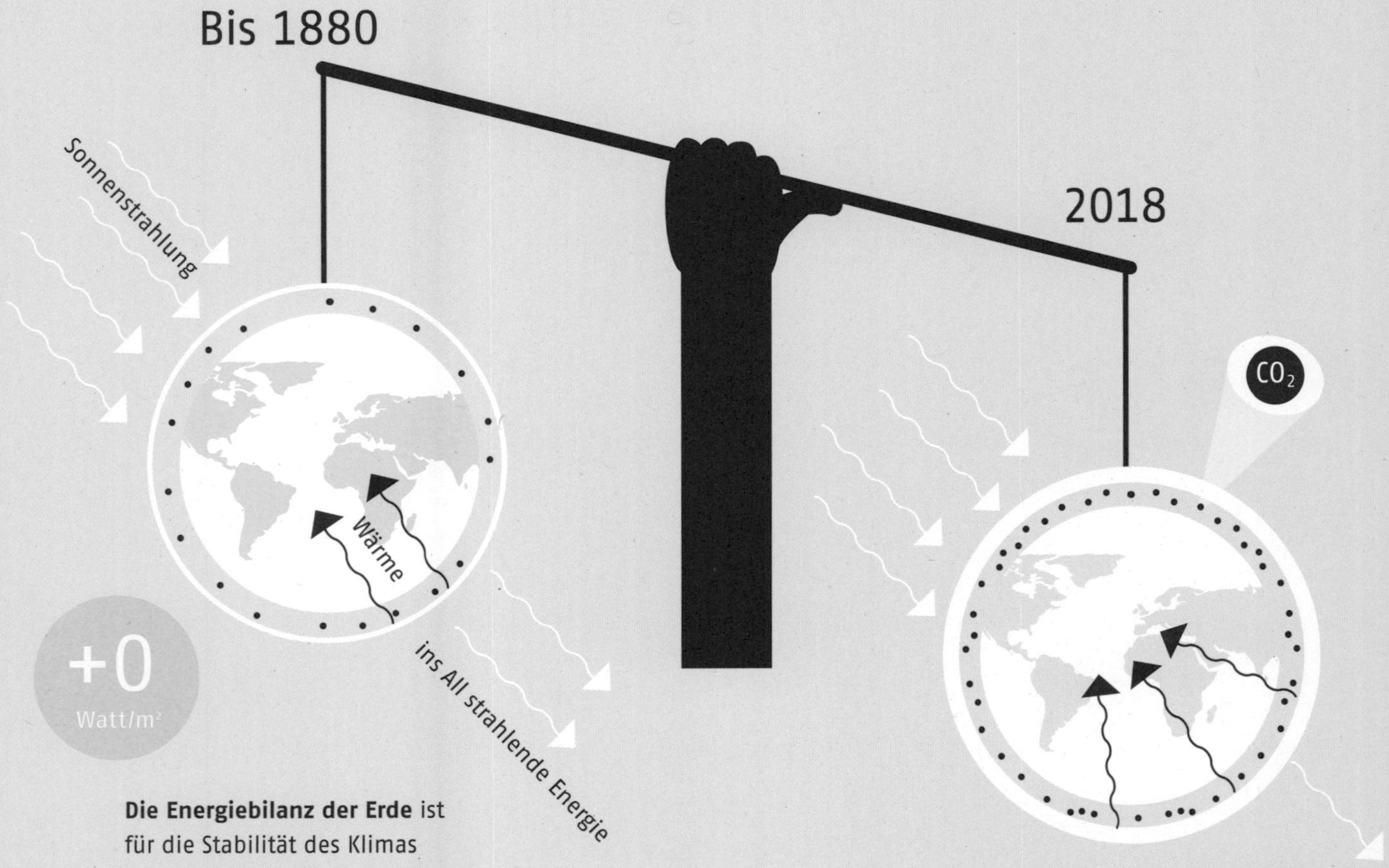

Die Energiebilanz der Erde ist für die Stabilität des Klimas verantwortlich. Der natürliche Treibhauseffekt bewirkt, dass unser Planet auf angenehmen +15 °C gehalten wird. Das in der Atmosphäre geringfügig enthaltene Treibhausgas CO_2 ist dafür maßgeblich verantwortlich: Es nimmt Wärmestrahlung auf und wirkt so wie eine »dünne Decke« über der Erde.

Der natürliche Wasserdampfgehalt der Atmosphäre trägt ebenfalls zu einem gemäßigten Klima bei.

Durch die seit 1900 stetig steigende Menge an Treibhausgasen wie CO_2 in der Atmosphäre wird mehr Wärmestrahlung zurück auf die Erde gelenkt, die »dünne Decke« über unserer Erde wird zu einer »Wärmedecke«. Unser Planet erwärmt sich heute um ca. 0,7 Watt pro Quadratmeter jährlich.

Quellen: IPCC (2018), Trentberth et al. (2016)

… und die Erde erwärmt sich

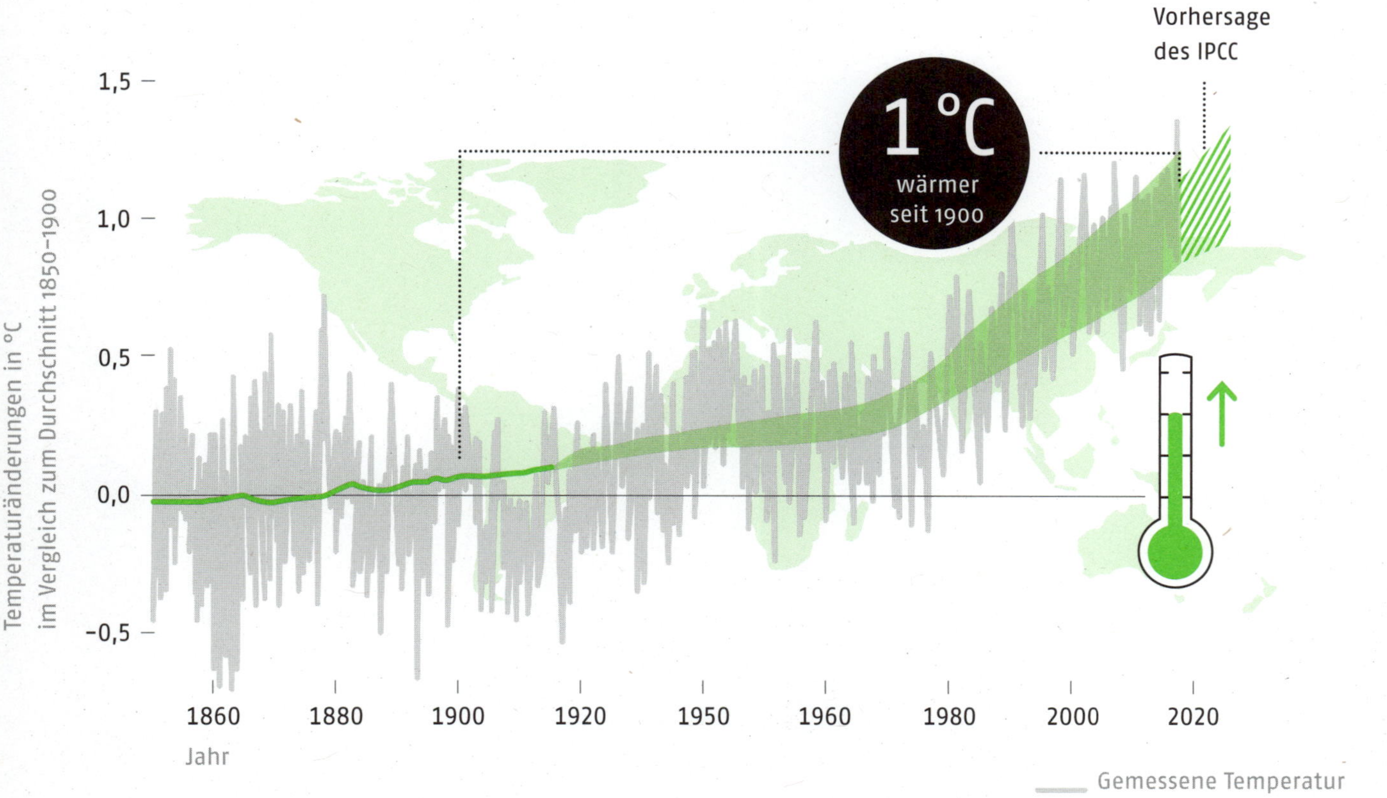

Der vom Menschen verusachte CO_2-Anstieg in der Luft führt zu einer Erwärmung der Erde. Bis zum Jahr 2100 wird sich die weltweite Durchschnittstemperatur um voraussichtlich 1,6 bis 4 °C gegenüber der vorindustriellen Zeit erhöhen, wie der Weltklimarat (IPCC) aus mehreren Klimamodellen errechnet hat. Allerdings sind auch Steigerungen zwischen 1 und 6 °C denkbar. Die langfristige Vorhersage ist unsicher, da noch nicht klar ist, wie schnell Politik und Wirtschaft handeln werden, um CO_2-Emissionen zu reduzieren. Dafür hat der IPCC unterschiedliche Szenarien entwickelt, sogenannte Repräsentative Konzentrationspfade (RCP): Wenn wir weiterhin ungebremst Emissionen produzieren, gilt das Szenario »RCP 8.5«, während das beste Szenario mit einer stringenten Reduzierung der Emissionen, die zu ca. 400 ppm im Jahr 2100 führen würde, »RCP 2.6« genannt wird.

Ab einer Temperatursteigerung von 1,5 °C gegenüber der vorindustriellen Zeit gilt die menschengemachte Klimakrise als bedrohlich, ab 2 °C als existenziell gefährlich, weil dadurch verschiedene Kippelemente in den Eisschilden erreicht werden könnten. So ist an dieser Schwelle nach Ansicht der Forscher etwa das Abschmelzen der Gletscher und der Eismassen an den Polen kaum noch aufzuhalten. In der Folge würde der Meeresspiegel drastisch steigen.

Viele Länder, die schon heute von Trockenheit bedroht sind, müssten sich zudem auf starke Dürren und länger andauernde Hitzewellen vorbereiten, sollte die Temperatur ungebremst ansteigen.

Es können dabei jedoch auch positive Effekte eintreten: Verschobene Monsunmuster könnten Trockengebiete, zum Beispiel in Nordafrika, durch höheren Niederschlag wieder fruchtbar machen.

Die Verteilung der Wärme

Die durch den Treibhauseffekt zusätzlich erzeugte Wärmeenergie wird aufgenommen von:

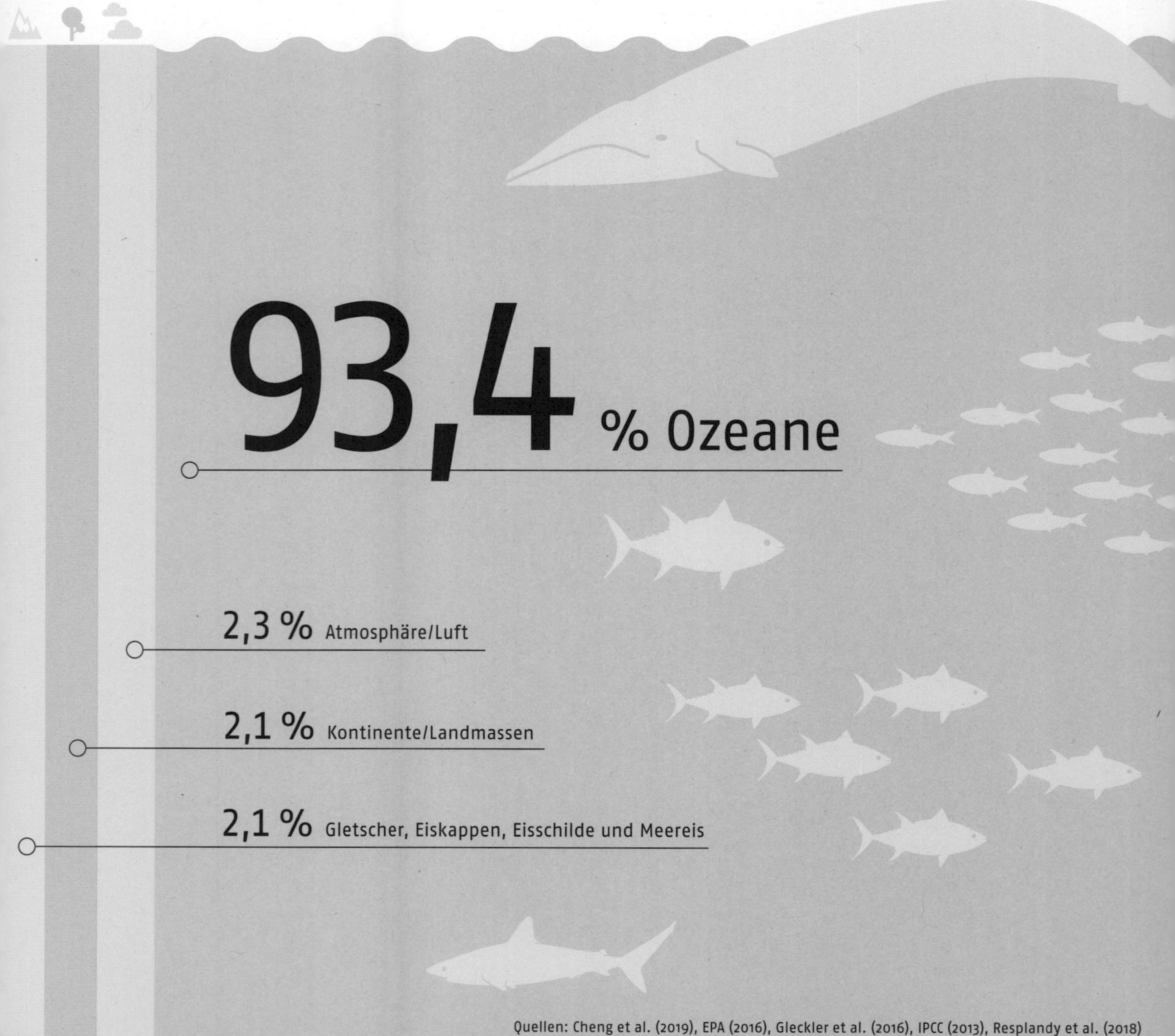

Quellen: Cheng et al. (2019), EPA (2016), Gleckler et al. (2016), IPCC (2013), Resplandy et al. (2018)

Die Ozeane erwärmen sich momentan laut neuesten wissenschaftlichen Erkenntnissen um 60 % schneller als bislang angenommen.

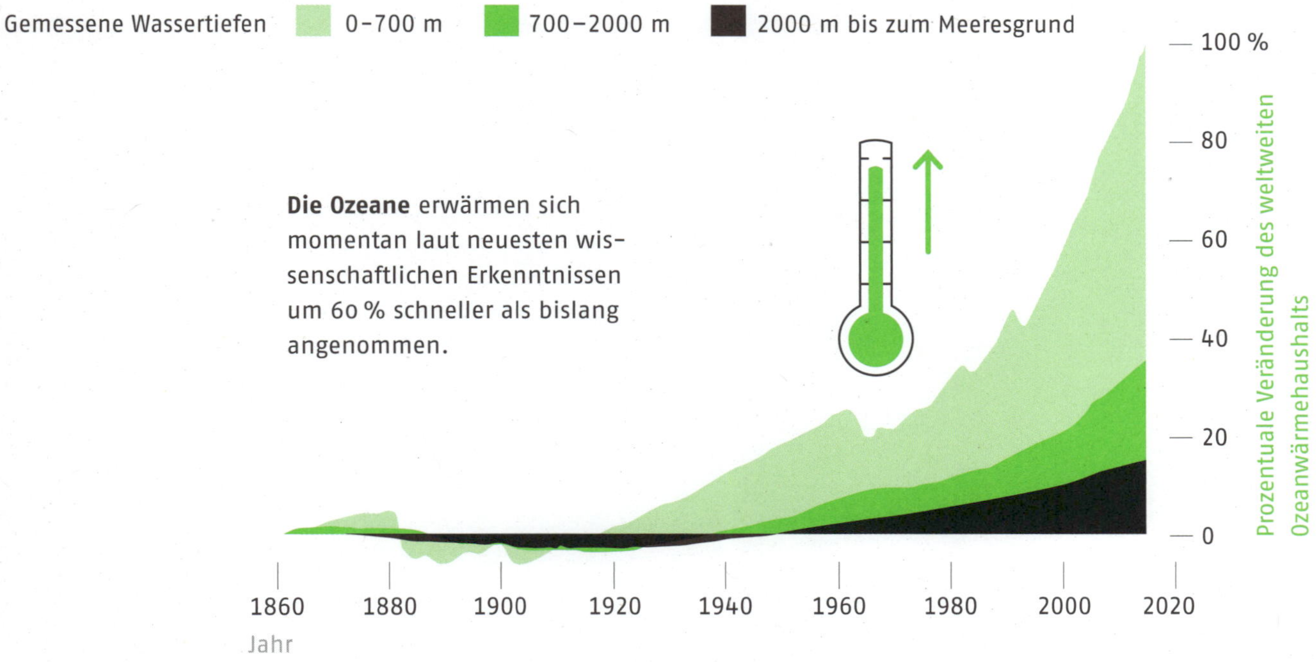

Durch die Erderwärmung steigt langfristig auch die Temperatur des Meerwassers. Die wärmer werdende Flüssigkeit dehnt sich aus, was zu einem Anstieg des Meeresspiegels führt. Auch das Abschmelzen von Gletschern und Eisschilden trägt dazu bei, dass sich der Meeresspiegel erhöht – würden etwa sämtliche Eismassen in Grönland schmelzen, stiege der Wasserpegel im Durchschnitt um mindestens 7 Meter.

Forscher rechnen bis zum Jahr 2100 mit einem Anstieg des Meeresspiegels um 80–150 Zentimeter, das Abschmelzen der Eisschilde miteingerechnet. Allerdings lässt sich gerade dieses Abschmelzen nur schwer mit Computermodellen berechnen: Durch immer wärmer werdende Ozeane verändert sich die Dynamik der Eismassen, daher ist bislang unklar, wie schnell der Eisverlust an den Antarktischen Eisschilden fortschreiten wird.

In jedem Fall wären die Konsequenzen weitreichend: Im Jahr 2100 könnten schlimmstenfalls ca. 2 Milliarden Menschen vom Meeresspiegelanstieg betroffen sein und von den überschwemmten Küsten ins Inland fliehen.

Kippelemente im Klimasystem

Unter den Teilen der Erde, die sich durch die erhöhte CO_2-Konzentration stetig weiter erwärmen, gibt es einige, deren Veränderung für unsere Zukunft besonders kritisch ist. Da sind etwa die antarktischen Eisschilde, deren Abschmelzen den Meeresspiegel so drastisch erhöhen würde, dass Küstenstädte nicht mehr zu retten wären; oder Permafrostböden, bei deren Auftauen so viel Methangas in die Atmosphäre entlassen würde, dass eine lebensbedrohliche Verschärfung der menschengemachten Klimakrise ab diesem Zeitpunkt fast nicht mehr zu stoppen wäre. Die drohende Veränderung dieser Gebiete bezeichnet man als »Tipping-Points« oder Kipppunkte, die oft zusätzlich dadurch verschärft werden, dass sie – wie etwa das drohende Absterben des Great Barrier Reef – unwiederbringlich sind.

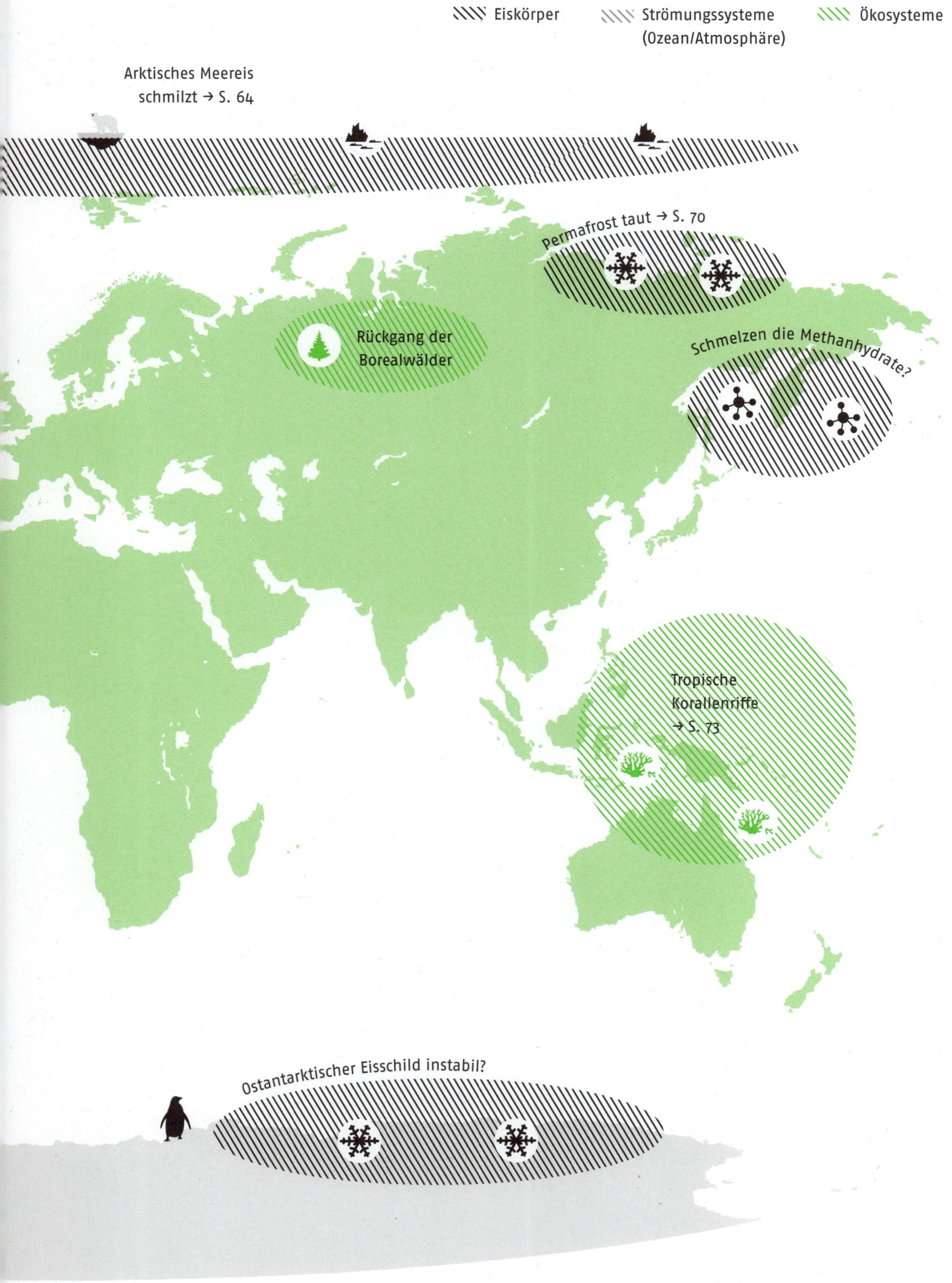

Quelle: Kriegler et al. (2009)

»Wir haben keine Zeit mehr
zum Quasseln ...
Der Klimawandel beeinflusst
unser Klima
hier und jetzt.« (1988)

Dr. James E. Hansen,
Earth Institute, Columbia University
ehem. NASA-Direktor

Menschliche Aktivitäten → Auslöser → Probleme → Folgen

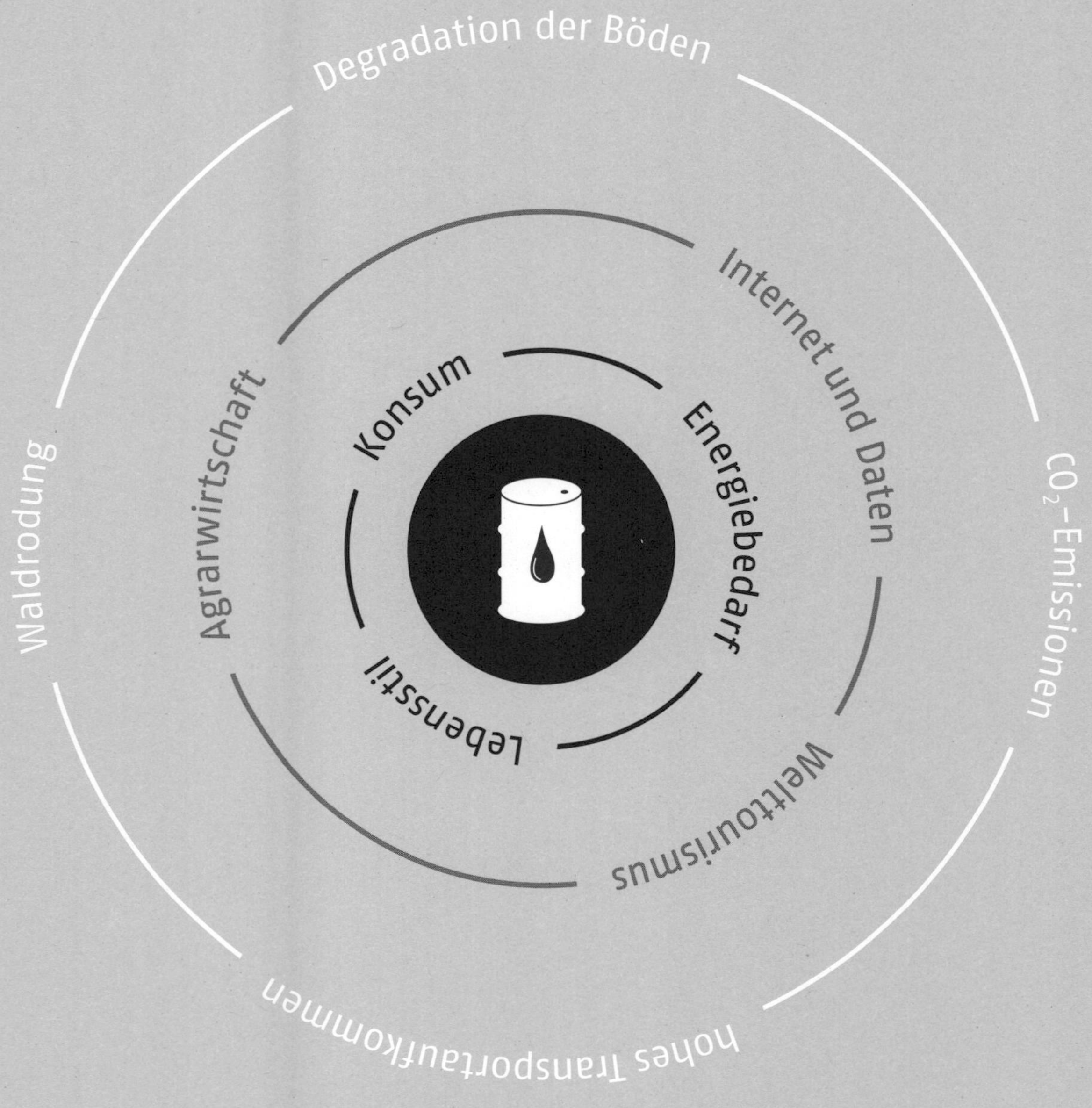

Klimatreiber Mensch

Anthropogene Treibhausgase

Die globale Erwärmung ist menschengemacht, das belegen unzählige Studien der letzten 30 Jahre. Klimawissenschaftler weltweit waren sich noch nie so einig bei einem Thema: Die wachsenden anthropogenen Treibhausgasemissionen, besonders die Erhöhung des CO_2-Gehalts, sind für die menschengemachte Klimakrise verantwortlich.

Bis auf die F-Gase waren alle hier dargestellen Spurengase in geringerer Konzentration auch vor dem industriellen Zeitalter in der Atmosphäre vorhanden. Sie sorgten früher gemeinsam mit Wasserdampf für den natürlichen Treibhauseffekt.

65 % Kohlendioxid

aus fossilen Brennstoffen und Industrie

Die Förderung, das Verarbeiten und das Verbrennen von fossilen Brennstoffen wie Kohle, Erdgas und Erdöl emittierten die größte Menge des Treibhausgases CO_2.

11 % Kohlendioxid

aus Forstwirtschaft und Landnutzung

Entwaldung, Waldbrandrodung, Trockenlegung von Torfmooren und Veränderung der Böden durch die Landwirtschaft entlassen ebenfalls CO_2 in die Atmosphäre.

16 % Methan

Durch Massentierhaltung, Mülldeponien, Abwasserkläranlagen, Abbau und Förderung von Brennstoffen und das Tauen des Permafrostbodens entstehen Methanemissionen.

6 % Lachgas (Distickstoffmonoxid)

Der Großteil der Lachgasemissionen stammt aus der Landwirtschaft. Die Bearbeitung der Böden, stickstoffhaltige Düngemittel wie Nitrat und Ammoniak sowie Massentierhaltung sind dafür verantwortlich.

2 % F-Gase (Fluorkohlenwasserstoffe)

Fluorkohlenwasserstoffe werden als Treibgas, Kühl- und Löschmittel oder bei der Produktion von Schallschutzscheiben verwendet.

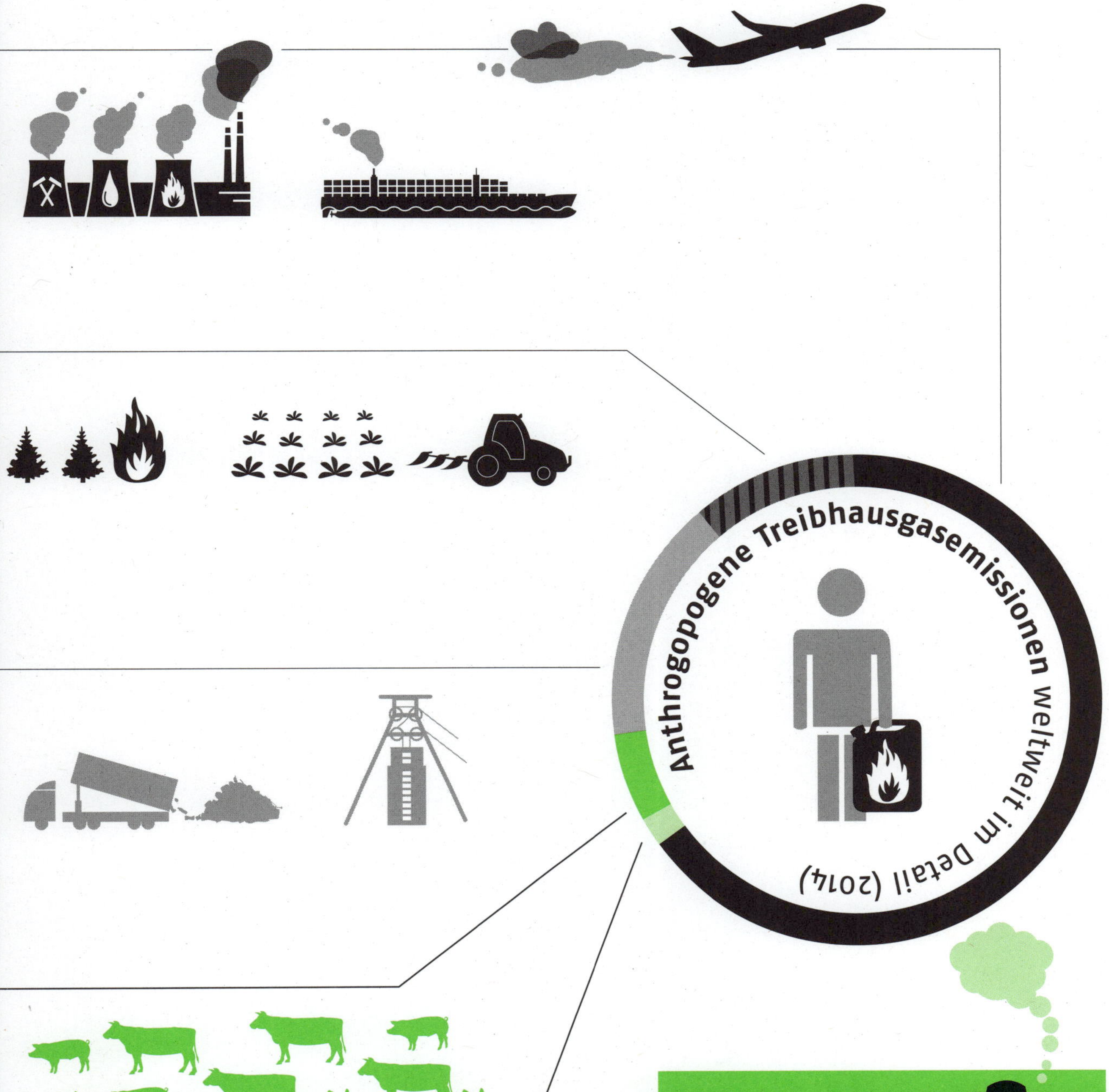

ca. 2/3 Wasserdampf

In unserer Atmosphäre befindet sich viel Wasserdampf. Er trägt zu 2/3 zum natürlichen Treibhauseffekt bei, ist also das wichtigste Treibhausgas. Je mehr die Ozean- und Lufttemperaturen ansteigen, umso mehr Wasserdampf gelangt in die Atmosphäre. Weil Wasserdampf Wolken und Regen bildet, ergibt sich ein ständiger Kreislauf, der das Klima stark beeinflusst.

Quellen: IPCC (2014), UBA (2018)

Paralleles Wachstum: Weltbevölkerung und CO_2-Gehalt

Ebenso rapide wie das Bevölkerungswachstum steigt auch der Bedarf an Energie, Transport- und Lebensmitteln. In der Folge steigen die CO_2- Emissionen weltweit an.

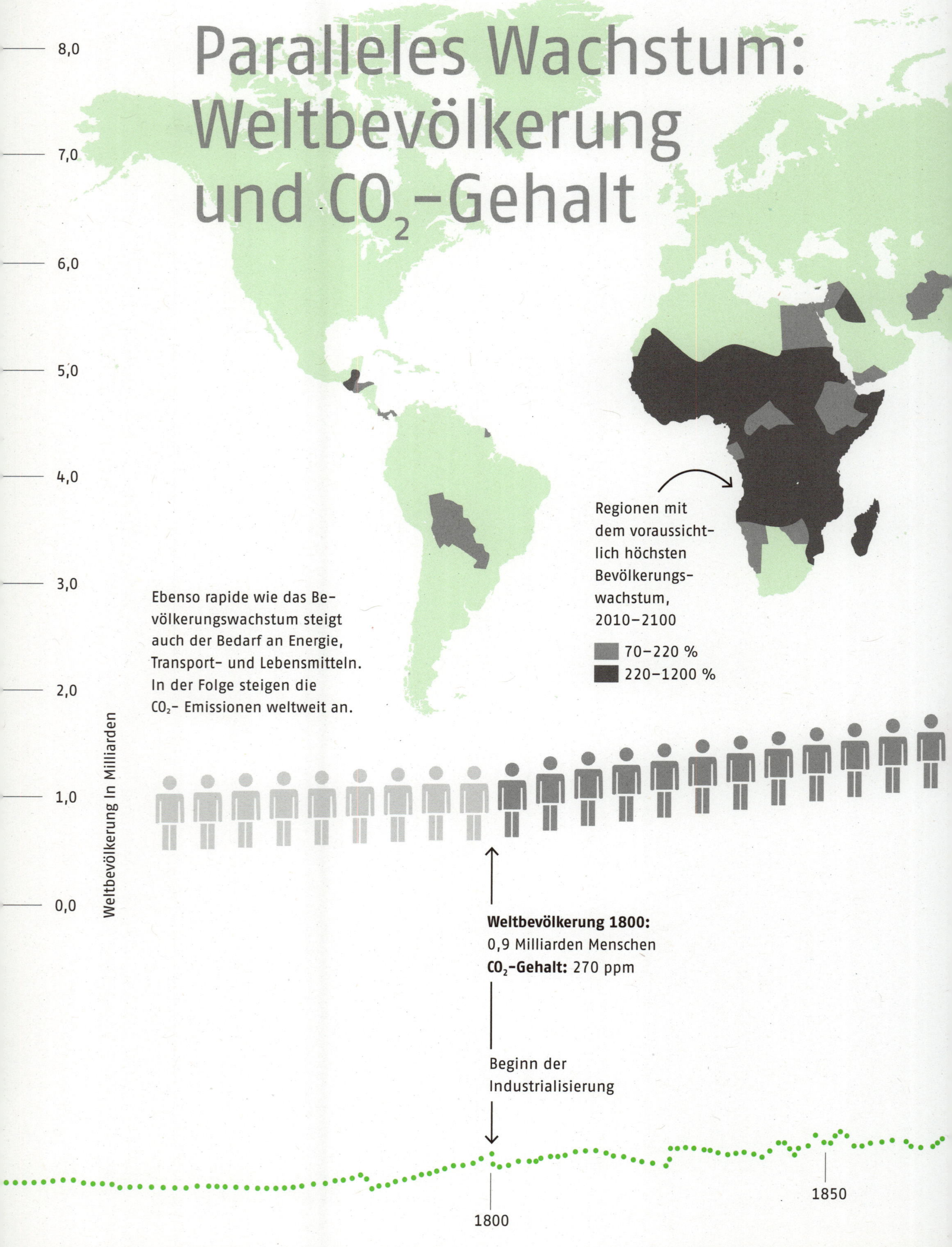

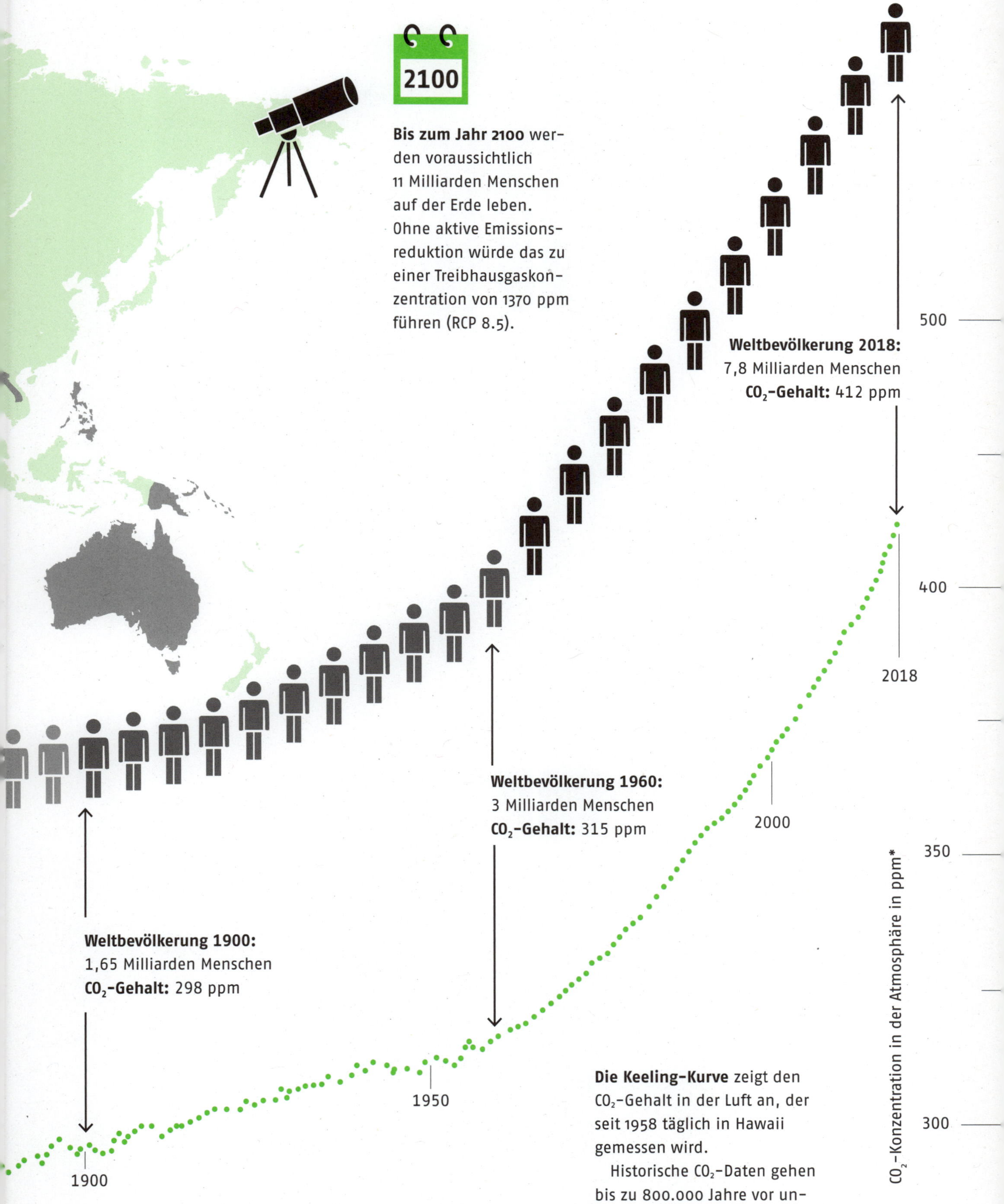

Bis zum Jahr 2100 werden voraussichtlich 11 Milliarden Menschen auf der Erde leben. Ohne aktive Emissionsreduktion würde das zu einer Treibhausgaskonzentration von 1370 ppm führen (RCP 8.5).

Die Keeling-Kurve zeigt den CO_2-Gehalt in der Luft an, der seit 1958 täglich in Hawaii gemessen wird.

Historische CO_2-Daten gehen bis zu 800.000 Jahre vor unserer Zeitrechnung zurück und werden durch die in Eisschichten eingeschlossenen Gase ermittelt.

Quellen: NOAA (2018), UN (2013+2018)

ZIEL 2030

55 % weniger Emissionen im Jahr 2030 im Vergleich zum Jahr 1990

VS.

30,8 % weniger Emissionen im Jahr 2018 im Vergleich zum Jahr 1990

REALITÄT 2018

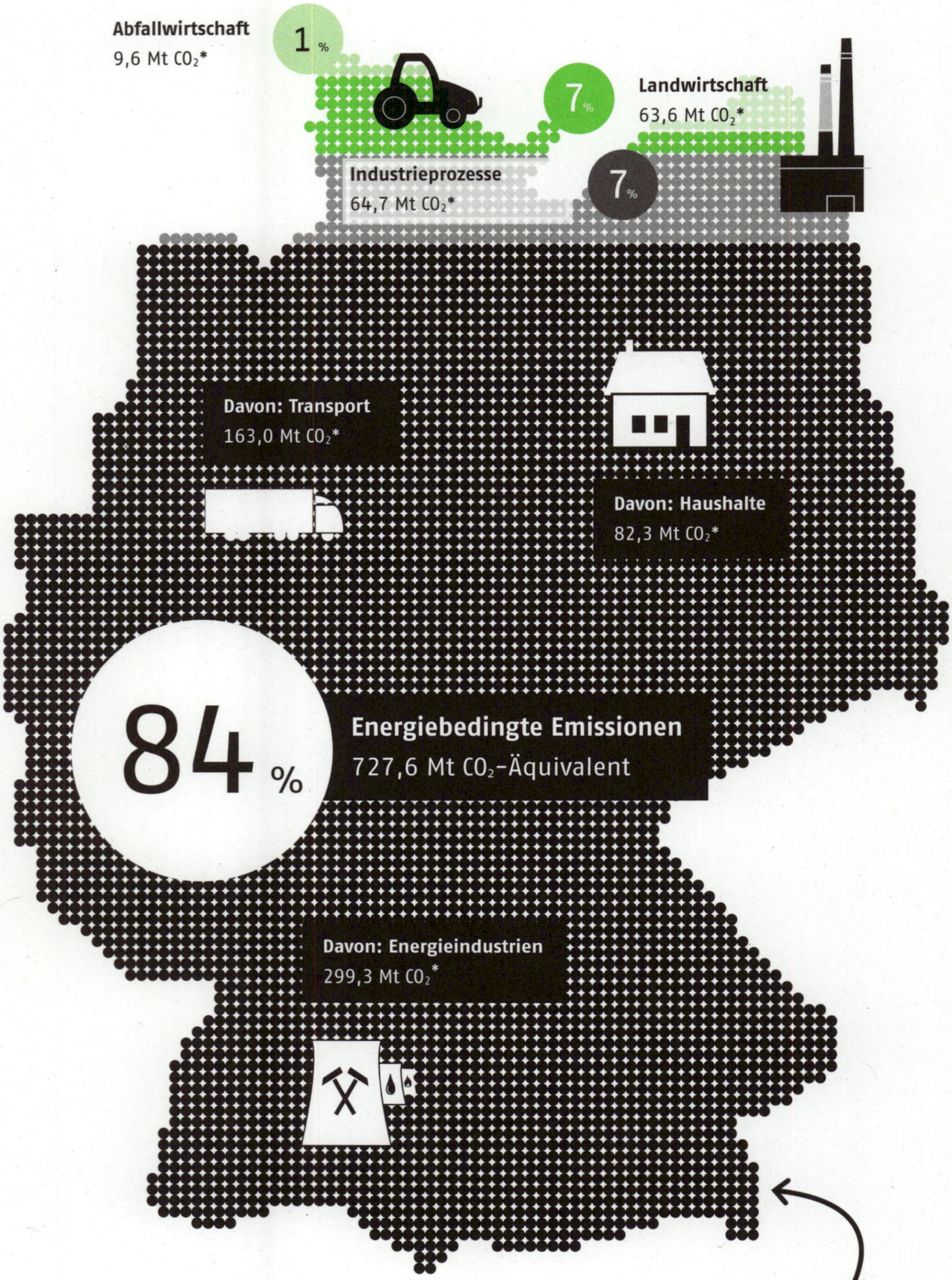

*Andere Klimagase wie Methan, Lachgas und F-Gase wurden in der Bilanz entsprechend ihrer Klimaschädlichkeit in CO_2-Äquivalente umgerechnet.

865,6

Territoriale Treibhausgasemissionen in Millionen Tonnen (Mt) CO_2-Äquivalenten laut einer Schätzung des Umweltbundesamts für das Jahr 2018.

Deutschlands CO_2-Emissionen im Detail

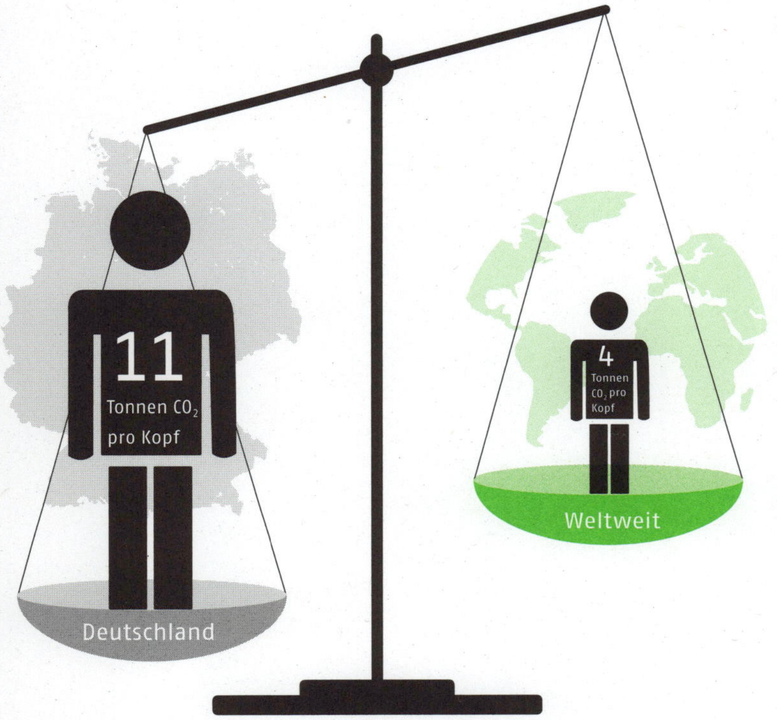

In Deutschland werden jährlich rund 11 Tonnen Treibhausgase pro Einwohner emittiert, ein Großteil davon als Kohlendioxid. Der weltweite Mittelwert liegt bei rund 4 Tonnen pro Kopf.

Insgesamt wurden in Deutschland im Jahr 2016 rund 802 Millionen Tonnen Treibhausgase ausgestoßen. Die CO_2-Bilanz unter Berücksichtigung der durch Importe getätigten Emissionen ist mit 888 Mt CO_2 um ca. 10 % höher.

CO_2-Emissionen im Vergleich
in Mio. Tonnen

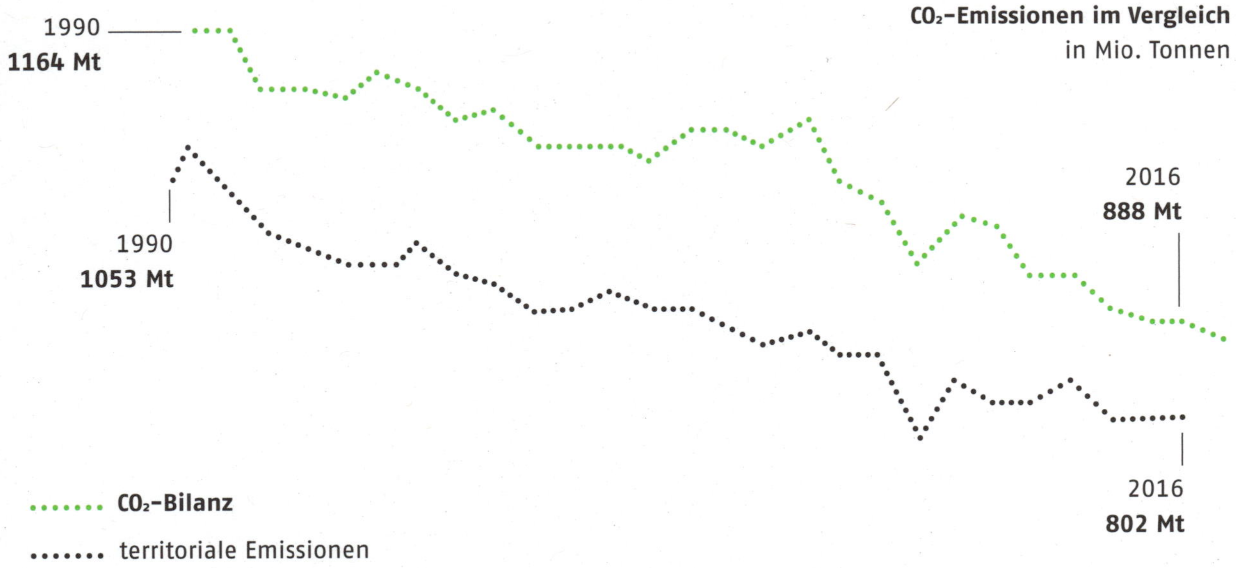

Quellen: Boden et al. (2017), BP (2018), UBA (2019), UNFCCC (2018)

Der größte CO_2-Produzent

China produziert auf den ersten Blick so viel CO_2 wie kein anderes Land der Welt, seit 1990 hat sich die emittierte Menge mehr als verdreifacht. Die Pro-Kopf-Emissionen sind derzeit noch relativ gering, mit zunehmendem Wohlstand wird der Energieverbrauch der Privathaushalte jedoch steigen, bis zum Jahr 2040 voraussichtlich auf das Niveau von Europa. Das Land exportiert jedoch auch sehr viel, daher ist die CO_2-Bilanz der Emissionen bedeutend niedriger als die territorialen Emissionen.

Seit 2013 macht sich zudem ein Wandel bemerkbar: China ist momentan der weltweit führende Hersteller von Solaranlagen und das Land mit den meisten Solarparks. Im Jahr 2017 waren 130 Gigawatt Solarstromkapazität ans Netz angeschlossen, damit wurden 27 % des weltweiten Solarstroms produziert.

Erneuerbare Energien machen im Energiemix der Chinesen zurzeit 35 % aus. Der Strom für Fabriken und Industrie stammt noch zu 58 % aus Kohle, das selbst erklärte Ziel ist allerdings, bis 2040 auf 57 % erneuerbare Energien aufzustocken.

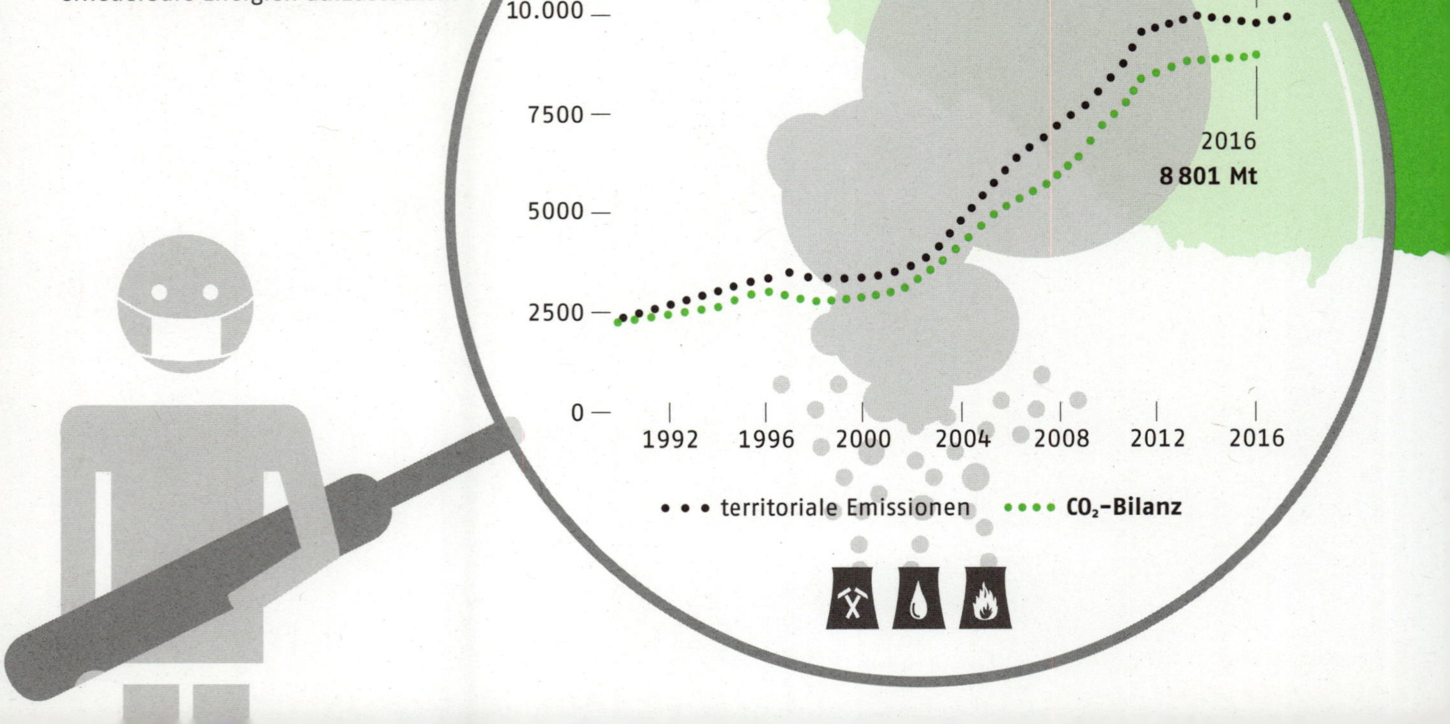

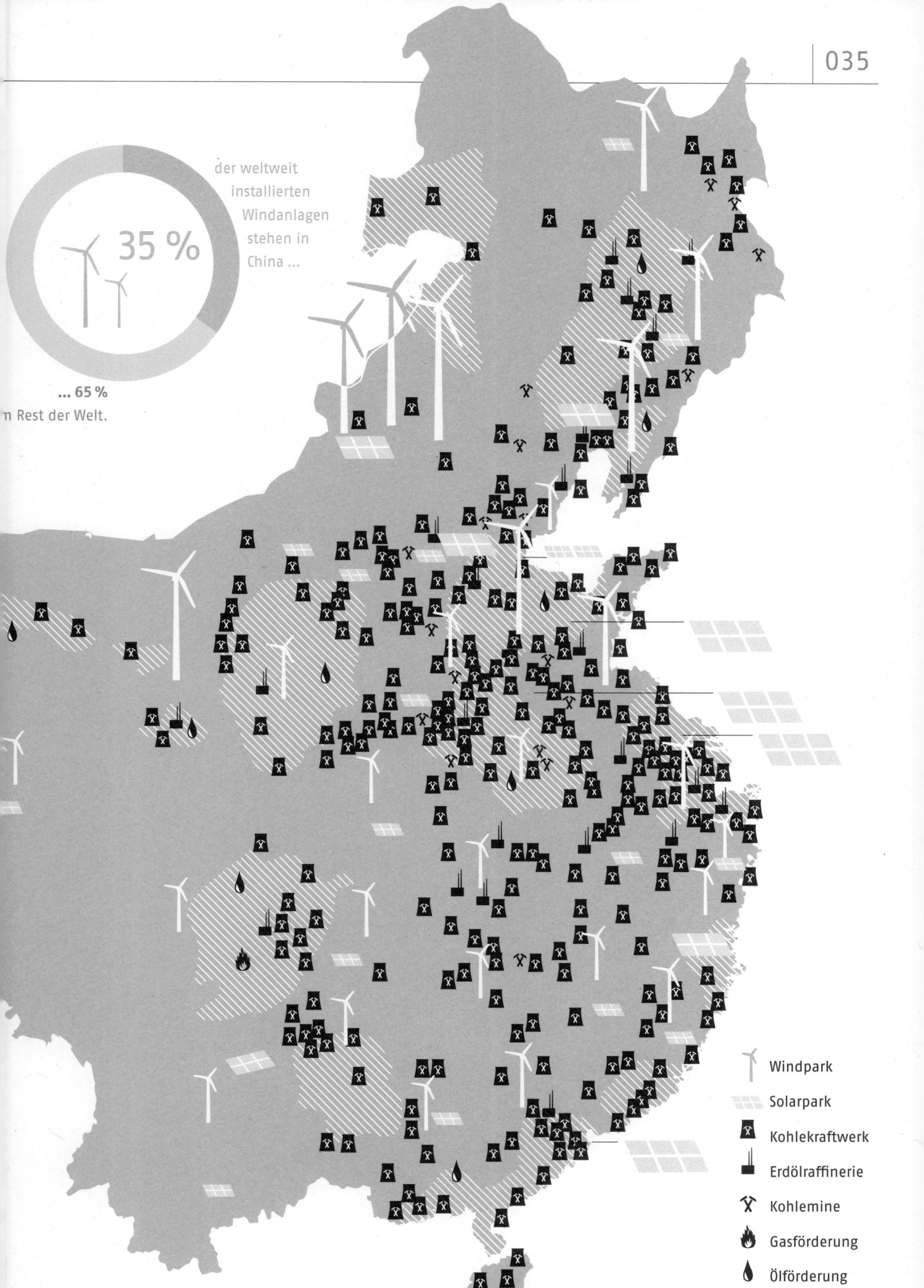

Quellen: Boden et al. (2017), BP (2018), Frank et al. (2011), IEA (2017), IRENA (2019), GWEC (2018), UNFCCC (2018)

Versteckte Emissionen im Warenhandel

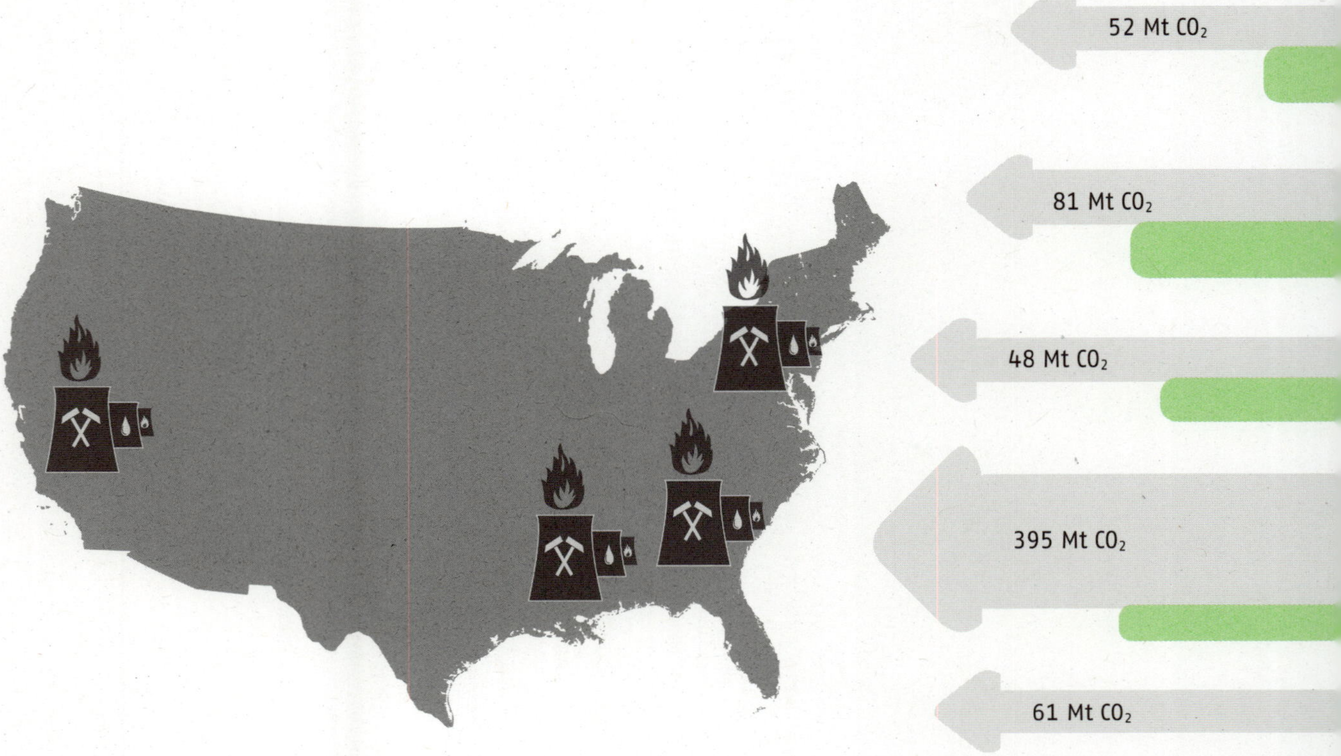

China produziert so viel Kohlendioxid wie kein anderes Land der Welt. Ein beträchtlicher Teil der Emissionen wird jedoch von Fabriken ausgestoßen, die Waren für den Weltmarkt fertigen: Im Jahr 2016 waren es 904 Millionen Tonnen CO_2. Allein die Produktion für den US-Markt verursacht rund 400 Millionen Tonnen CO_2 pro Jahr, die für Europa weitere 300 Millionen Tonnen.

Importe und Exporte bleiben in den nationalen Klimabilanzen unberücksichtigt. Im Jahr 2016 wurden in den USA so viele Waren importiert, dass die CO_2-Bilanz eigentlich rund 7 % höher gelegen hätte. Im gleichen Jahr waren die Importe in Deutschland sogar für 10 % mehr verantwortlich.

Wenn nur die territorialen CO_2-Emissionen eingeschränkt werden, aber die Unternehmen weiterhin Güter weltweit produzieren lassen und Emissionen in Drittländern verursachen, dann wird das Problem nur verlagert, gelöst wird es nicht. Die CO_2-Emissionen aller Länder müssten nach ihrem reelen Konsum kalkuliert sein, sodass ihre importierten und exportierten Emissionen im Gesamtausstoß berücksichtigt werden.

Export Import

Verteilung der ausgelagerten CO_2-Emissionen durch Export und Import (2010)

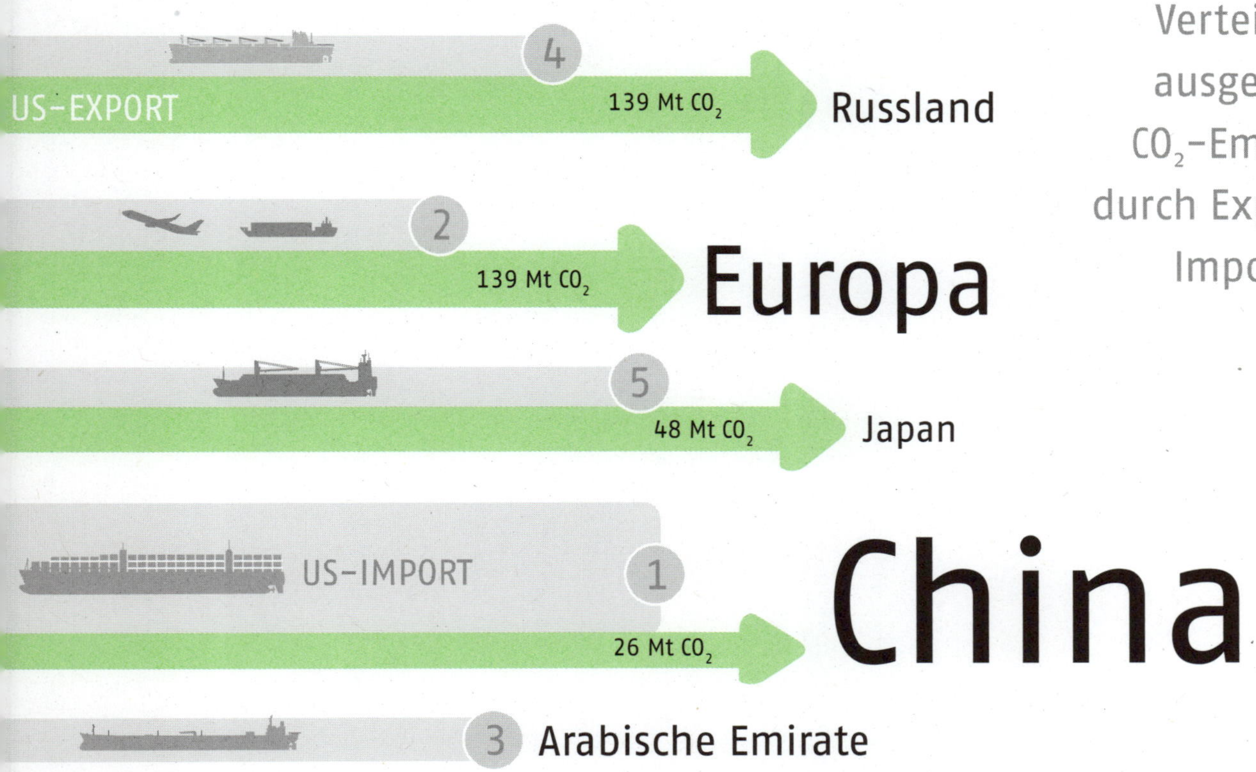

	Netto-CO_2 (Importe minus Exporte)	407 Mt CO_2
+	Territoriale CO_2-Emissionen	5311 Mt CO_2
=	CO_2-Bilanz der USA (2016)	5718 Mt CO_2

Quellen: EIA (2018), Davis et al (2010), Peters et al. (2014)

Europaweite CO_2-Bilanz und Ziele

Emissionen sind nicht gleich Emissionen: Die Kreise hier stellen die gesamte CO_2-Bilanz einzelner Länder, auch CO_2-Fußabdruck genannt, dar. Im Gegensatz zu den häufig zitierten »territorialen Emissionen«, bei denen nur die im Land produzierten Emissionen gezählt werden, sind hier Importe von Waren und Dienstleistungen dem Land zugeschrieben, in dem es verbraucht wird (mehr dazu auf Seite 36/37). Es kann also sein, dass die territorialen Emissionen eines Landes sinken, während die CO_2-Bilanz desselben Landes durch höhere Importe steigt.

Die CO_2-Bilanz der EU28 betrug im Jahr 2016 beispielsweise 4165 Millionen Tonnen CO_2, was im Vergleich zu 1990 einen Rückgang um 17 % darstellt. Wenn man jedoch die territorialen Emissionen betrachtet, ist der Rückgang mit 24 % sehr viel höher, da hier die »importierten Emissionen« nicht inbegriffen sind. Diese 24 % entsprechen den Zielen des Pariser Klimaabkommens, bei dem im Jahr 2015 fast 200 Nationen Emissionsziele festgesetzt haben, um die Erwärmung auf 1,5 °C zu begrenzen. Die EU will bis 2030 eine Reduktion der territorialen Emissionen um 40 % erreichen.

Wirksamer für den gesamten Planeten wäre es, wenn eine stärkere Reduktion der CO_2-Bilanz angestrebt würde – denn unterm Strich zählt für das Klima die weltweite Bilanz.

Quellen: Boden et al. (2017), BP (2018), EC (2015), UNFCCC (2018), Wiedmann et al. (2010)

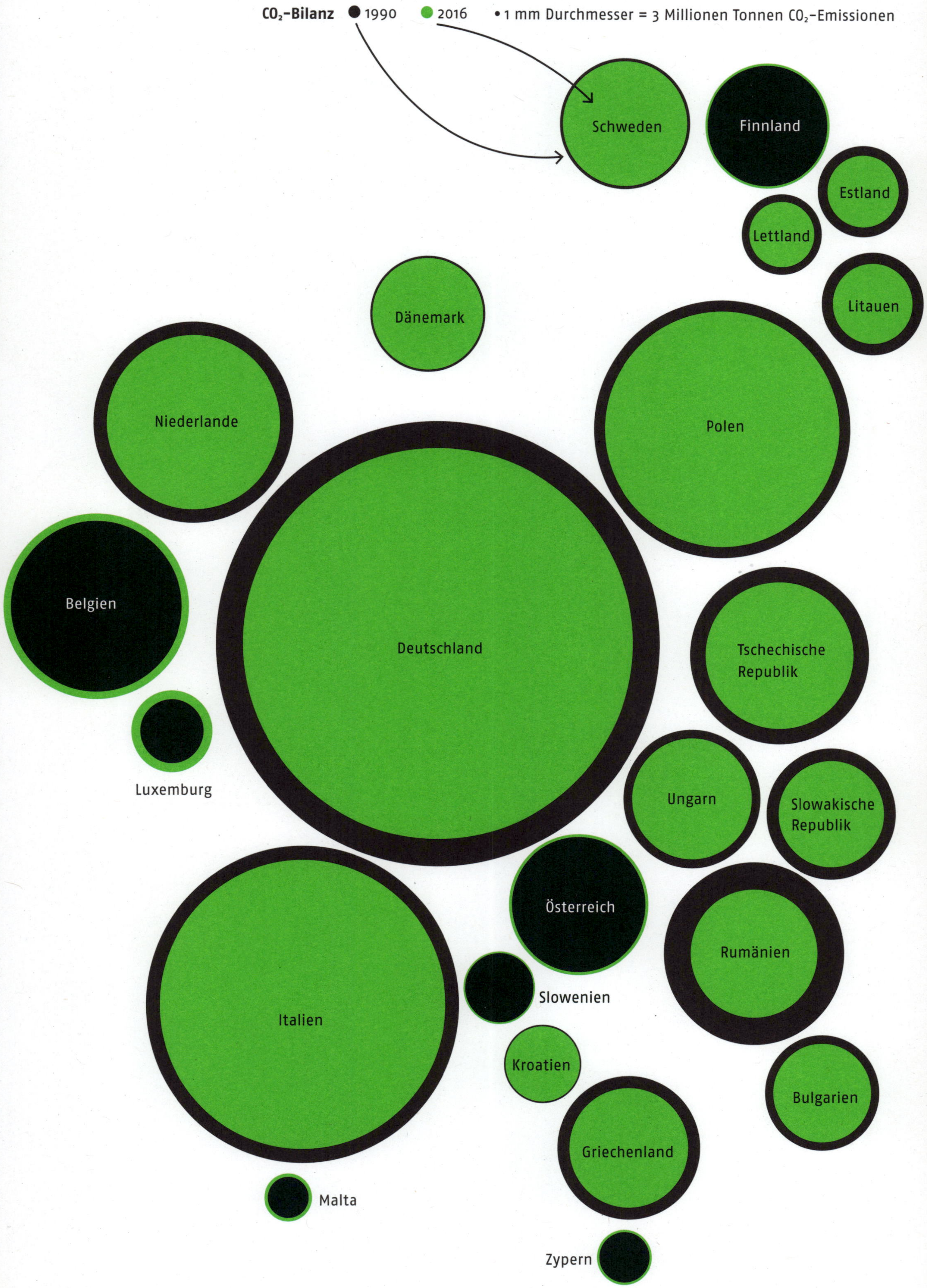

CO_2-Bilanz
1990
2016
• 1 mm Durchmesser = 3 Millionen Tonnen CO_2-Emissionen
Schweden
Finnland
Estland
Lettland
Litauen
Dänemark
Niederlande
Polen
Belgien
Deutschland
Tschechische Republik
Luxemburg
Ungarn
Slowakische Republik
Österreich
Rumänien
Italien
Slowenien
Kroatien
Bulgarien
Griechenland
Malta
Zypern

CO_2-Fußabdruck des Tourismus

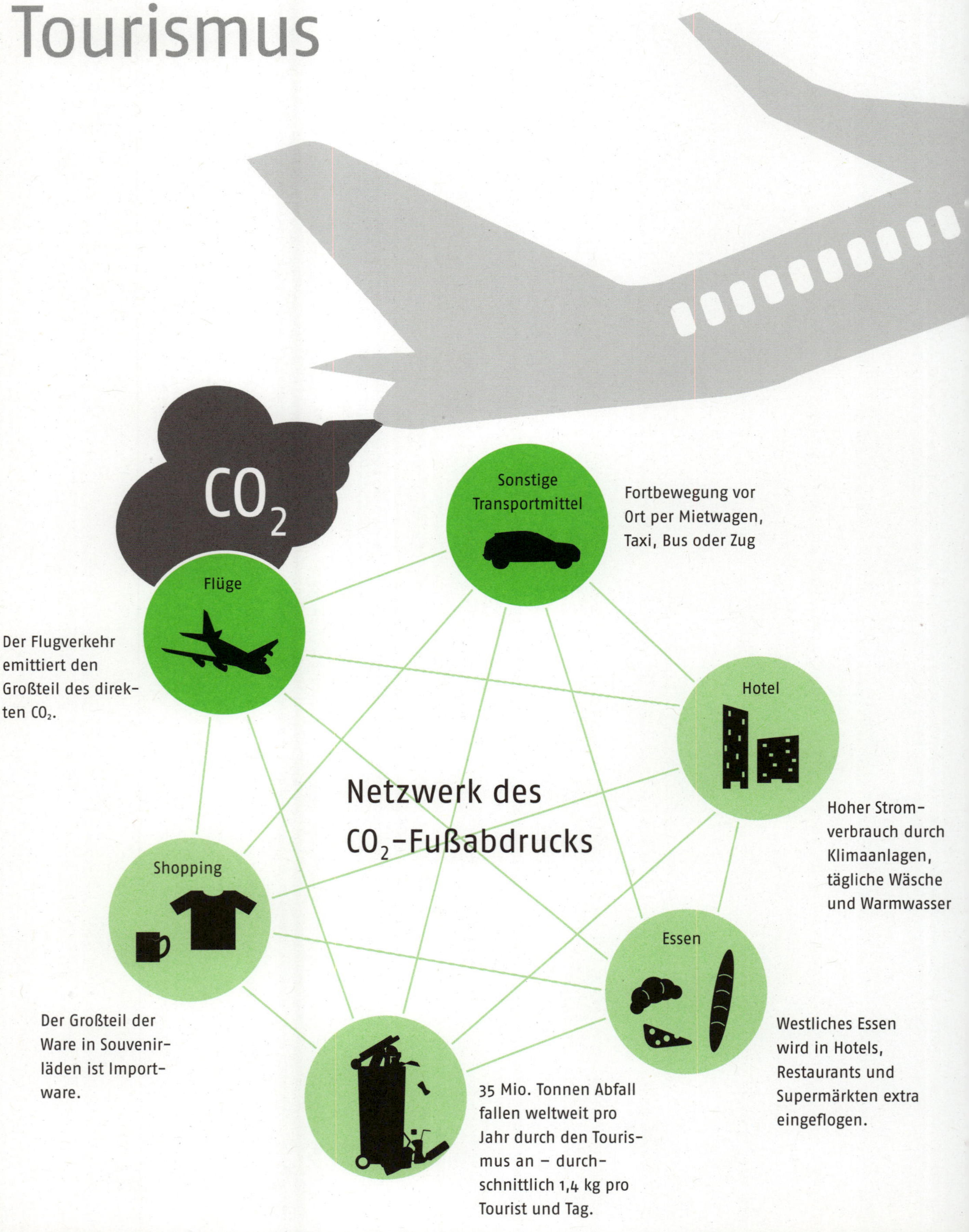

2025

+4 % pro Jahr

Zukunftsprognosen für den Zeitraum nach 2025 zeigen ungehindertes Wachstum in der Tourismusbranche.

Geschätzer Anteil des globalen Tourismus an den weltweiten CO_2-Emissionen

8 %

(Weltweite Emissionen: 35 208 Mt CO_2)

530 kg CO_2 vs. **5100 kg CO_2**

Kurzstreckenflug pro Person, hin und zurück

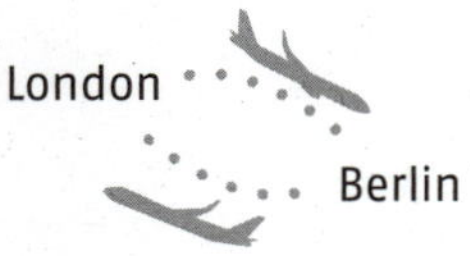

Langstreckenflug pro Person, hin und zurück

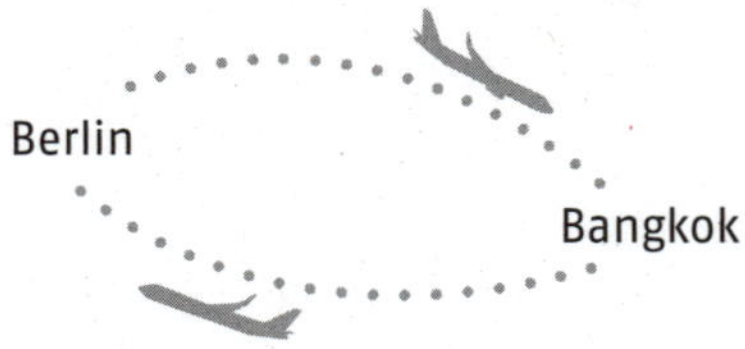

Flugreisen werden immer günstiger. Der Welttourismus wächst jährlich mit 3–5 %, genauso stetig wachsen die Emissionen in diesem Sektor.

Der CO_2-Fußabdruck des Tourismus beinhaltet den Transport zum Zielland und lokale Transportmittel, touristische Aktivitäten und Touren vor Ort sowie die Unterkunft, Einkäufe und das dort konsumierte Essen, welches oft extra importiert wird.

Quellen: Ezeah (2015), Lenzen et al. (2018), atmosfair (2018)

Energieriese Internet

416 Terrawatt

Strom wurden geschätzt von allen weltweiten Rechenzentren im Jahr 2015 verbraucht. Das entspricht 2 % der globalen CO_2-Emissionen und ist so viel, wie ganz Australien im Jahr 2015 emittierte.

14 %

der globalen Emissionen werden 2040 voraussichtlich von Rechenzentren verursacht.

Anteil der weltweiten Rechenzentren, die in den USA stehen: **44 %**

660.000 m²

umfasst das weltweit größte Rechenzentrum, das »TAHOE RENO 1 Data Center« in Nevada, USA. Es bezieht seine 650 MW zu 100 % aus grüner Energie.

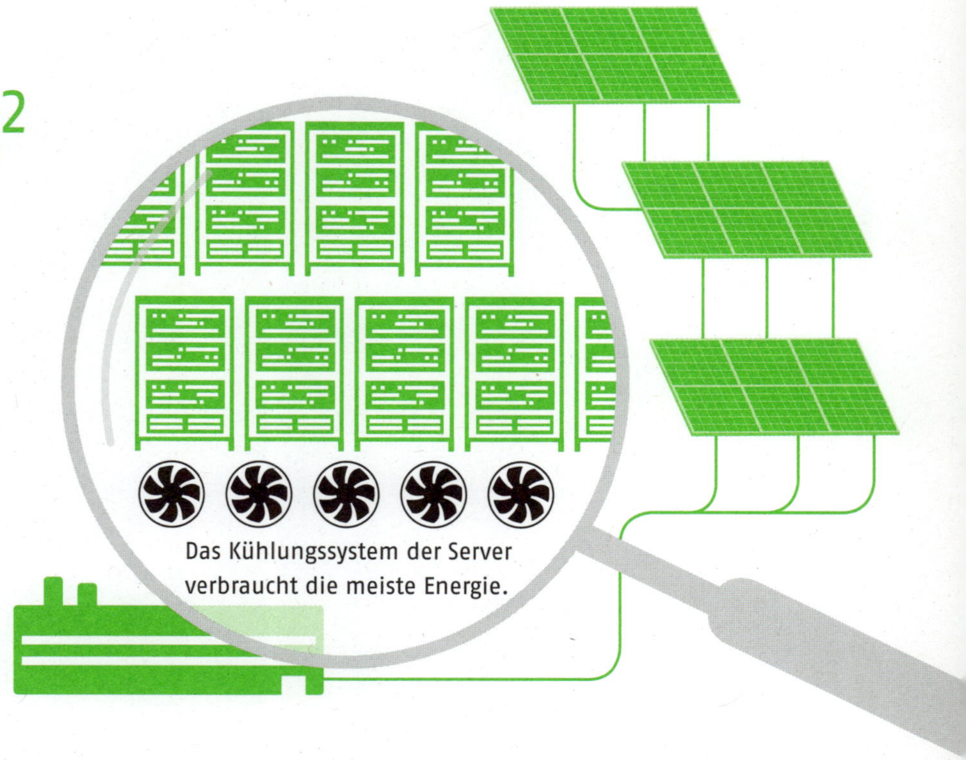

69 Mt CO_2

wurden durch den Gebrauch des Onlinezahlsystems Bitcoin im Jahr 2017 emittiert. Wenn der momentane Wachstumstrend sich noch verstärkt, würden die durch Bitcoin verursachten CO_2-Emissionen bis zum Jahr 2035 ausreichen, um den Planeten auf über 2 °C zu erhitzen.

7 Mio.

Der weltweite E-Mail-Verkehr erzeugt genauso viele CO_2-Emissionen wie 7 Millionen Autos.

Quellen: Belkhir et al. (2018), LSBU (2018), Shehabi et al. (2016), Mora et al. (2018), SRG (2017), McAfee (2009), Whitehead et al. (2014)

Warentransport: Motor der Globalisierung

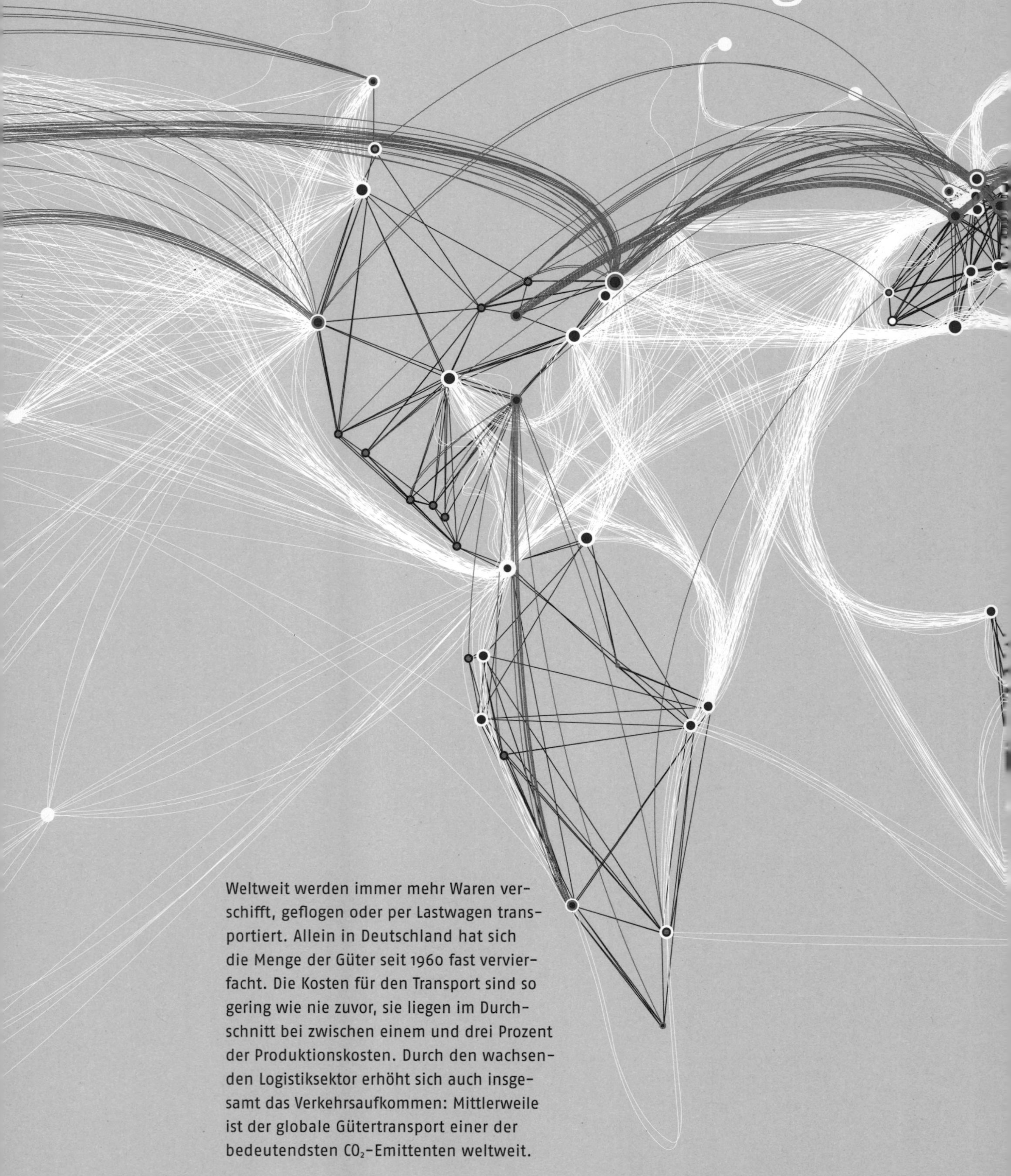

Weltweit werden immer mehr Waren verschifft, geflogen oder per Lastwagen transportiert. Allein in Deutschland hat sich die Menge der Güter seit 1960 fast vervierfacht. Die Kosten für den Transport sind so gering wie nie zuvor, sie liegen im Durchschnitt bei zwischen einem und drei Prozent der Produktionskosten. Durch den wachsenden Logistiksektor erhöht sich auch insgesamt das Verkehrsaufkommen: Mittlerweile ist der globale Gütertransport einer der bedeutendsten CO_2-Emittenten weltweit.

Luft, Wasser, Straße: die meistgenutzten Routen des globalen Warentransports.

Quellen: ACI (2018), AAPA (2016), RITA (2018)

Emissionen durch Regenwaldrodung

Exportländer

Mit Exportwaren aus Tropenwaldrodungen verknüpfte CO_2-Emissionen und deren Hauptimportländer, im Zeitraum 2000–2009

- Papier und Zellstoff
- Soja
- Rindfleisch
- Palmöl
- Holz
- 250–400 Mio. Tonnen CO_2
- 150–249
- 100–149
- 50–99

Importländer

Die Europäische Union hat im Zeitraum 2000–2009 mind. 1000 Millionen Tonnnen CO_2 in Form von Waren importiert, die mit Tropenwaldrodungen verknüpft sind. Das entspricht einer jährlich entwaldeten Fläche von ca. 1 Million Fußballfeldern.

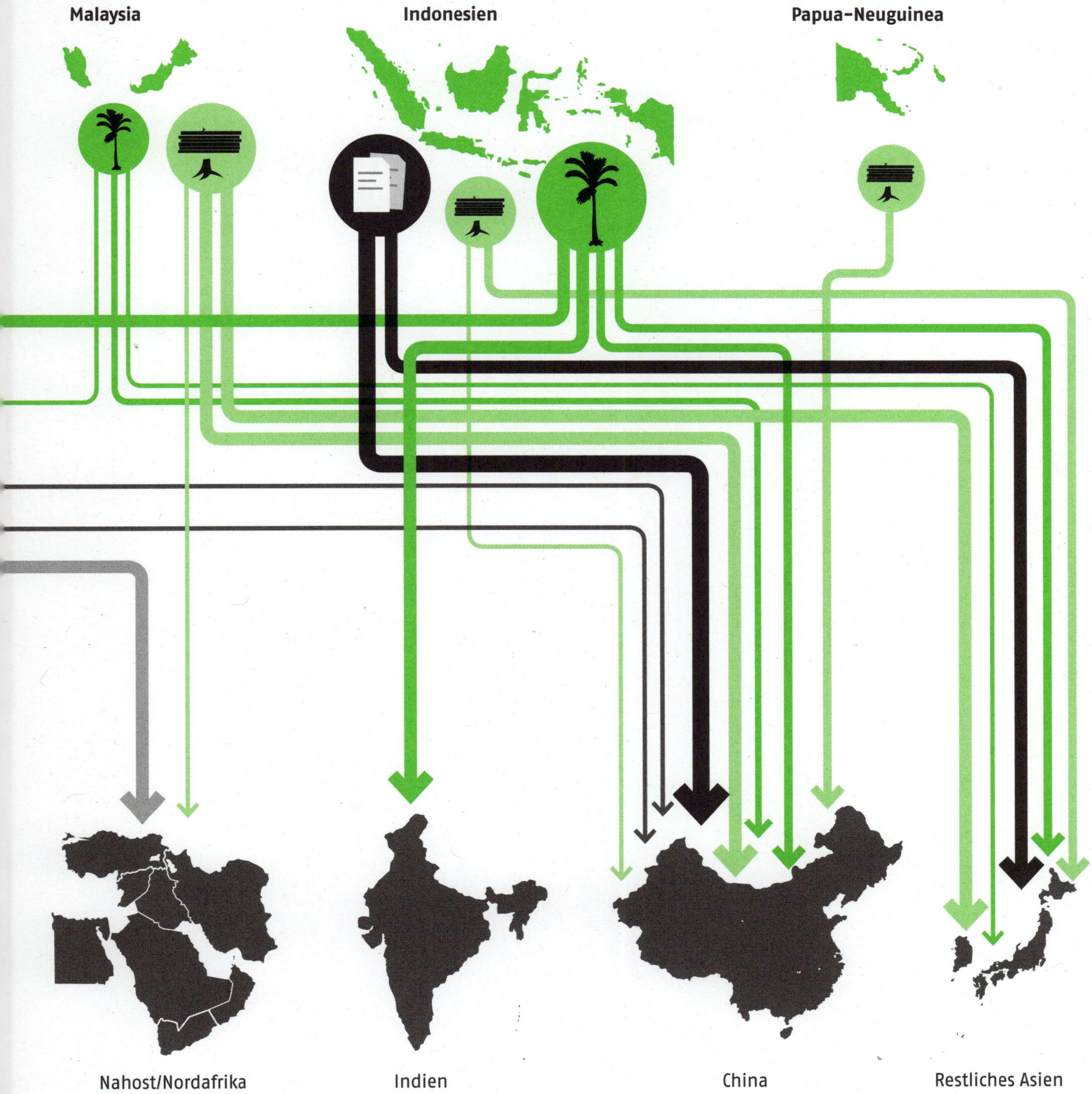

Quellen: Cuypers et al. (2013), Henders et al. (2015)

Holzproduktion pro Jahr ● bis 100.000 m³ ● 100.000–300.000 m³ ● mehr als 300.000 m³

Anzahl der Rinder in Mio. bis 1,8 bis 4,2 bis 14

Gefährdeter Regenwald

Durch das Amazonasbecken erstreckt sich der größte zusammenhängende Regenwald der Erde. Auf rund 6,7 Millionen Quadratkilometern leben Millionen Pflanzen- und Tierarten. Die fortschreitende Zerstörung des Gebiets gilt als einer der Kipppunkte im Klimasystem. Forscher warnen, dass dieser Kipppunkt bald erreicht werden könnte: 20 % des Amazonas-Regenwaldes wurden bislang gerodet. Bei 20–25 % könnte bereits eine kritische Schwelle erreicht sein – zum einen durch bestehende Effekte der menschengemachten Klimakrise, zum anderen durch Austrocknungseffekte nach Brandrodungen.

Der Amazonas-Regenwald sorgt durch seinen Wasserkreislauf für ein ganz eigenes Klima: Morgens steigen aus dem Regenwald Nebelwolken auf, das Wasser kondensiert, formt Wolken und beeinflusst die Niederschläge in ganz Südamerika. Zudem sind in der Biomasse des Waldes gewaltige Mengen an Kohlenstoff gebunden - so viel, wie die gesamte Menschheit in zehn Jahren emittiert.

Durch Abholzung des Regenwaldes und vor allem durch Brandrodung werden jährlich 10–15 % der weltweit emittierten Treibhausgase freigesetzt. Zudem ist durch die Vernichtung großer Waldflächen das Gleichgewicht des gesamten Ökosystems bedroht. Seit Beginn der Abholzung des Amazonas sind in direkter Folge mindestens 140 Tierarten ausgestorben, viele weitere Arten gelten als gefährdet. Mit dem Waldverlust geht also auch ein enormer Biodiversitätsverlust einher.

Ca.
20.000
Tonnen Kohlenstoff sind in 1 km² Regenwald gebunden

Regenwaldrodung im Vergleich

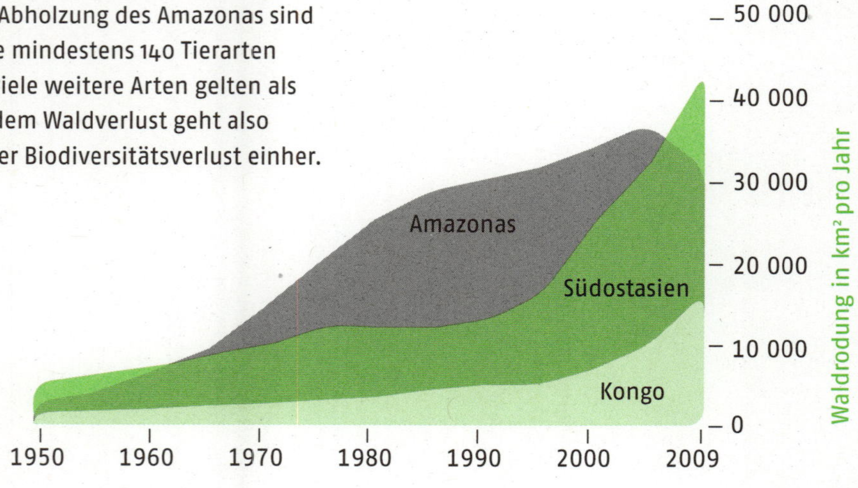

Quellen: Ernst et al. (2007), Garret et al (2015), GFW (2018), Lovejoy et al. (2018), Nobre et al. (2016), Rosa et al. (2016)

--- Asphaltierung in Planung
═ asphaltierte Straßen
— unbefestigte Straßen
Flüsse
abgeholzter Regenwald

Sojaproduktion in Mio. Tonnen: bis 0,5 · bis 1,5 · bis 5,7

Um **25–35 %**

könnten die globalen Treibhausgasemissionen reduziert werden, wenn weltweit die Waldrodungen gestoppt und zerstörte Wälder wiederaufgeforstet würden.

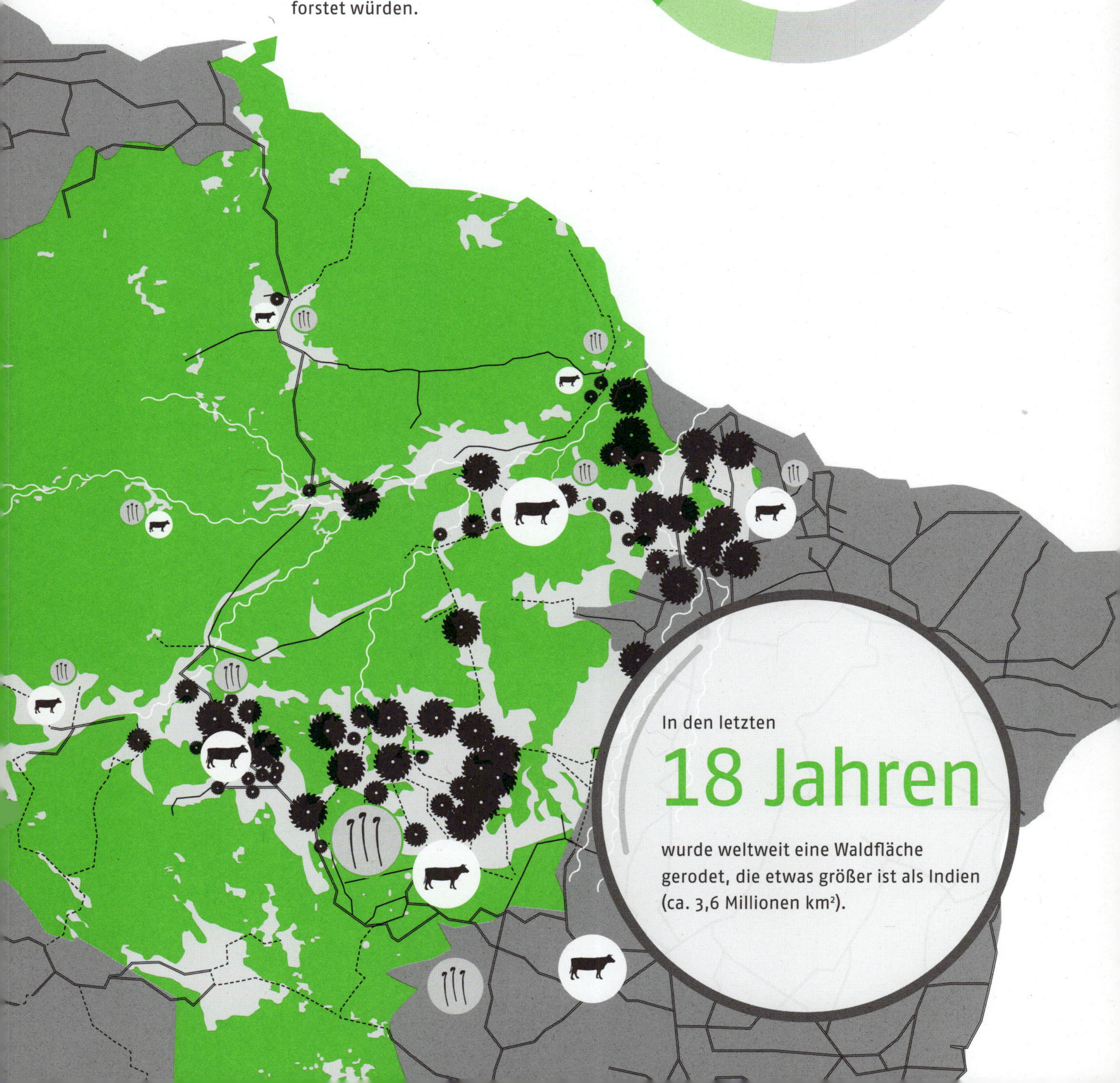

In den letzten

18 Jahren

wurde weltweit eine Waldfläche gerodet, die etwas größer ist als Indien (ca. 3,6 Millionen km²).

Abholzung für Rinder und Soja

1 **Der Wald wird abgeholzt,** zum einen durch Brandrodungen, zum anderen mithilfe von Motorsägen.

2 **Die Infrastruktur** wird immer weiter ausgebaut. Erst entsteht ein Fischgrätmuster, dann der totale Kahlschlag.

6 **Die Nachfrage nach Soja** steigt. Es wird neben dem direkten Verzehr weltweit als Tierfutter, pflanzliches Öl und Biodiesel verwendet.

5 **Liefern die Weideflächen** nicht mehr genügend Nahrung für die Tiere, wird dort z. B. Soja angebaut.

400 %

Anstieg der brasilianischen Sojaproduktion pro Hektar in den letzten 20 Jahren

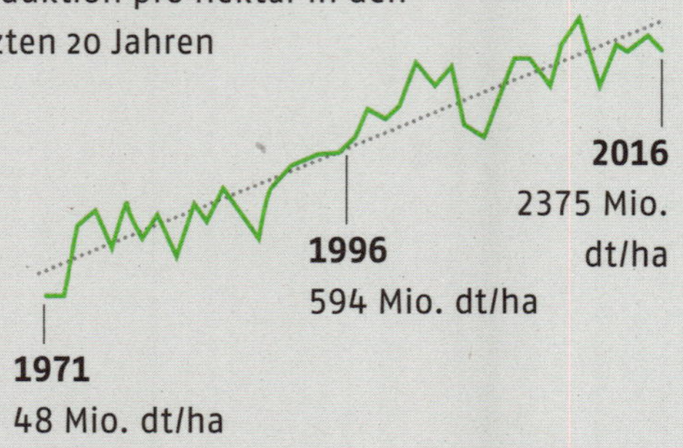

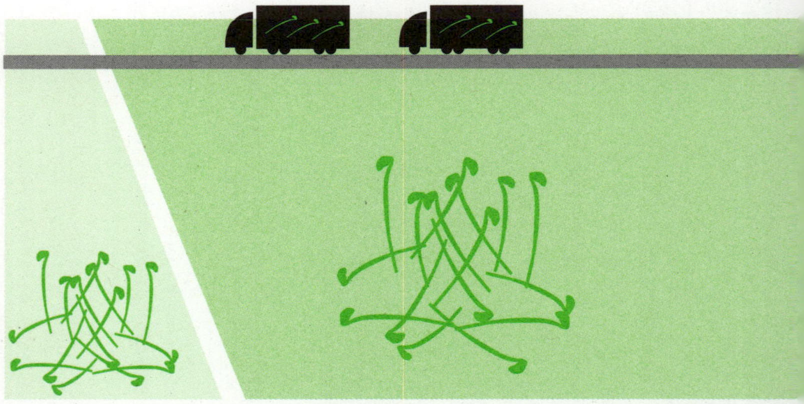

320.000 km^2

sind in Brasilien durch den Sojaanbau bedeckt – eine Fläche, die fast so groß ist wie Deutschland. Rund zwei Drittel der Sojapflanzen werden im Amazonasgebiet angebaut, rund ein Drittel im Cerrado-Gebiet im Bundesstaat Mato Grosso.

167 Mio.

Hektar Weidefläche für Rinder gibt es heute in Brasilien (2017).

3

Rinderfarmen breiten sich aus und nutzen von der Holzindustrie gerodete Regenwaldflächen als Weideland.

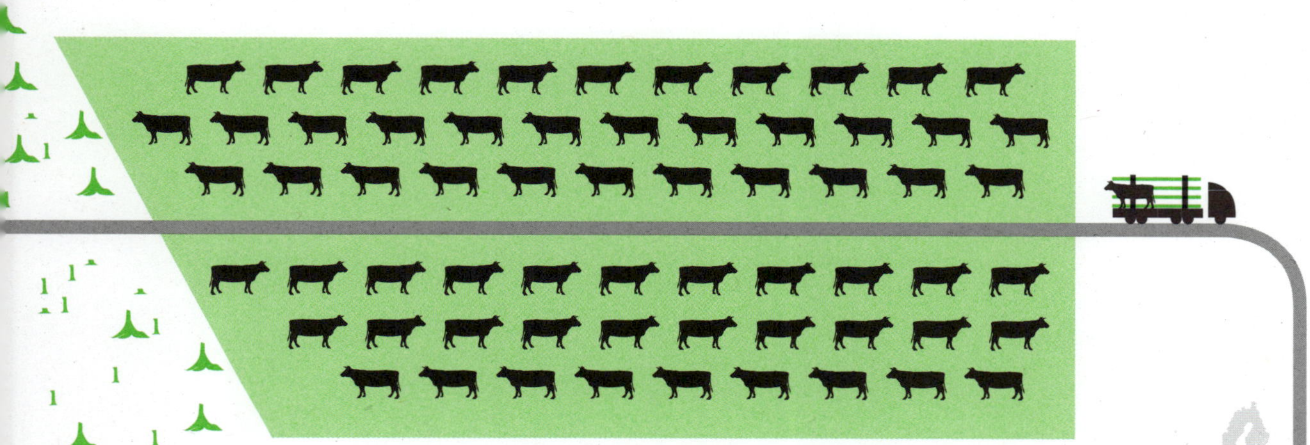

4

Um den steigenden nationalen und internationalen Bedarf an Rindfleisch zu decken, werden immer größere Weiden angelegt. Das Rindfleisch für den Export wird CO_2-intensiv per Luftfracht transportiert.

Jährliche Rinderproduktion in Brasilien

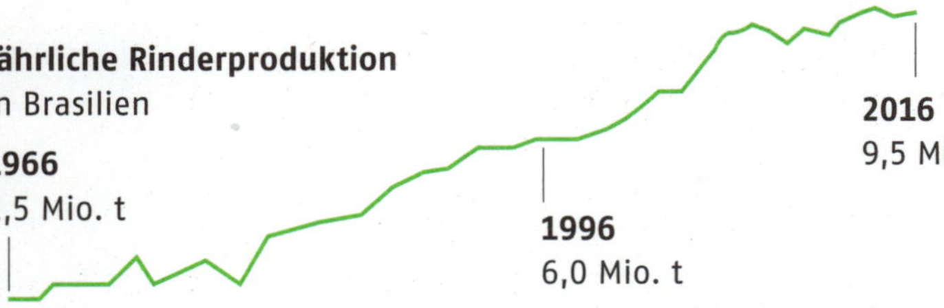

Mit

209 Mio.

Rindern hat Brasilien (2016) weltweit die größte Rinderzucht.

Quellen: Hubbs et al. (2017), USDA (2017)

Palmölplantagen in Südostasien

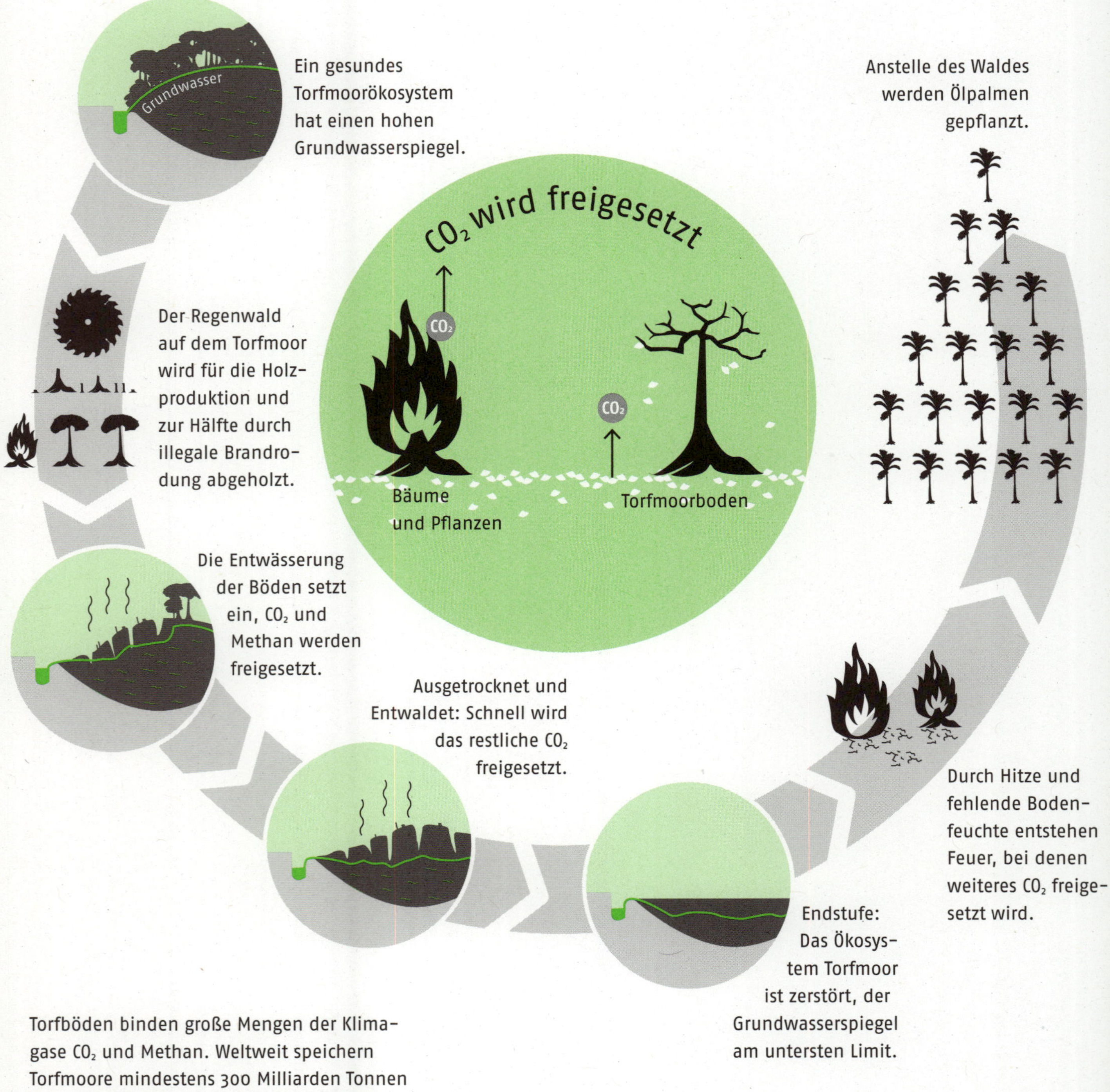

Torfböden binden große Mengen der Klimagase CO_2 und Methan. Weltweit speichern Torfmoore mindestens 300 Milliarden Tonnen Kohlenstoff. Das entspricht einem Fünftel des gesamten Bodenkohlenstoffs – obwohl der Torf nur einen Bruchteil unseres Planeten einnimmt. Wird das Moor, das vom Gewicht her zu 90 % aus Wasser besteht, trockengelegt, gelangt der Kohlenstoff als CO_2 in die Luft.

Quellen: Hawighorst (2015), Hooijer et al. (2010), Page et al. (2011), Noleppa et al. (2016)

Wofür Palmöl verwendet wird

Ca. 50 %

der Produkte im Supermarkt enthalten Palmöl. Durch ihr schnelles Wachstum hat die Ölpalme einen sehr hohen Ertrag pro Hektar, dadurch ist es das billigste Öl auf dem Markt.

Als Zusatz zu Biodiesel: 45 % des in Deutschland verbrauchten Palmöls wird im Energiesektor genutzt.

Duschgel, Shampoos, Kosmetik

Reinigungsmittel, Waschmittel, Spülmittel

Süßigkeiten

Salzige Snacks

Fertigprodukte

Pflanzenöl	Palmitoyl Oxo-stearamide
Pflanzenfett	Palmitoyl Tetra-peptide-3
Palmkern	Sodium Lauryl Sulfoacetate
Palmkernöl	Cetyl Palmitate
Palmfruchtöl	Cetearyl Alcohol
Palmate	Cetyl Alcohol
Palmitate	Fettsäureglycerid
Palmolein	PEG-100 Stearate
Glyceryl Stearate	Polyglyceryl-2-Caprate
Stearinsäure	uvm...
Palmitinsäure	
Palmstearin	
Stearic Acid	

! Palmölbasierte Stoffe tarnen sich unter rund 200 Bezeichnungen

Pro-Kopf-Verbrauch von Palmöl in Deutschland

18,5

Kilogramm pro Jahr

Degradation der Böden

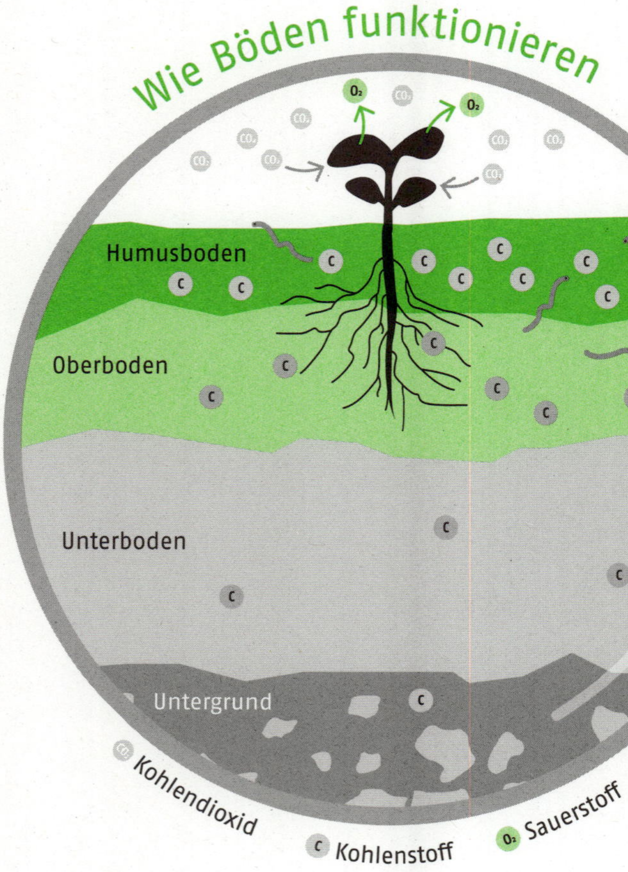

In der Humusschicht ist der größte Teil des organischen Kohlenstoffs gebunden. Dorthin gelangt er zum einen über die Wurzeln der Pflanzen, die ihn über die Blätter aufgenommen haben, zum anderen durch verrottende Blätter und andere organische Verwesungsprozesse. Mikroorganismen, Insekten und Regenwürmer spielen dabei eine wichtige Rolle, sie belüften die Erde und verteilen Nährstoffe.

Die Industrialisierung der Landwirtschaft ist weltweit für geschätzte 25–30 % der Treibhausgasemissionen verantwortlich. Der Drang nach höheren Erträgen mithilfe einer Vielzahl an Chemikalien degradiert weltweit die Böden und macht sie anfälliger für den Klimawandel und extreme Wetterereignisse. Ein Drittel aller Agrarflächen ist von Bodendegradation betroffen, das heißt, ihre Ökosystemfunktionen sind eingeschränkt, bis hin zum vollständigen Verlust.

Haupturſachen der Degradation

1 **Übermäßiger** Maschineneinsatz, Überweidung oder Anbau von Monokulturen können zur Zerstörung der Bodenstruktur beitragen.

2 **Überdüngung** mit Gülle schadet der Biodiversität und der Bodenstruktur. Das Düngen kann Erosion sowie Humusabbau bewirken.

3 **Wassererosion** nach Starkregen schadet unbedeckten, schwach strukturierten Ackerböden.

4 **Versteppung** und fehlende Bodenbedeckung machen die Erde anfälliger für Winderosion.

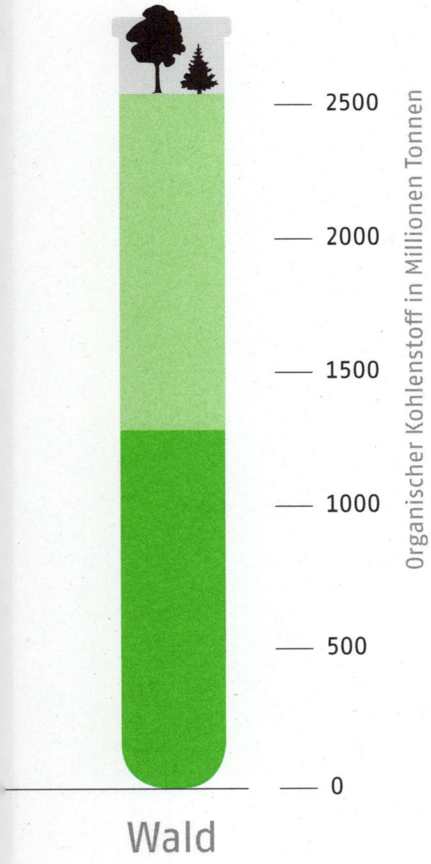

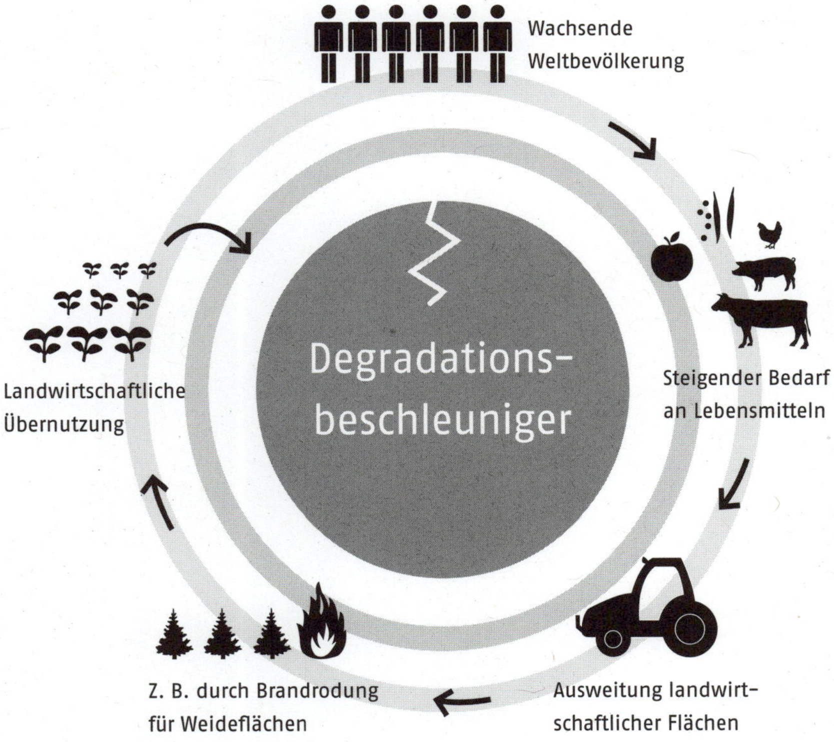

Quellen: Chemnitz & Weigelt (2015), Bazyli & Kryszak (2018), Flessa et al. (2018), Patzel & Wilhelm (2018)

»

Der Mensch treibt das Erdklima in zunehmend unnachhaltige und bedrohliche Bereiche. Letzten Endes werden diese Trends von einem unnachgiebigen Wohlstandswachstum verursacht, das seit Jahrzehnten die positiven Auswirkungen allen technologischen Fortschrittes zunichtemacht. Jedes tatenlose Jahr führt zu immer geringerem Handlungsspielraum, zu Kapitulation und Leugnung.

«

Prof. Manfred Lenzen,
University of Sydney

Quellen: IPCC (2018), Malik et al. (2016), Norgaard (2006 + 2011)

Auswirkungen → Auslöser → Direkte Folgen → Indirekte Folgen

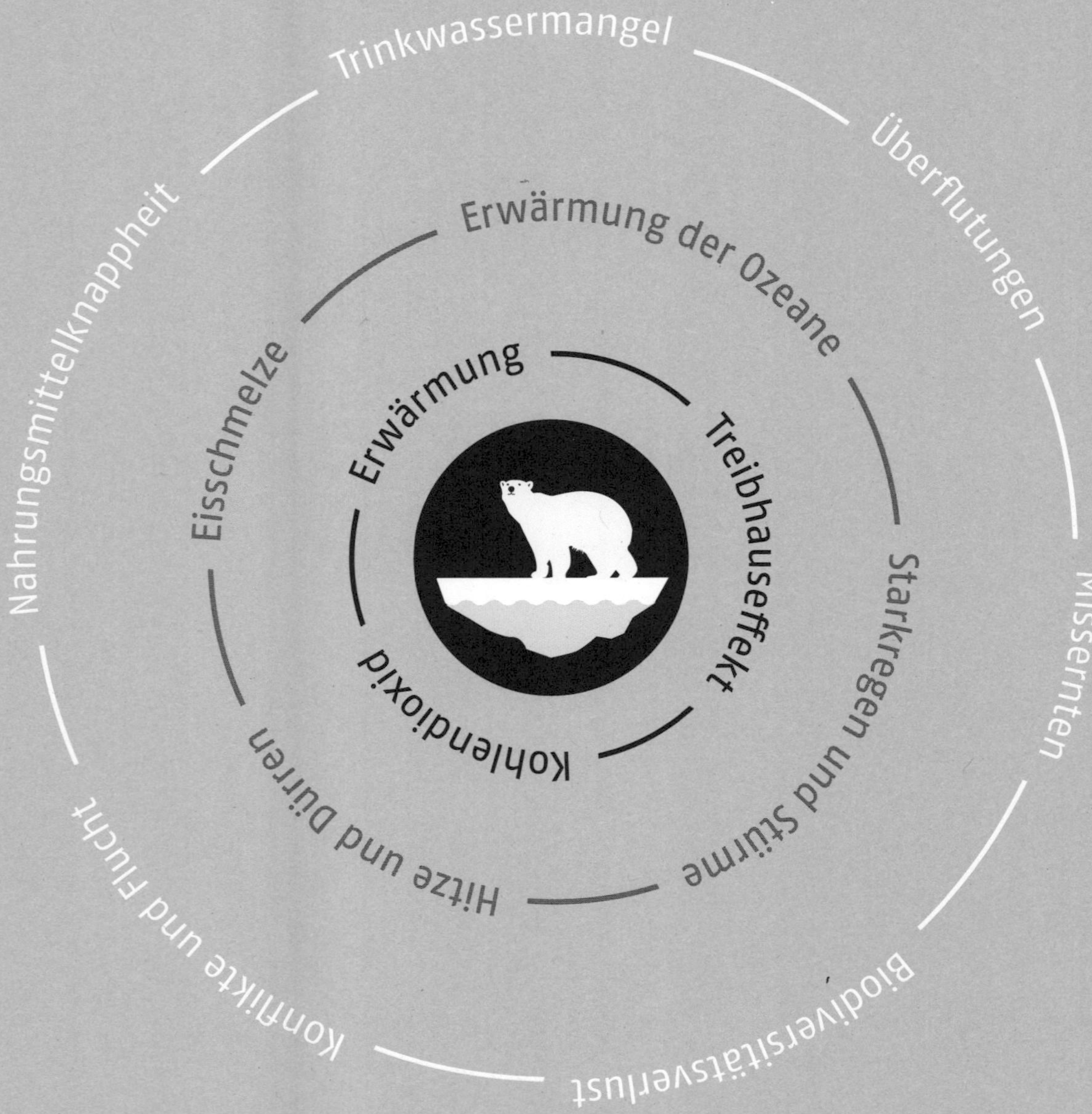

Weltweite Auswirkungen

Dominoeffekt der Erwärmung

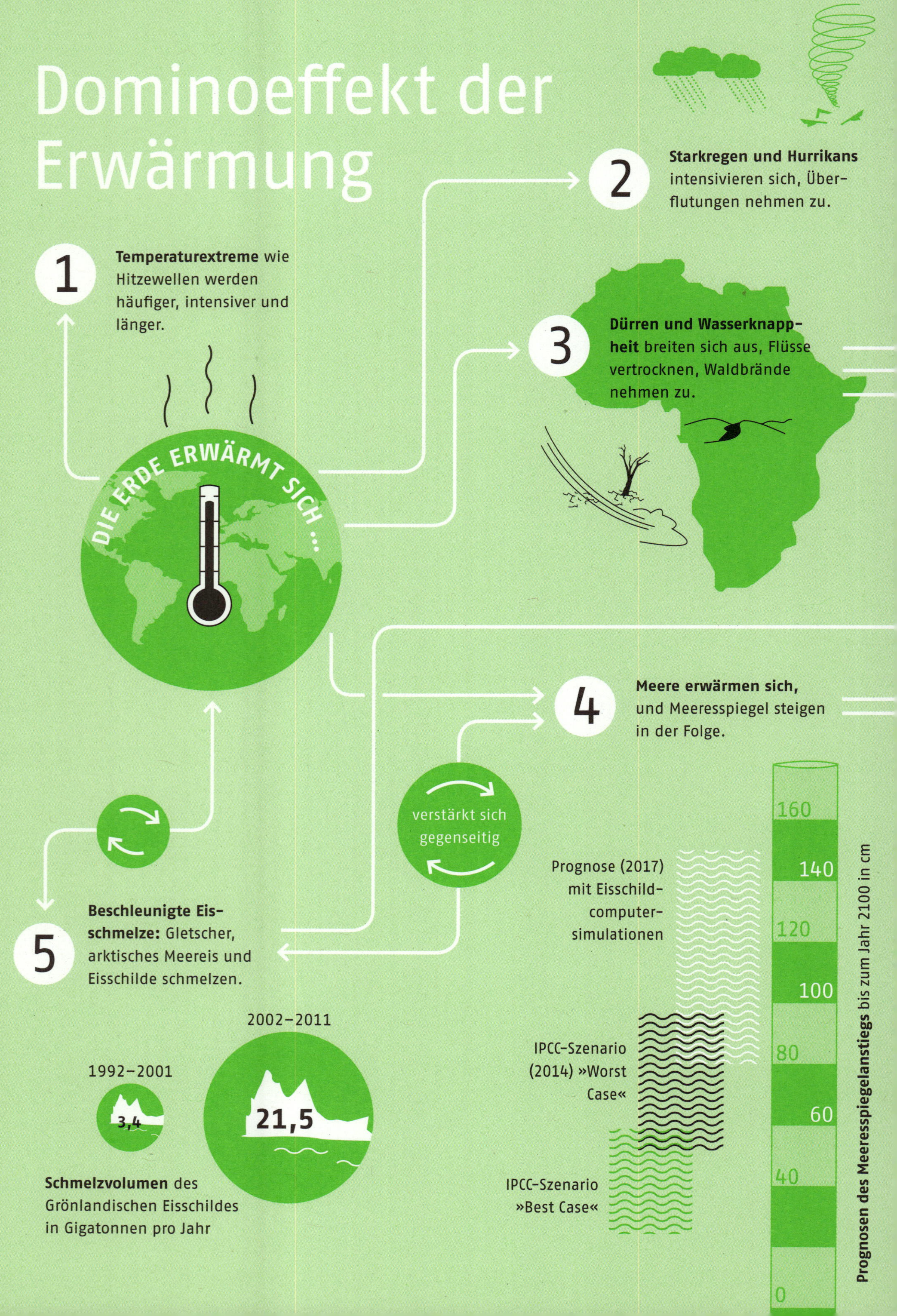

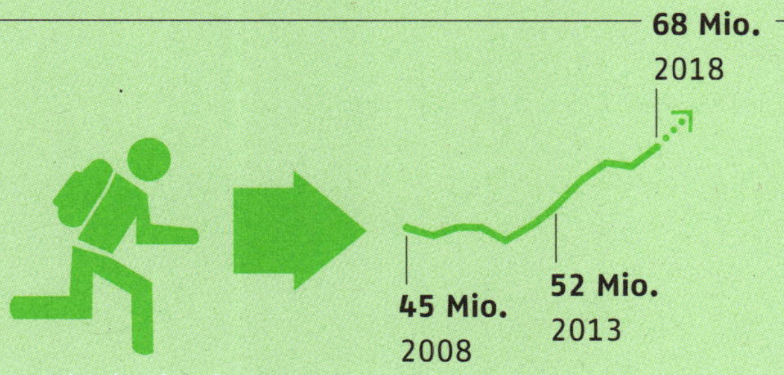

Missernten nehmen zu: Bauern verlieren ihre Lebensgrundlage. Die Folgen sind existenziell, auch für die von ihnen gehaltenen Tiere.

Rund 25 Millionen Menschen in Ostafrika waren bereits 2018 vom Hungertod bedroht und brauchen Hilfe.

Die Hälfte der Weltbevölkerung lebt in Gebieten mit Wasserknappheit, im Jahr 2050 werden es bis zu 5,7 Mrd. sein. 68 % des Trinkwassers ist in Form von Gletschern auf der Erde gespeichert.

Ab 1 °C Temperaturanstieg bleichen Korallenriffe aus und sterben ab, die Biodiversität nimmt in der Folge ab. 25 % aller Meereslebewesen sind von Korallenriffen abhängig.

Rund 153 Millionen Menschen sind in Zukunft vom Meeresspiegelanstieg bedroht, da sie in überschwemmungsgefährdeten Küstengebieten leben.

Deiche und Dammanlagen müssen mit großem finanziellen Aufwand weltweit verbessert und vergrößert werden, nicht alle Staaten können sich das leisten.

Die Zahl der flüchtenden Menschen steigt: 68,5 Millionen sind es aktuell (Stand: Okt. 2018), jeden Tag kommen rund 44.000 Menschen hinzu.

60 % Rückgang der Artenvielfalt wurden innerhalb der letzten 40 Jahre beobachtet, der Trend wird durch die Klimakrise verstärkt.

70 % unserer Nahrung hängt direkt von der Bestäubung durch Bienen und andere Insekten ab, daher hat das rapide Insektensterben drastische Auswirkung auf unsere Nahrungsmittelproduktion.

Für mehr als 1 Milliarde Menschen weltweit ist Fisch die primäre Nahrungsquelle.

Die anthropogenen Veränderungen des Klimasystems können zur existenziellen Gefährdung für den Menschen werden.

Quellen: ICA (2012), IPBES (2018), IPCC (2014), Kopp et al. (2017), UN (2018), UNHCR (2018), Watts et al. (2011)

Extreme Hitzewellen werden häufiger

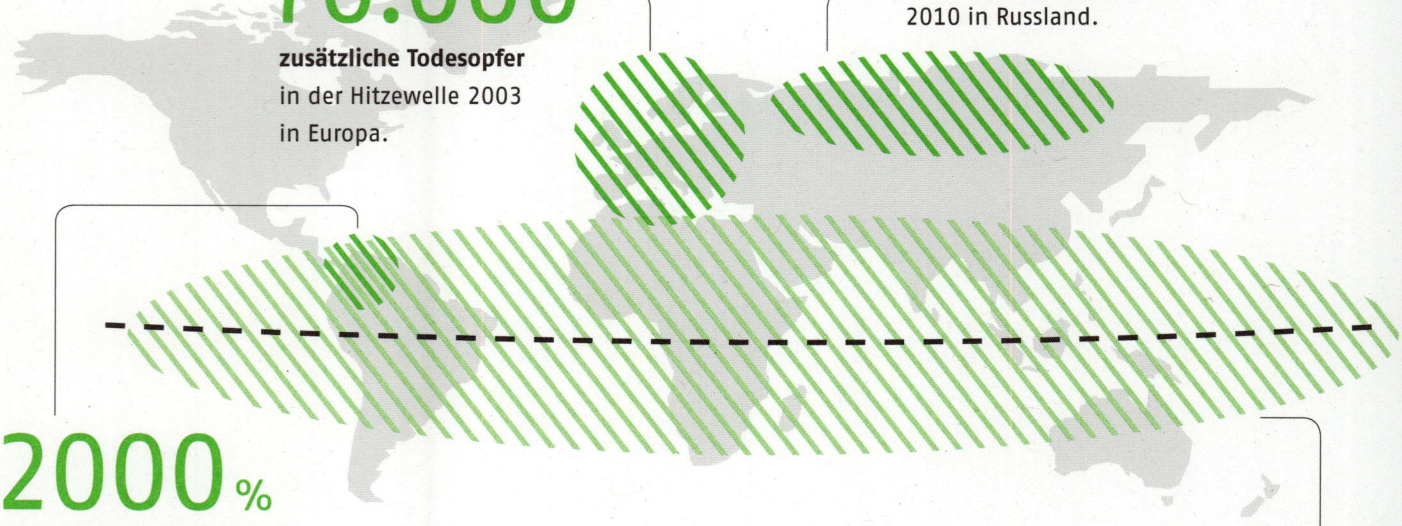

55.700

zusätzliche Todesopfer während der Hitzewelle 2010 in Russland.

70.000

zusätzliche Todesopfer in der Hitzewelle 2003 in Europa.

2000 %

mehr Hitzetote wird es bei gleichbleibenden Emissionen und ohne Anpassung im Zeitraum 2030–2080 voraussichtlich in Kolumbien geben.

Tropische und subtropische Regionen werden in Zukunft besonders stark von Hitzewellen betroffen sein.

Folgen für die Menschen

Dehydrierung – führt zu Kopfschmerzen, Konzentrationsmangel und Schwindel.

Viel trinken und ausruhen

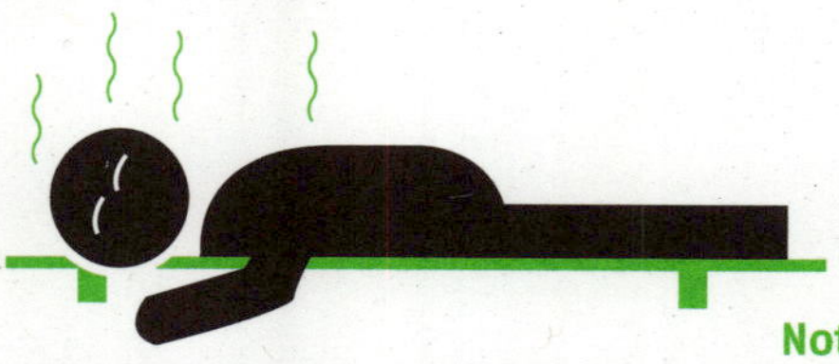

Hitzschlag – medizinischer Notfall mit Körpertemperatur über 40 °C, Krämpfen, Erbrechen und Kreislaufversagen.

Notarzt rufen!

Hitzetod tritt ein, wenn die Körpertemperatur über längere Zeit 42 °C übersteigt und der Körper es nicht mehr schafft, sie zu regulieren.

Quellen: Guo et al. (2018), Robine et al (2008), Mora et al. (2017), NOAA (2019), WMO (2018)

Weltweite Temperaturanomalien

für Land + Ozeane, ganzjährig

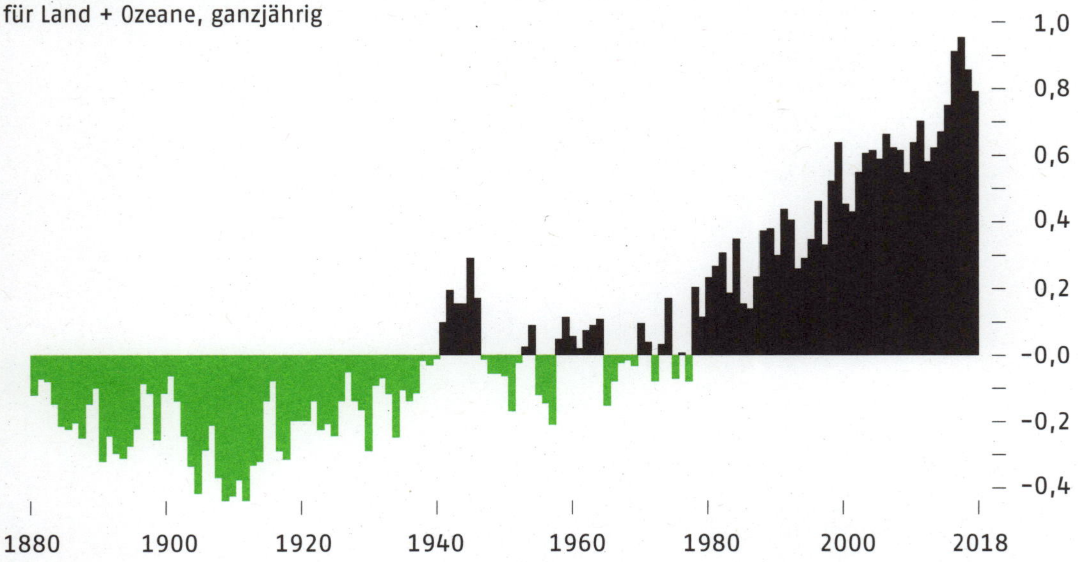

Seit 1980 werden die Jahre tendenziell immer wärmer. Die Temperaturanomalien, die wir heute sehen, verstärken die Hitzewellen in einigen Regionen schon gewaltig: Bis zu 5-mal häufiger treten sie in Europa auf.

Rekordtemperaturen im Sommer 2018

In Sibirien war es 20 °C wärmer als im Durchschnitt, der Permafrost taute großflächig.

Mit 51,3 °C wurde der Rekord für die höchste jemals in Afrika gemessene Temperatur gebrochen.

Indien und Pakistan hatten nicht nur einen heißen Sommer, sondern auch bis zu 92 % mehr Regen und in der Folge Überflutungen.

Das Meereis in der Arktis schwindet

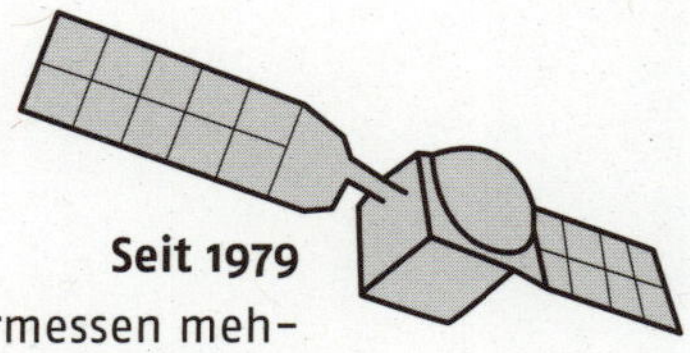

Seit 1979 vermessen mehrere Satelliten der NASA die Eismassen weltweit.

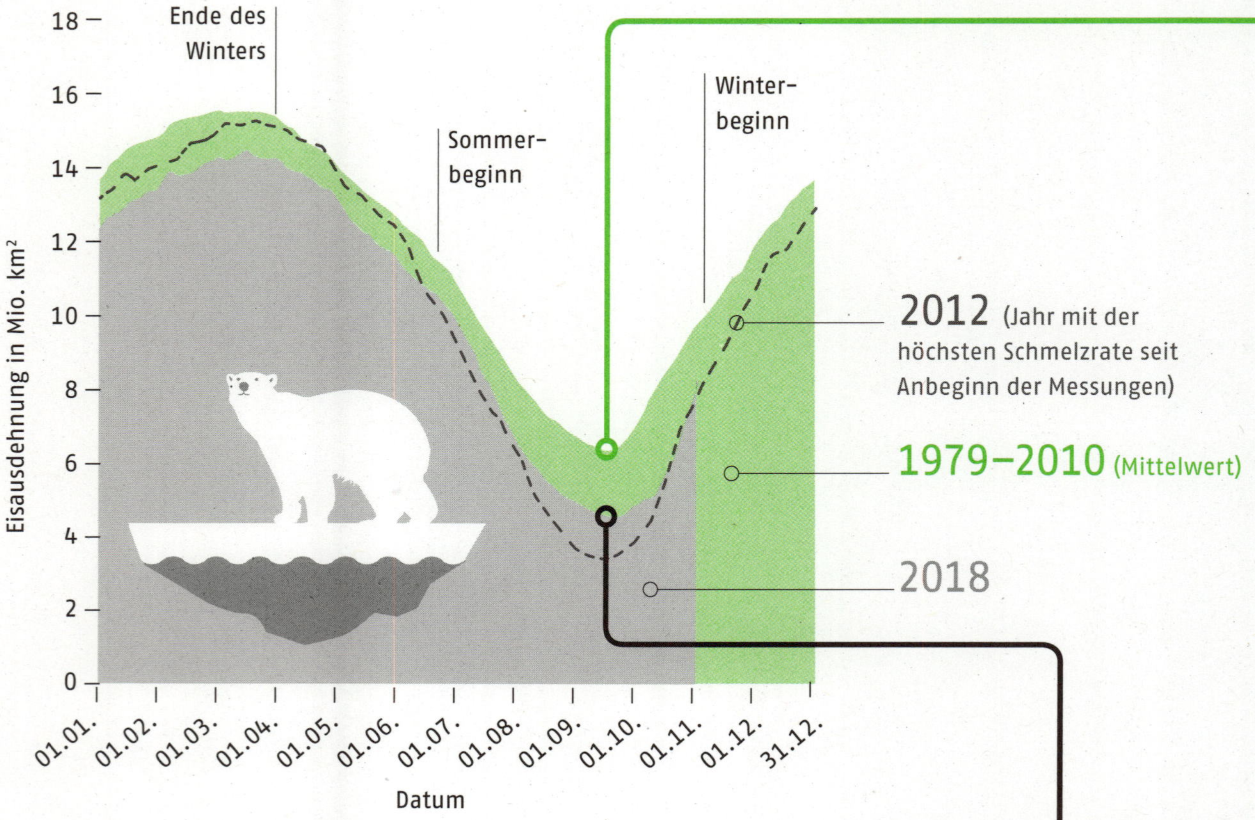

Die Ausdehnung des Meereises wird anhand von Satellitenmessungen seit den 1970er-Jahren sehr genau erfasst. Mit steigenden Lufttemperaturen schmilzt das Meereis im Sommer tendenziell stärker ab, seit dem Jahr 2000 kann man einen Trend hin zu einer beschleunigten Abschmelze erkennen.

Die Albedo, also das Reflexionsvermögen der Wasseroberfläche in der Arktis, wird durch den Schmelzprozess herabgesetzt, da Meerwasser dunkler ist und Wärme absorbiert, im Gegensatz zu den hellen, reflektierenden Eisflächen. Das Meerwasser erwärmt sich also umso leichter, je weniger Meereis vorhanden ist.

Außerdem vermuten Wissenschaftler, dass die immer kleiner werdende Menge des arktischen Meereises im Sommer möglicherweise direkt für Hitzewellen in Europa verantwortlich ist und in der Zukunft das Potenzial hat, das Klima in Europa schneller als im globalen Durchschnitt zu erwärmen. Das Jahr 2018 lag bereits 2 °C über der historischen Durchschnittstemperatur in Europa.

Meereisausdehnung Sept. 1979–2010

6400 Mio. km²

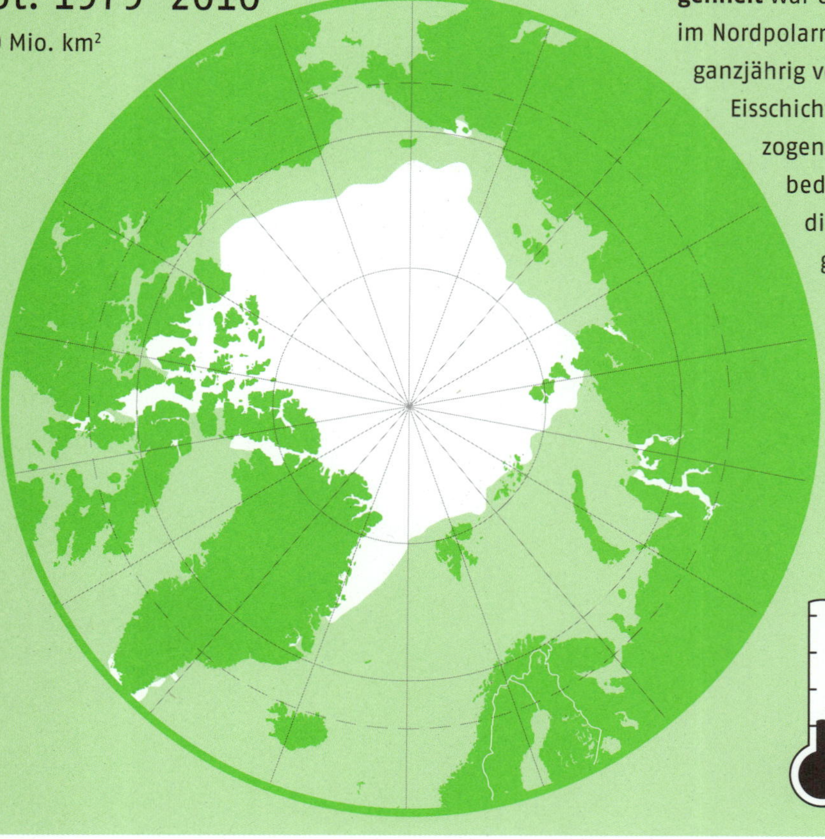

In der nahen Vergangenheit war die Fläche im Nordpolarmeer, die ganzjährig von einer Eisschicht überzogen ist, noch bedeutend dicker und größer als heute.

Bei niedrigeren Lufttemperaturen schmilzt weniger Meereis, es bleibt stabiler und kann im Winter ausreichend Eis nachbilden. Auch die Entstehung von Wasserdampf bleibt im Gleichgewicht.

Meereisausdehnung Sept. 2018

4600 Mio. km²

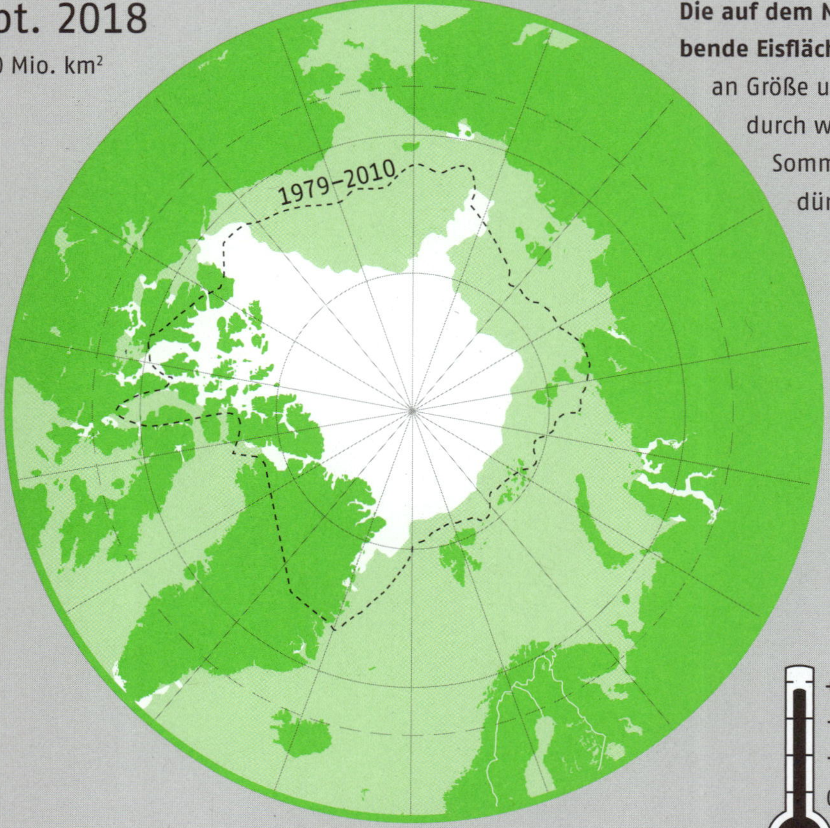

Die auf dem Meer treibende Eisfläche verliert an Größe und wird durch wärmere Sommer immer dünner.

Durch die Erwärmung der Meeresoberfläche verdunstet mehr Wasser, was für einige Regionen ein feuchteres Klima mit häufigeren Extremwetterereignissen und Starkregen bedeuten kann.

Quellen: NSIDC (2018), Serrezze et al. (2016), USGCRP (2017)

Die Eisschilde tauen

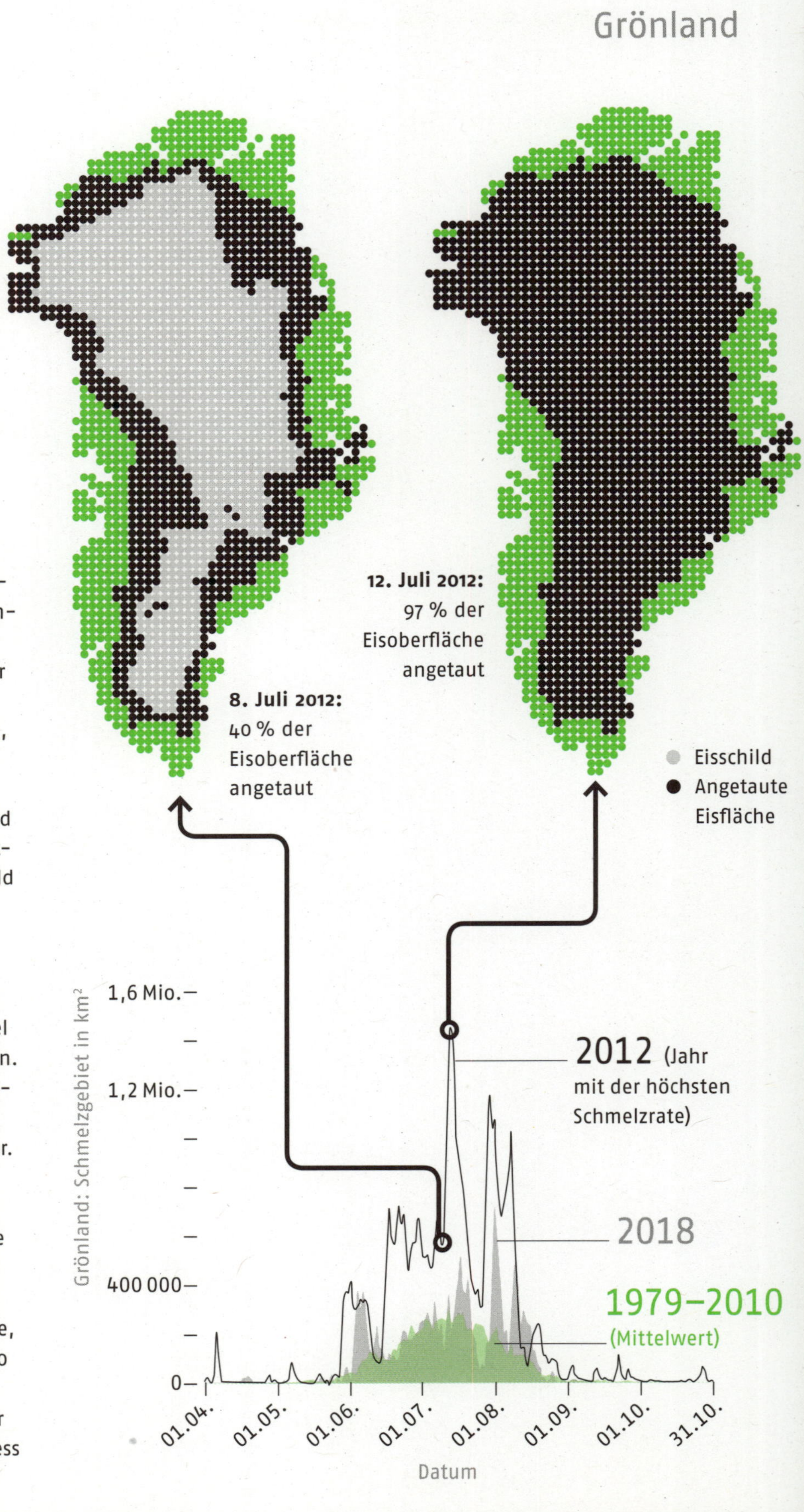

Grönland ist zu großen Teilen von Eis bedeckt. Rund 1,7 Millionen Quadratkilometer sind permanent gefroren, im Durchschnitt ist die Schicht etwa 1600 Meter dick. In den vergangenen Jahren hat der Grönländische Eispanzer deutlich an Masse verloren. Forscher prognostizieren, dass die Gletscherschmelze im Zuge der globalen Erwärmung weiter zunehmen könnte. Sollte die Temperatur in Grönland um 1,5 bis 2 °C im Vergleich zur vorindustriellen Zeit ansteigen, könnte der Eisschild komplett abschmelzen.

Der Grönländische Eisschild gilt als Kippelement im Klimasystem. Ein rapides Abschmelzen der Eismassen würde dazu führen, dass sich der Meeresspiegel schneller erhöht als bislang angenommen. Würden sich die 2,85 Millionen Kubikkilometer Eis vollständig verflüssigen, stiege der Meeresspiegel um bis zu sieben Meter.

Schon heute zeigt sich, wie unberechenbar der Tauprozess ist. Im Jahr 2012 schmolzen innerhalb weniger Tage einige Zentimeter der Eisschicht an nahezu der gesamten Oberfläche des Eisschildes. Bis der gesamte Eispanzer geschmolzen wäre, könnte es laut Schätzungen zwischen 300 Jahren bis zu Jahrtausenden dauern. Schon deutlich früher könnte jedoch der Punkt erreicht werden, an dem der Prozess nicht mehr aufzuhalten ist.

Antarktis

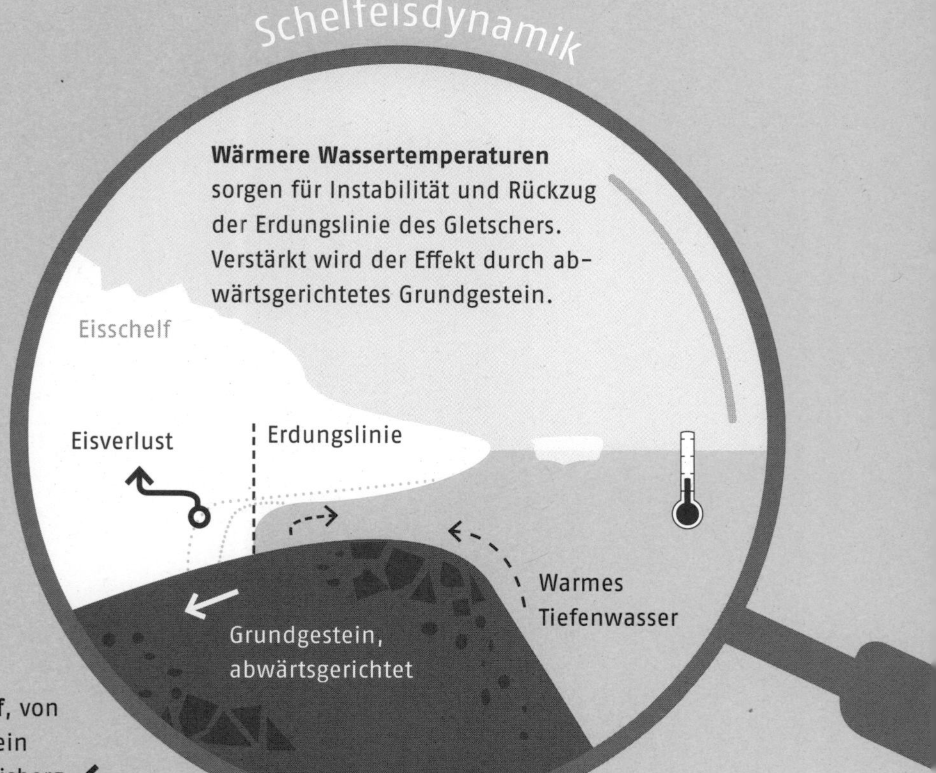

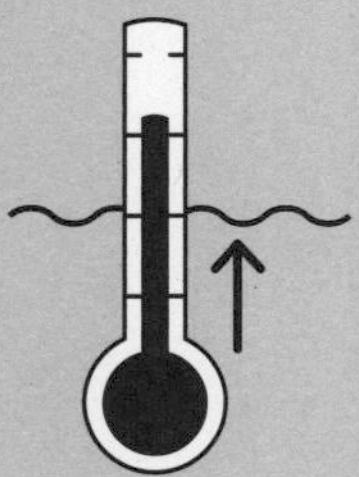

Steigende Wassertemperaturen der Meere sind für die Antarktis kritisch. Auch die Antarktis stellt ein Kippelement für das weltweite Klima dar.

1,5 m

Meeresspiegelanstieg könnte es in vereinzelten Regionen bis zum Jahr 2100 im Extremfall geben.

219

Milliarden Tonnen Eis schmelzen pro Jahr.

Vor 2012 lag die Schmelzrate des Eisschilds bei nur 76 Milliarden Tonnen im Jahr, in den letzten sechs Jahren hat sie sich allerdings verdreifacht. Seit 1992 hat das Abschmelzen 7,6 mm Meeresspiegelanstieg zur Folge: 0,6 mm jährlich.

- Antarktischer Eisschild
- Schelfeis
- Grundgestein unterhalb der Wasserlinie

Quellen: Fretwell et al. (2013), Kopp et al. (2017), NSIDC (2018), Rignot et al (2013), Robinson et al. (2012), Shepherd et al. (2018)

Himalajagletscher schmelzen

1

Die globale Erwärmung ist in der Höhe stärker ausgeprägt als am Boden. Die Jahresmitteltemperatur in der Himalajaregion ist bereits um 1,5 °C angestiegen.

2

In den meisten Teilen des Himalajagebirges fällt weniger Neuschnee. Zugleich lagert sich auf den oberen Eisschichten zunehmend Ruß ab, da die Region immer stärker industrialisiert wird.

3

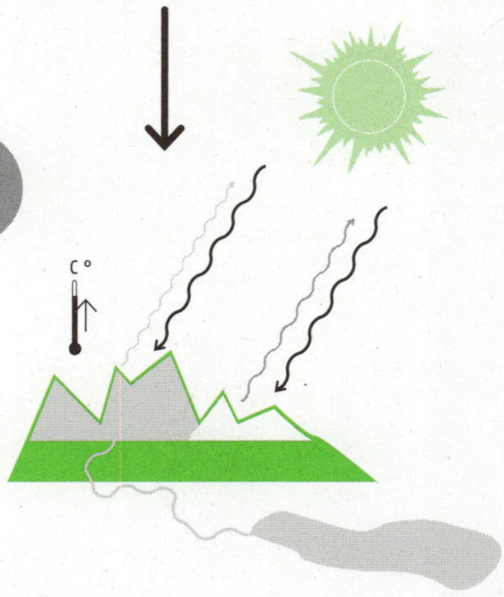

Durch den Ruß sinkt das Reflexionsvermögen (Albedo) de Gletschers. Die Oberflächentemperatur des Eises steigt, der Gletscher schmilzt noch schneller.

Die Gletscher in der Everestgegend verlieren an Masse: geschätzte 83 % bis zum Jahr 2100.

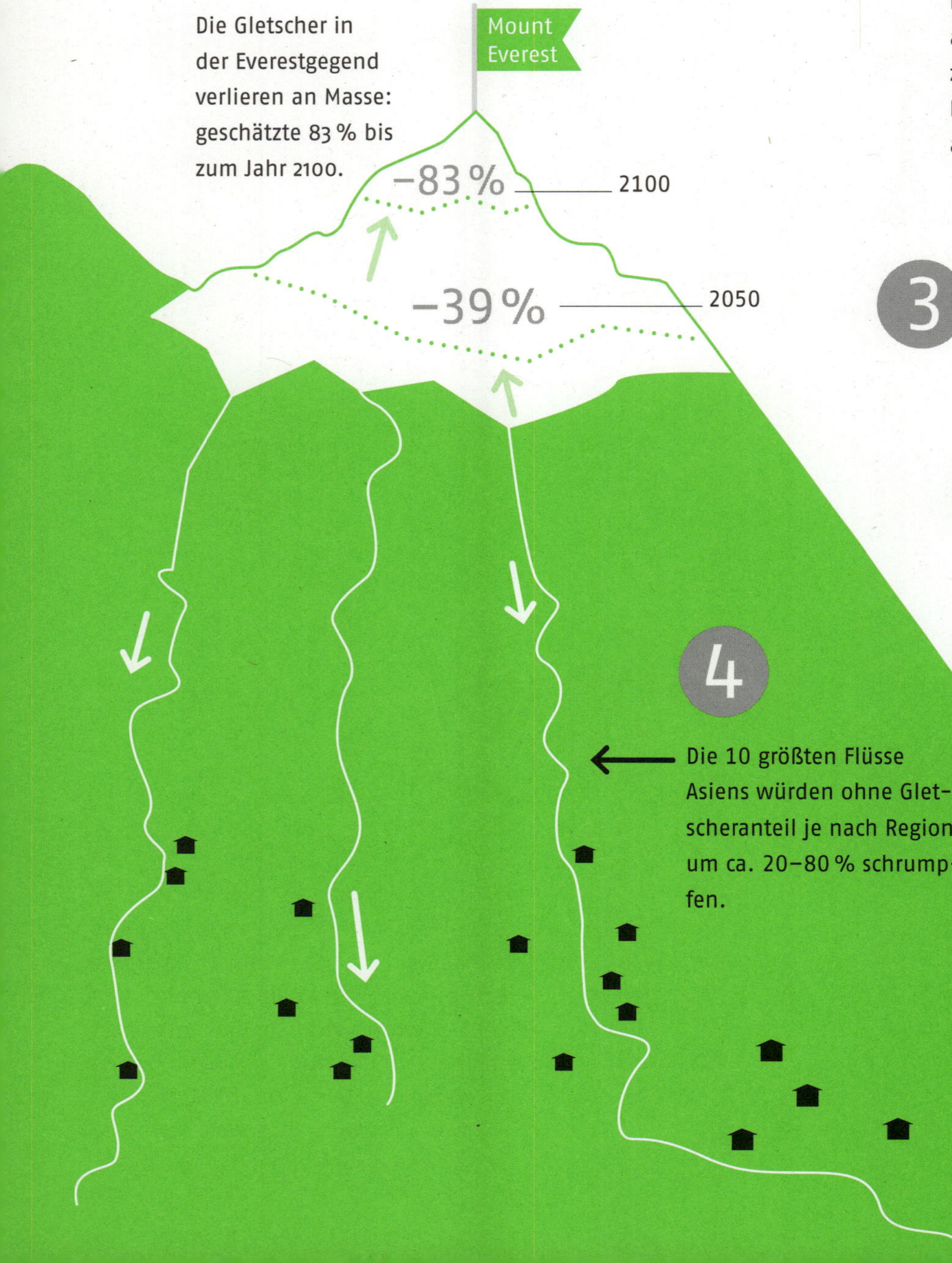

4

Die 10 größten Flüsse Asiens würden ohne Gletscheranteil je nach Region um ca. 20–80 % schrumpfen.

Wasserreserven der Erde

Süßwasserreserven

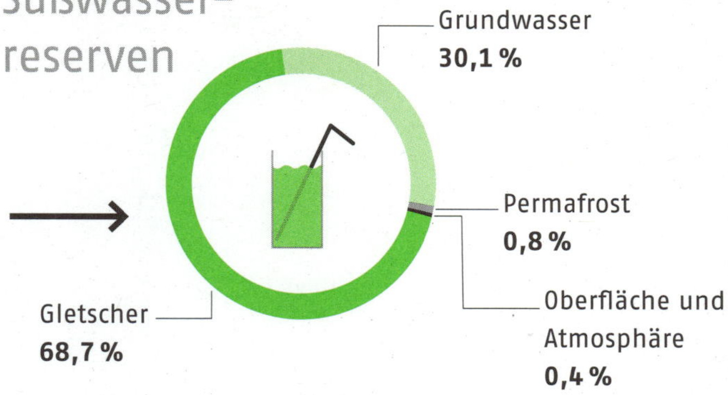

3 Milliarden

Menschen, rund 40 % der Weltbevölkerung,* hängen von den Gletschern und Flüssen des Himalajas als Nahrungslieferant ab.

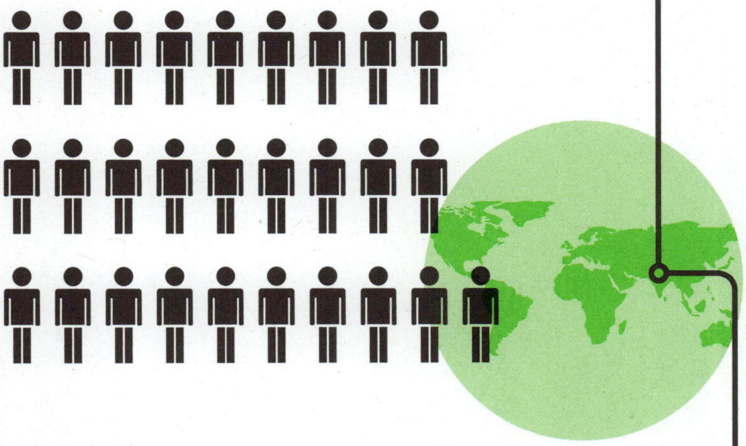

Der Wasservorrat der Erde besteht zum größten Teil aus salzhaltigem Meerwasser und nur zu einem sehr geringen Teil aus Süßwasser. Rund zwei Drittel des Süßwassers ist in Gletschern gespeichert und ein Drittel im Grundwasser. Das Himalajagletschergebiet ist mit seiner Ausdehnung von 2400 km das größte Inlandgletschergebiet der Welt außerhalb der Pole und ein wichtiges Süßwasserreservoir. Schmilzt es ab, verschwindet dieser Vorrat. Wasserkriege und Konflikte zeigen, dass Süßwasser eine wichtige, wenn nicht die wichtigste Ressource der Menschheit ist. Schon im Jahr 2040 wird es in 33 Ländern eine extreme Trinkwasserknappheit geben (siehe S. 86/87).

Eine weitere Auswirkung der Klimakrise in der Himalajaregion ist veränderter Monsunregenfall: In der Monsunsaison kommt es dort inzwischen vermehrt zu Überflutungen und Erdrutschen, in der Trockensaison zu Wasserknappheit.

1,9 Milliarden

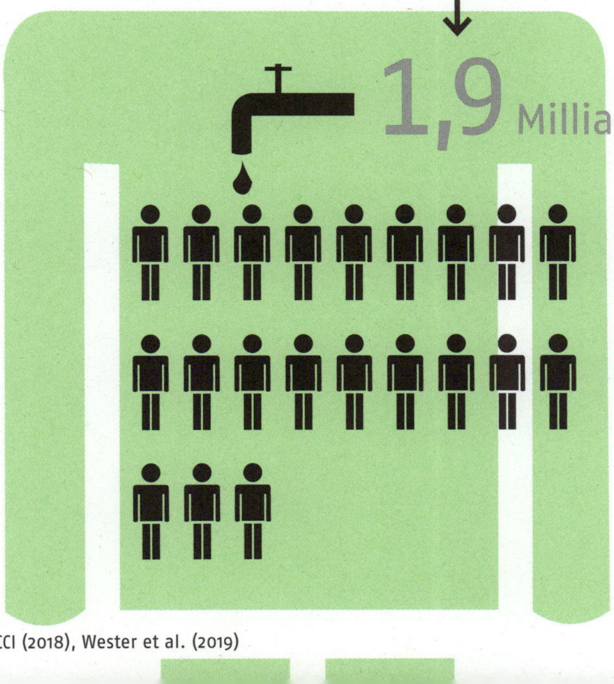

Menschen, die im Flusseinzugsgebiet des Himalajagebirges leben, profitieren von seinen Ressourcen wie Wasser.

*7,63 Mrd. Menschen im Jahr 2018

Quellen: Eriksson (2009), ICA (2012), ICCI (2018), Wester et al. (2019)

Permafrostböden werden zur Zeitbombe

Permafrostböden sind ein Teil der Kryosphäre, die alle Eisflächen weltweit umfasst und ein wichtiger Teil des Klimasystems ist, da sie die Atmosphären- und Ozeanzirkulation beeinflusst. Knapp ein Viertel der Landmassen weltweit sind Permafrostböden, in einigen Regionen reichen sie bis zu 1600 Meter ins Erdinnere und sind auch am Meeresgrund aufzufinden.

Im Sommer taut inzwischen in einigen Regionen der Boden an der Oberfläche auf. Über dem Eispanzer bildet sich eine sogenannte aktive Schicht, die etwa einen halben bis anderhalb Meter dick ist. In den vergangenen Jahren ist die aktive Schicht immer weiter gewachsen: Messungen in Sibirien haben ergeben, dass der Permafrostboden an einigen Stellen 20 Zentimeter tiefer taut als noch vor 50 Jahren.

Der Permafrostboden, getrieben von der globalen Erwärmung, könnte bald auch in größeren Tiefen zunehmend tauen. Das hätte gravierende Folgen vor Ort: Der Grundwasserpegel würde sinken, Seen verschwinden, der Boden einbrechen. Große Teile der Landschaft könnten versumpfen. Die sibirischen Ureinwohner müssten ihre nomadische Lebensweise aufgeben.

Das Tauen des Dauerfrostbodens wird sich in den folgenden 40–60 Jahren voraussichtlich beschleunigen, mit globalen Auswirkungen.

Methan (CH_4) ist ein potentes Treibhausgas, das 30-mal so stark wirkt wie CO_2. Wenn Permafrostböden tauen, werden CH_4 und CO_2 bei der Zersetzung von Tier- und Pflanzenresten durch Mikroorganismen gebildet. Methan entsteht dabei nur, wenn kein Sauerstoff vorhanden ist, die wassergesättigten Permafrostböden sind ideal dafür.

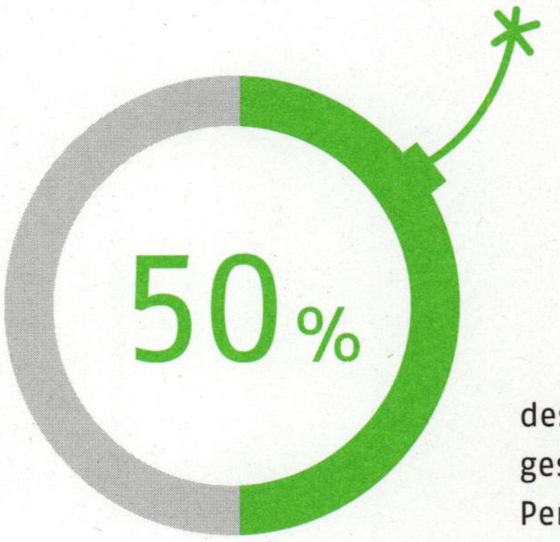

des weltweit in Böden gespeicherten CO_2 lagert in Permafrostböden, obwohl sie nur ein Viertel der Landfläche der Erde ausmachen.

Der Permafrost taut und ...

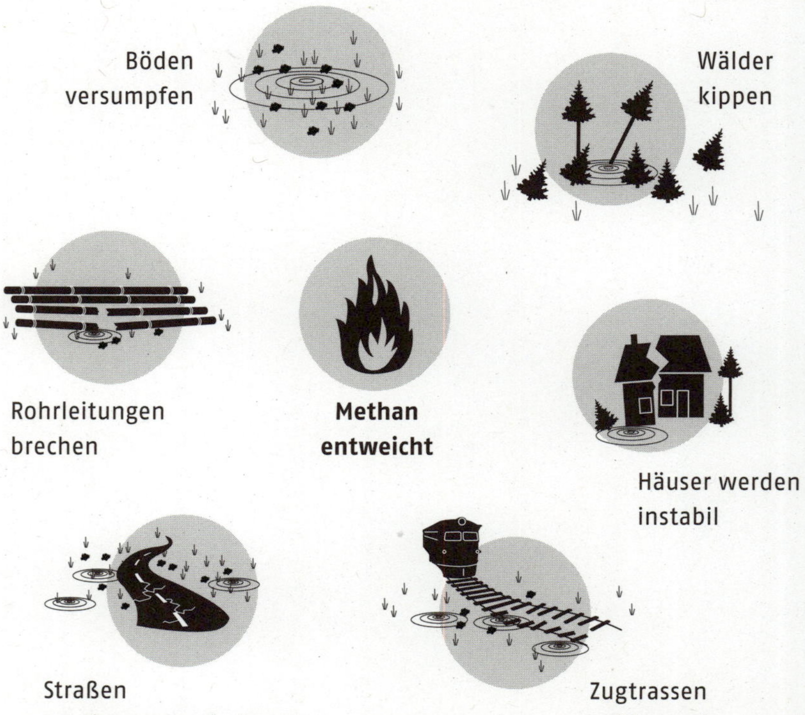

Die Ausdehnung des Permafrosts in der Arktis schrumpft

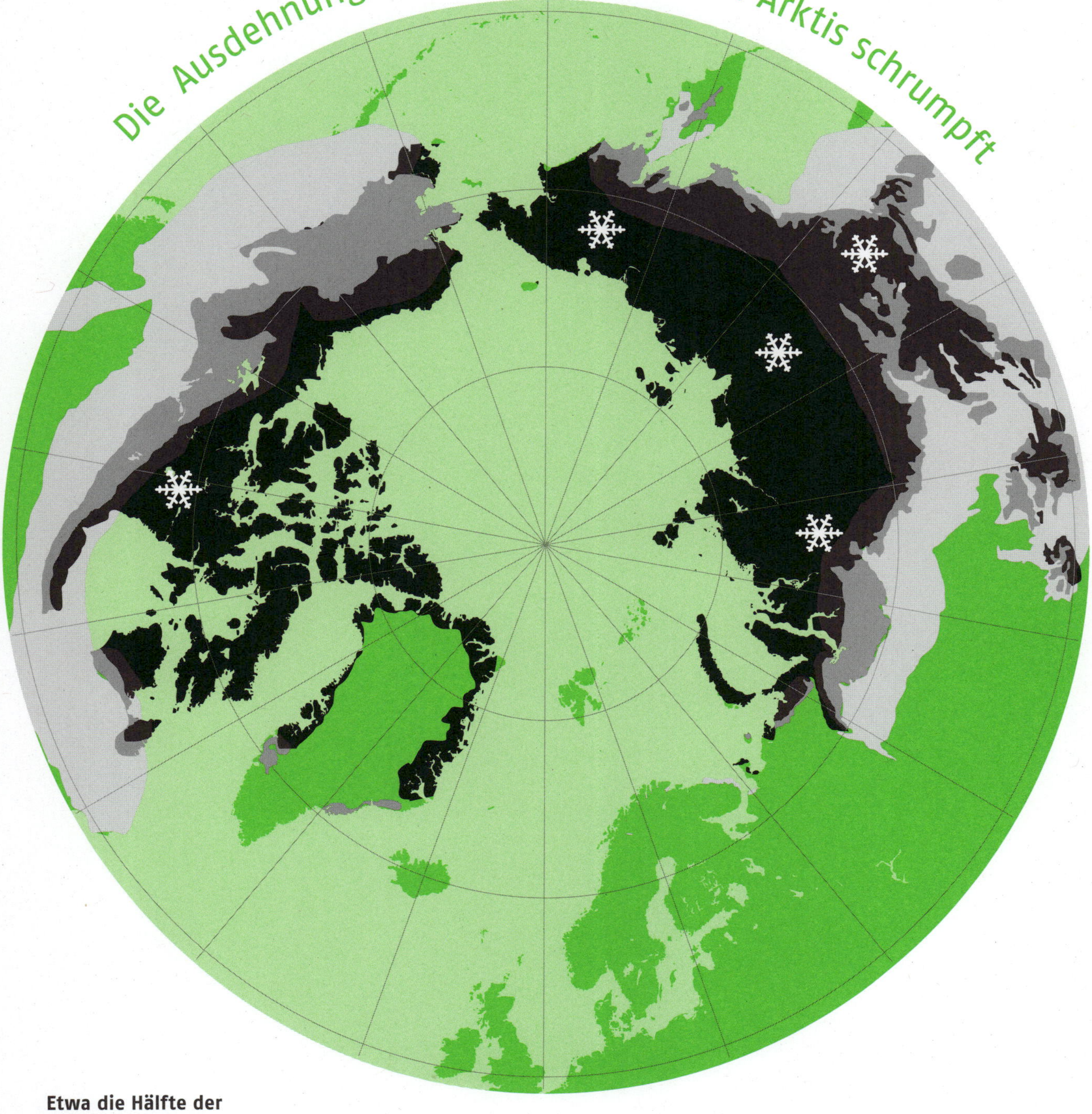

Etwa die Hälfte der Permafrostböden in der Arktis sind ganzjährig vollständig gefroren. Der Rest taut im Sommer mittlerweile ca. 1,5 m tief an.

Permafrostausdehnung

- vollständig gefroren (91–100 %)
- gefroren mit Unterbrechungen (50–90 %)
- sporadisch gefroren (10–50 %)

Quellen: Jeong et al. (2017), Jones et al. (2009), Knoblauch et al. (2018), Parazoo (2017)

Das Leben im Ozean verändert sich

1 Die Umwälzpumpe verlangsamt sich

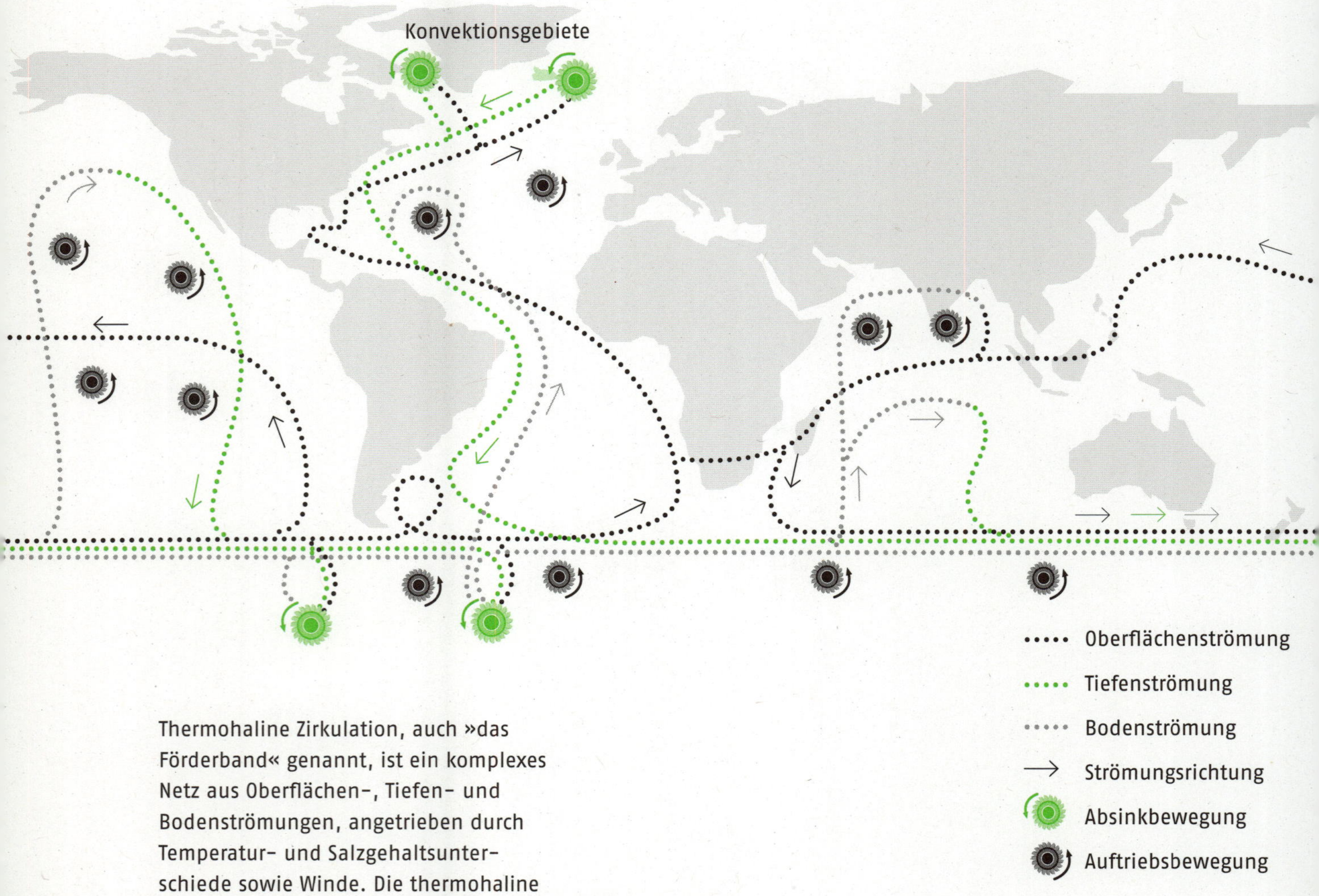

Thermohaline Zirkulation, auch »das Förderband« genannt, ist ein komplexes Netz aus Oberflächen-, Tiefen- und Bodenströmungen, angetrieben durch Temperatur- und Salzgehaltsunterschiede sowie Winde. Die thermohaline Zirkulation treibt beispielsweise den Golfstrom an, wenn er als Nordatlantikstrom Richtung Island fließt. Das Wasser in den oberen Schichten kühlt sich ab, je näher es an die Pole gelangt. Da kaltes Wasser eine höhere Dichte hat, sinkt es nach unten. In Äquatornähe werden die Wassermassen wieder aufgeheizt. Durch die menschengemachte Klimakrise werden die Meere in Polnähe wärmer, sodass sich die Umwälzbewegung verlangsamt.

25 %

weniger Umwälzbewegung bis 2100

② Korallenbleiche führt zu Biodiversitätsverlust

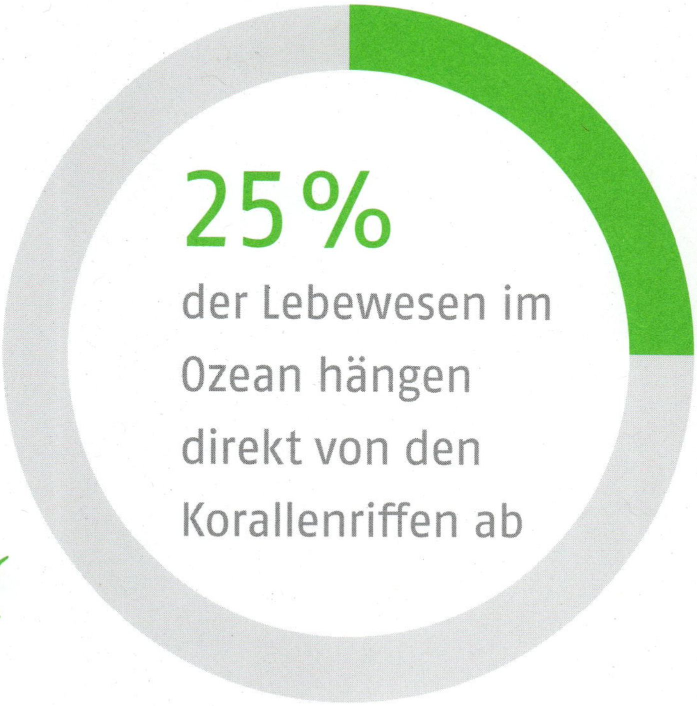

Die Koralle geht eine lebensnotwendige Symbiose mit bestimmten Algen, den Zooxanthellen, ein. Sie wird von den Algen ernährt und erhält ihre Farbgebung von ihnen.

Ab 1 °C höherer Temperatur als das sommerliche Maximum gerät die Alge in einen Schockzustand und produziert Gift statt Zucker. Die Koralle stößt dadurch ihren Partner ab und verliert damit ihre Farbe.

Als Folge verhungert die Koralle. Nach dem Tod setzt ein schädlicher Algen- und Schwammbewuchs ein, der eine Rückkehr der Zooxanthellen fast unmöglich macht.

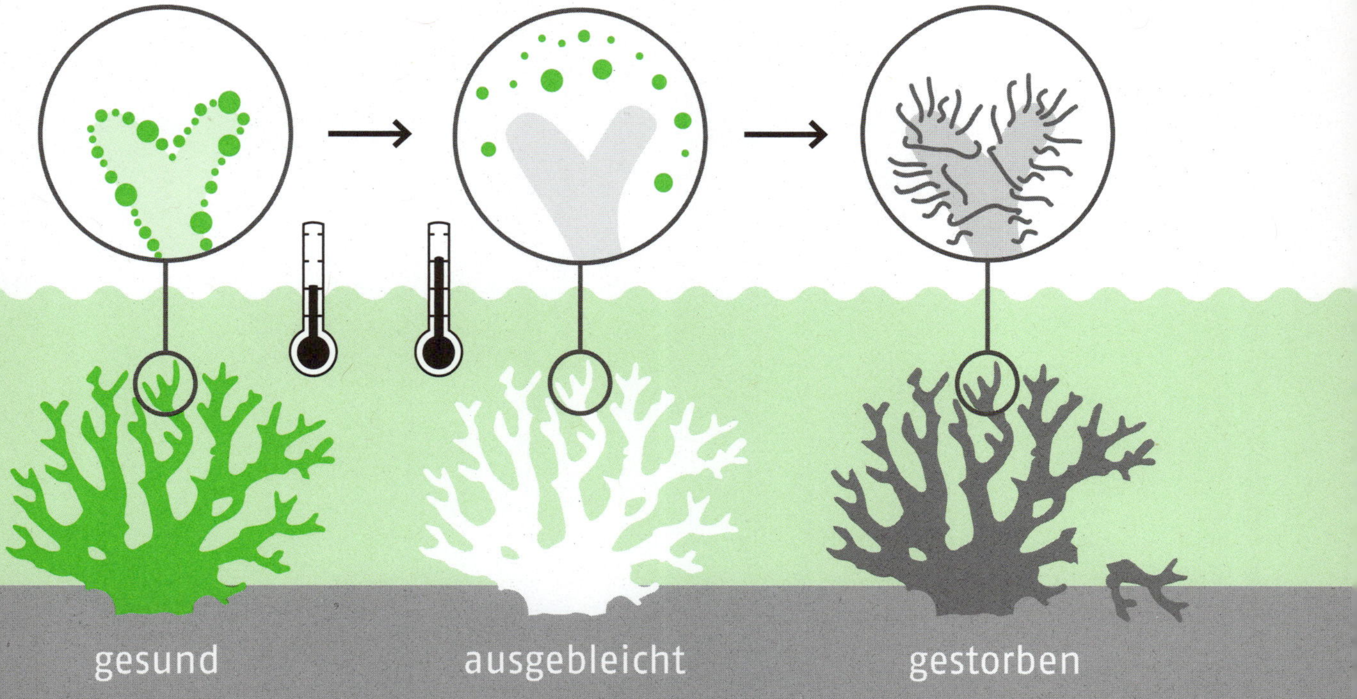

Quellen: ARC (2016), IPCC (2014), Maribus (2010), Rahmstorf (2015), XL Catlin (2016)

Die Klimakrise verschärft Konflikte und Flucht

Weltweit sind jedes Jahr geschätzte 25 Millionen Menschen auf der Flucht vor den Folgen von Naturkatastrophen: Dürren, Überflutungen und schweren Stürmen. Die Wahrscheinlichkeit, durch extreme klimatische Ereignisse heimatlos zu werden, ist heute doppelt so hoch wie noch in den 1970er-Jahren. Die Gründe für Flucht sind vielfältig und oft eine komplexe Verkettung von Ursachen. Klimatische Bedingungen wie Dürren und daraus resultierender Ressourcenmangel können Auslöser für gewaltsame Konflikte sein oder solche verstärken. Die Auswirkungen der menschengemachten Klimakrise führen oft dazu, dass Menschen, die ihre Heimat bereits verlassen haben, ein zweites Mal umsiedeln müssen, wie momentan in Bangladesch. Zudem machen klimatische Bedingungen eine Rückkehr in die Heimat oft unmöglich: Der steigende Meeresspiegel, gekoppelt mit tropischen Stürmen etwa, droht einige der niedrig liegenden Südpazifischen Inseln komplett zu überfluten.

In der Zukunft wird sich die Zahl der flüchtenden Menschen laut UN-Flüchtlingsorganisation (UNHCR) durch Klimarisiken weiter erhöhen. Seit 2015 haben 109 Staaten ihr Unterstützung für die »Nansen-Initiative« erklärt, um Klimaflüchtlingen weltweit zu helfen. Dennoch gibt es per Definition offiziell noch nicht den Status »Klimaflüchtling«.

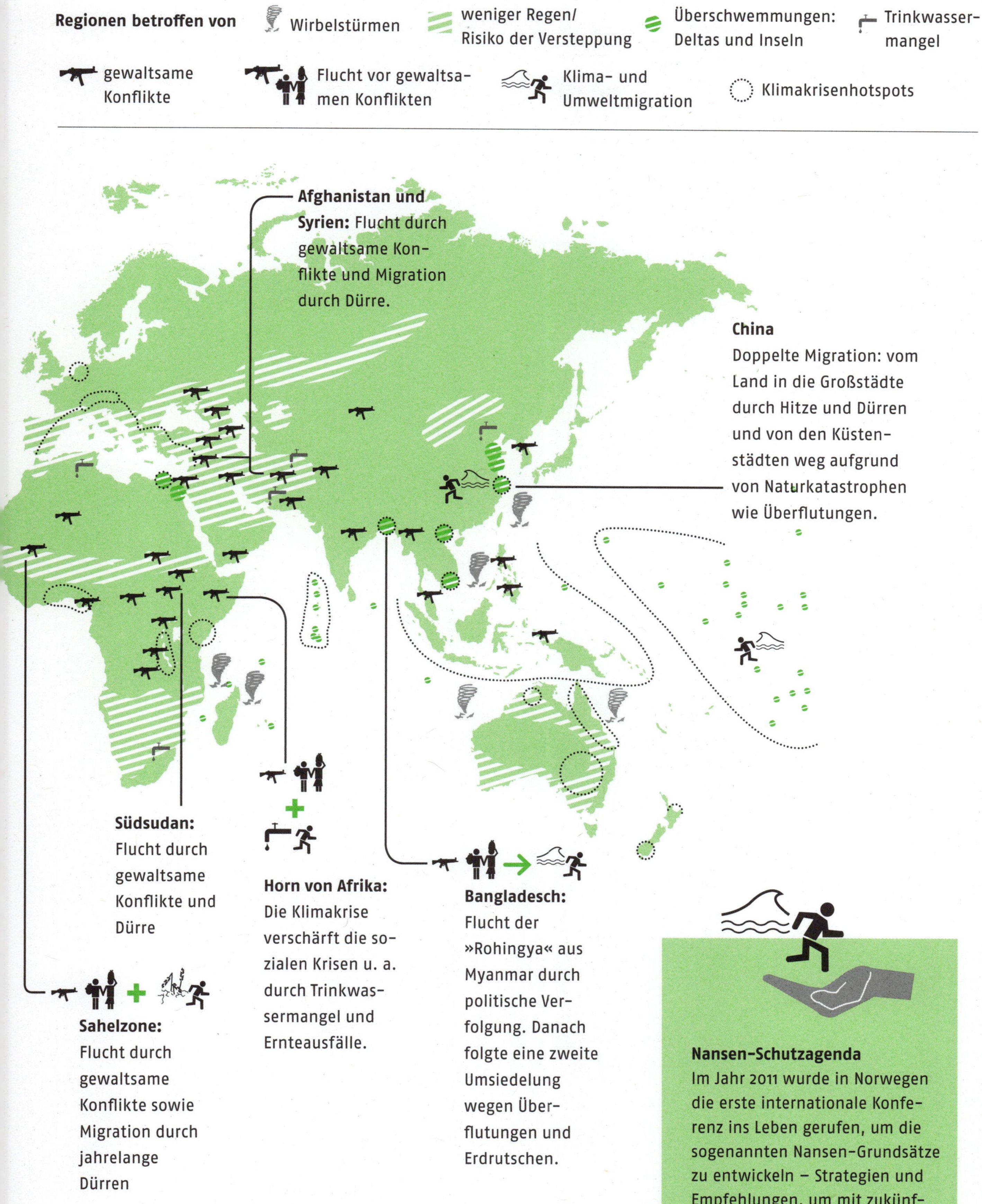

Nansen-Schutzagenda
Im Jahr 2011 wurde in Norwegen die erste internationale Konferenz ins Leben gerufen, um die sogenannten Nansen-Grundsätze zu entwickeln – Strategien und Empfehlungen, um mit zukünftiger klimabedingter Vertreibung umzugehen. Die Konferenz wurde im Gedenken an den ersten Hochkommissar für Flüchtlinge und Polarforscher Fridtjof Nansen abgehalten.

Quellen: IRIN (2017), IOM (2018), Kelley et al. (2015), OCHA (2018), Rechkemmer et al. (2016), UNHCR (2018), WBGU (2007)

Klimamigration im Pazifik

Die niedrig liegenden Pazifischen Inseln und Atolle, die teilweise nur etwas mehr als einen Meter über dem Meeresspiegel liegen, sind vom Meeresspiegelanstieg besonders stark bedroht.

Im besten Fall, wenn die Erwärmung durch weltweite Klimaschutzmaßnahmen auf 1,5 °C begrenzt würde, wird der Meeresspiegel bis zum Jahr 2100 um maximal 77 cm ansteigen. Allerdings ist es laut neuesten Erkenntnissen wahrscheinlicher, dass der Meeresspiegel bis zum Jahr 2100 um 1 m ansteigen wird. Damit würden schon in 80 Jahren einige Atolle gänzlich verschwinden.

Zudem werden tropische Stürme tendenziell stärker und überfluten heute schon in der Zyklonsaison die Inseln. Das salzhaltige Meerwasser degradiert die Böden, Nahrungs- und Trinkwasserquellen. Die Sandstrände an den Küsten werden weggespült, die schützenden Korallenriffe zerstört. Da Fisch auf den Inseln traditionell ein Hauptnahrungsmittel darstellt, wird auch die Degradierung der Korallenriffe, weiter vorangetrieben durch steigende Wassertemperaturen und höheren Säuregehalt, zu einem existenziellen Problem.

Zudem fällt in der Trockensaison immer weniger Regen, was auf vielen Inseln zu Trinkwassermangel führt.

Anote Tong, Präsident des Inselstaats Kiribati, bat daher in Neuseeland und Australien um politisches Asyl für seine Landsleute. Seit 2017 hat Neuseeland ein Flüchtlingsvisum extra für Pazifikinsulaner in Planung.

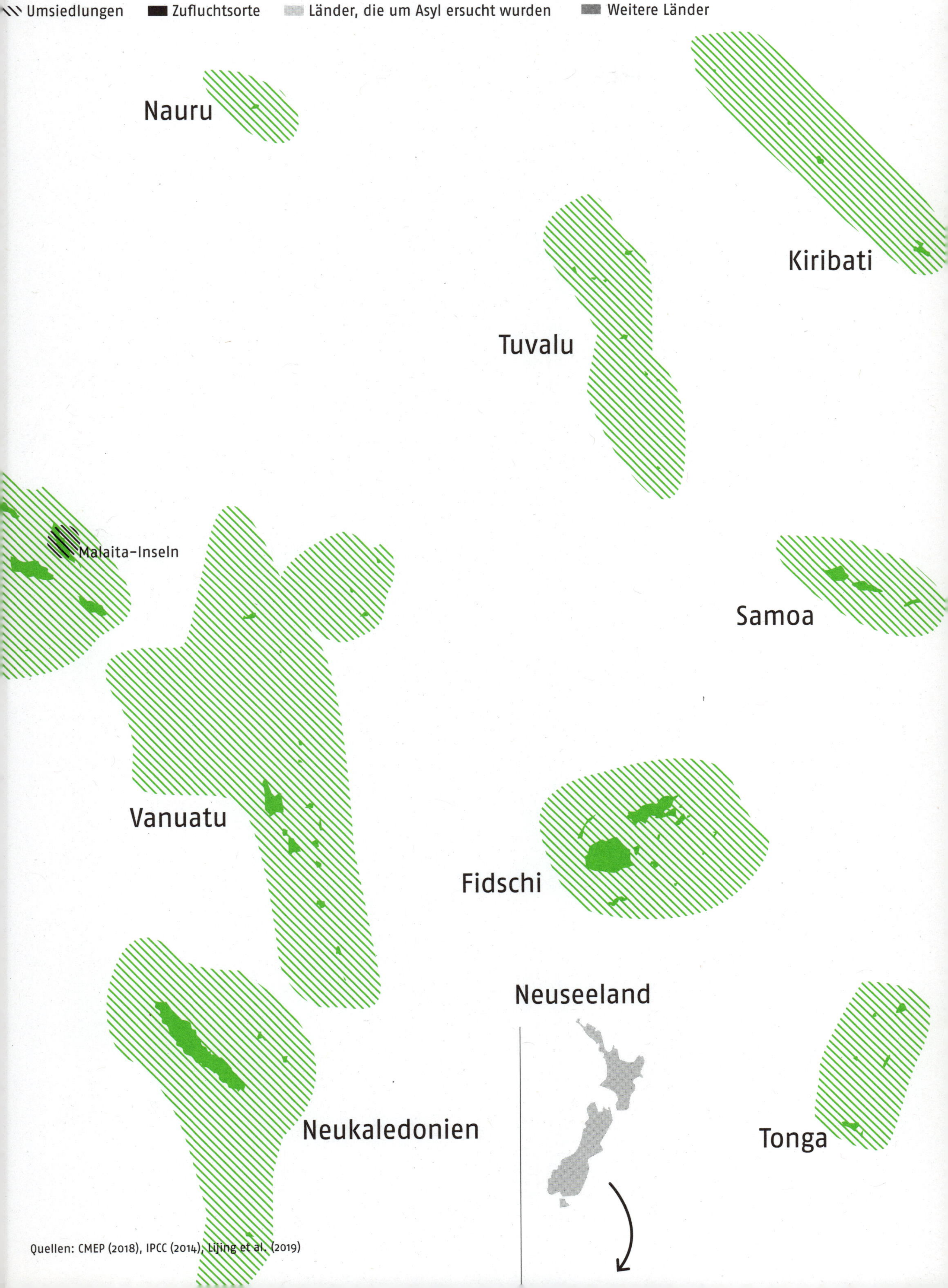

Quellen: CMEP (2018), IPCC (2014), Lijing et al. (2019)

Untergehendes Bangladesch

Ernteausfälle werden häufiger aufgrund einer Versalzung der Böden nach Überschwemmungen.

Hunger und Armut nehmen zu. 50 % der Bevölkerung leben bereits in Armut.

Einige Bauern wandeln ihre überfluteten und versalzenen Felder in Aquakulturen um, zum Beispiel in Shrimpfarmen.

Bis zu

2,1 Mio.

Menschen in Bangladesch müssten voraussichtlich bis zum Jahr 2100 umsiedeln, wenn der Pegel des Indischen Ozeans um 2 Meter anstiege. In den letzten 30 Jahren war der regionale Meeresspiegelanstieg in Bangladesch mit 6–21 mm pro Jahr zwei- bis fünfmal so hoch wie im weltweiten Durchschnitt.

14 cm

stieg der Meeresspiegel in diesem Jahrhundert, der schnellste Anstieg seit 2800 Jahren.

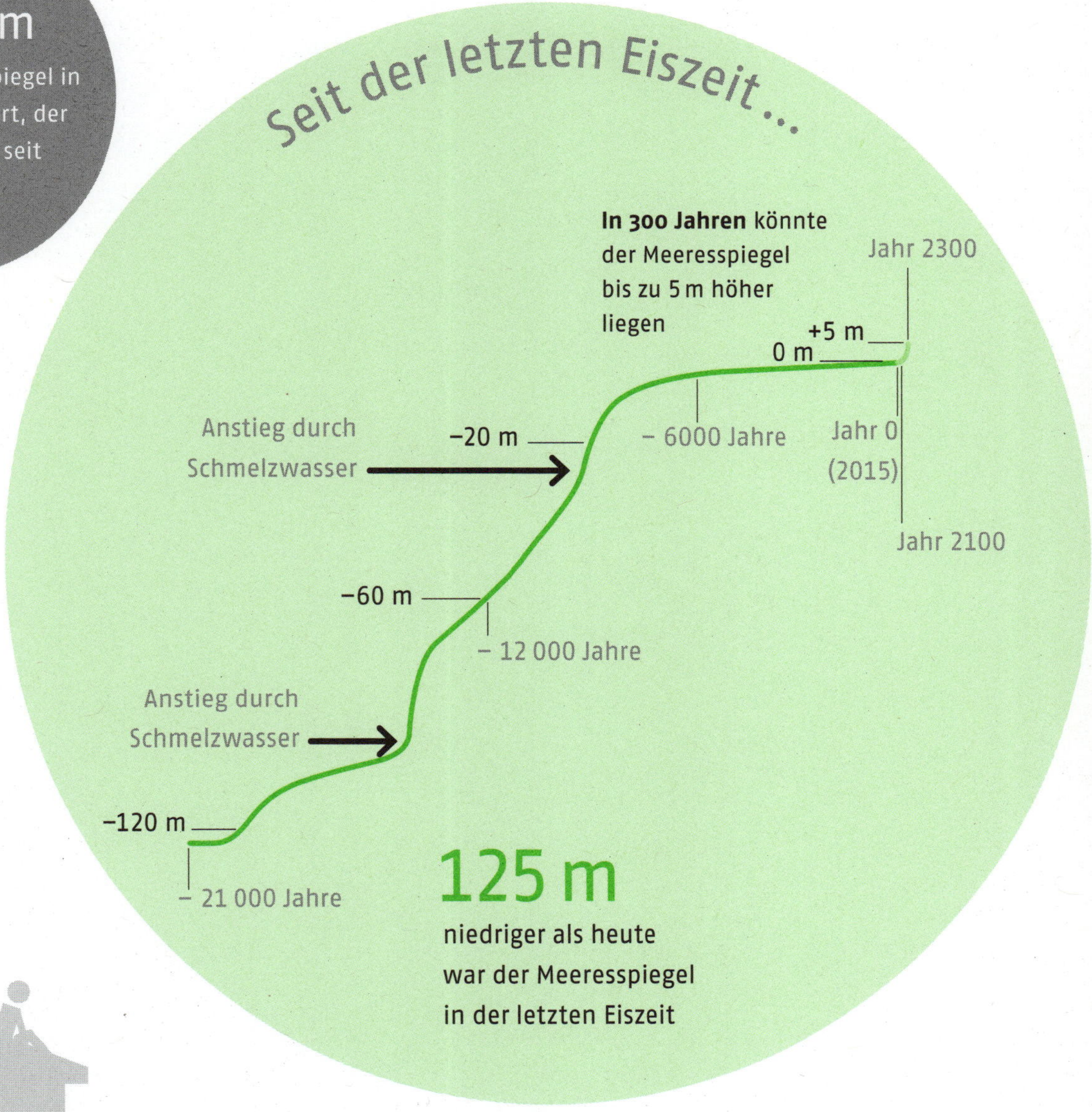

Quellen: Brown et al. (2018), Davis et al. (2018), IPCC (2014), Maribus (2010), Sweet et al. (2017)

= 7700 Menschen

Wetterextreme und menschlicher Einfluss

Wo immer menschliche Aktivitäten als Auslöser für extreme Wetterereignisse wie Hitzewellen, Überflutungen oder Wirbelstürme identifiziert werden, wird die sonst eher abstrakte globale Erwärmung für jeden greifbar.

Seit dem Jahr 2000 gibt es ein eigenes, stetig wachsendes Forschungsgebiet »extreme event attribution«, was so viel heißt wie »Zuordnung von extremen Ereignissen«. Dabei wird berechnet, wie wahrscheinlich es ist, dass ein Ereignis in Zusammenhang mit der menschengemachten Klimakrise steht: ob oder inwiefern der Einfluss des Klimawandels thermische Prozesse verändert hat, die zu dem Ereignis geführt haben könnten.

In dieser Karte sind die Ergebnisse von knapp 100 Studien verortet, die eindeutig zu dem Ergebnis kamen, dass die menschengemachte Klimakrise als Auslöser oder Verstärker des jeweiligen Wetterereignisses identifizierbar ist.

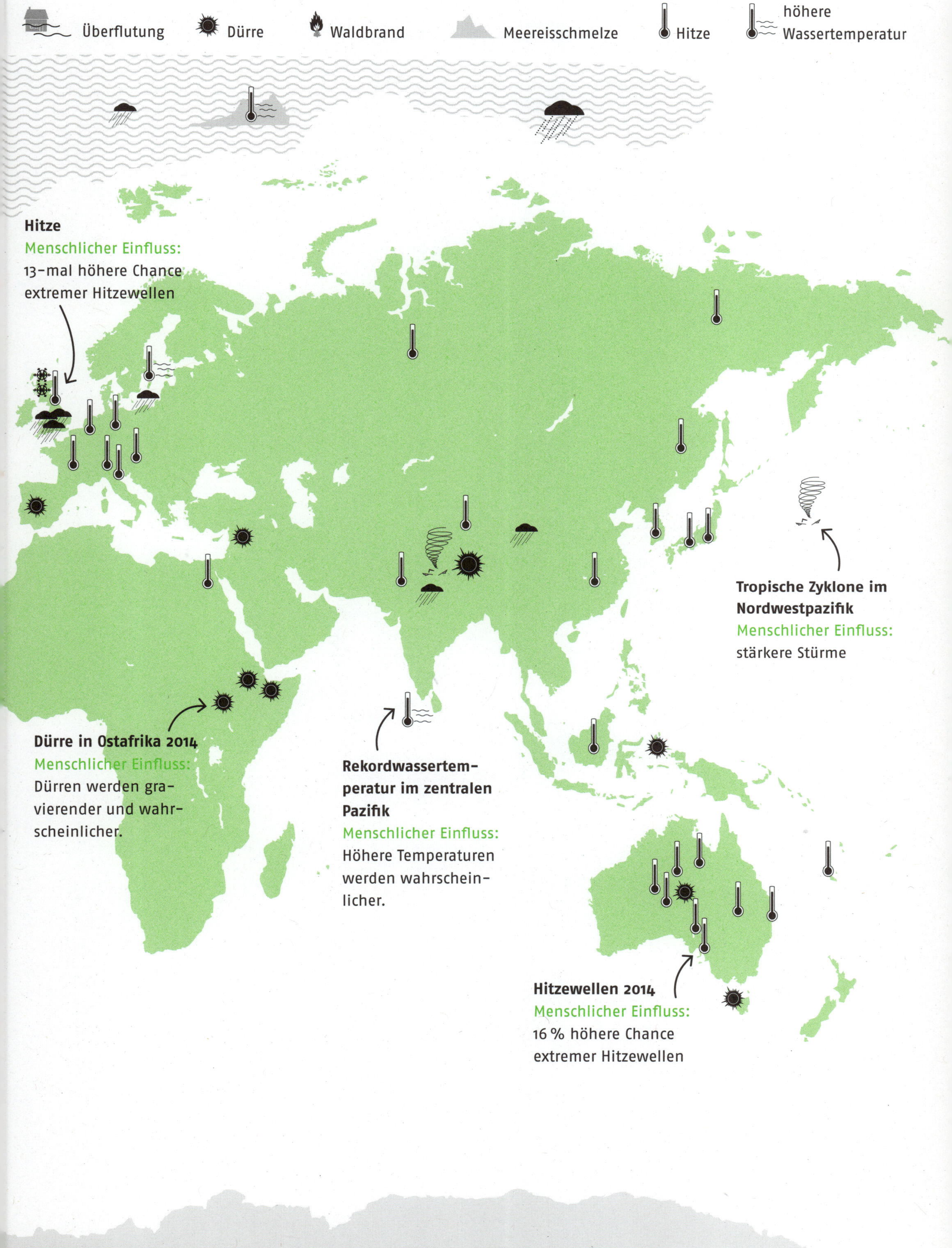

Quellen: CB (2017), Funk et al. (2015), Kam et al. (2015), King et al. (2015), Murakami et al. (2015), Sweet et al. (2013 + 2016), Szeto et al. (2016), Shiogama et al. (2013), Zhang et al. (2016)

Klimarisiken in Afrika

1 **Veränderung von Ökosystemen** führt u. a. zu sinkender Artenvielfalt und höherer Rate an aussterbenden und bedrohten Arten

2 **Steigender Wassermangel** durch länger andauernde Dürren und höheren zukünftigen Bedarf

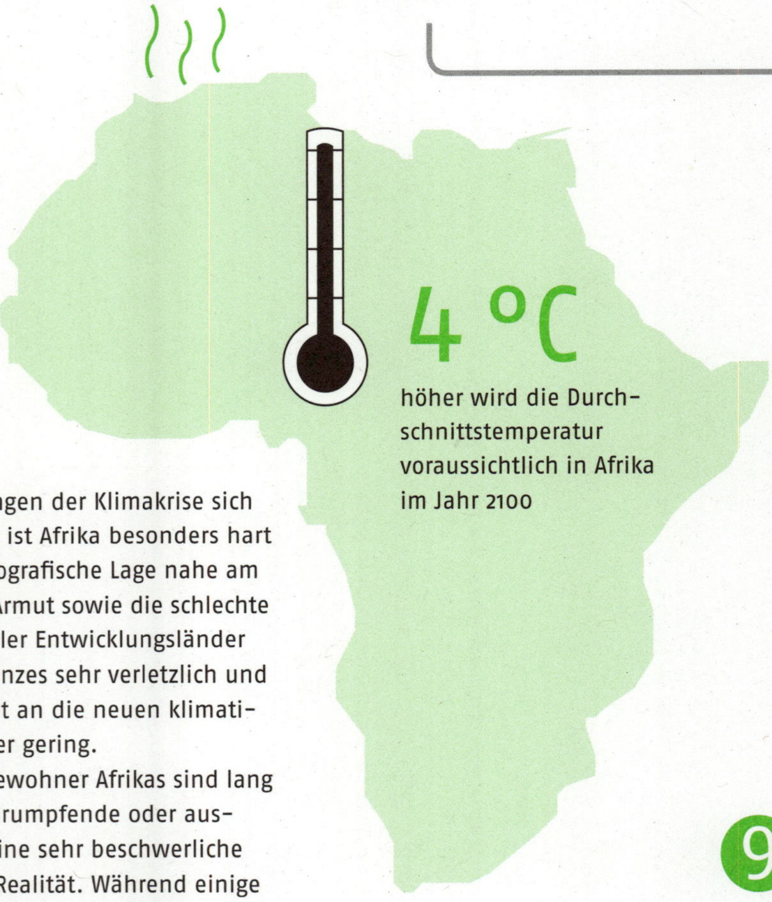

4 °C

höher wird die Durchschnittstemperatur voraussichtlich in Afrika im Jahr 2100

Während die Auswirkungen der Klimakrise sich weltweit intensivieren, ist Afrika besonders hart betroffen. Durch die geografische Lage nahe am Äquator und die hohe Armut sowie die schlechte wirtschaftliche Lage vieler Entwicklungsländer ist der Kontinent als Ganzes sehr verletzlich und die Anpassungsfähigkeit an die neuen klimatischen Bedingungen eher gering.

Für ein Drittel aller Bewohner Afrikas sind lang anhaltende Dürren, schrumpfende oder austrocknende Seen und eine sehr beschwerliche Landwirtschaft bereits Realität. Während einige Regionen durch die Klimakrise weniger Regen erhalten, werden andere Regionen in Zukunft mit stärkeren Niederschlägen und Überflutungen konfrontiert sein.

Trinkwasser- und Nahrungsmangel werden sich durch die Klimakrise noch verstärken. Die UN geht von weltweit ca. 50 Millionen zusätzlichen »Umweltflüchtlingen« aus, die durch den Klimawandel nahezu unbewohnbare ländliche Gegenden in Afrika verlassen und vermehrt in größere Städte ziehen werden.

9 **Meeresspiegelanstieg** und Extremwetter führen u. a. durch Überflutungen zu Problemen in der Infrastruktur, Trinkwasserversorgung und zu Gesundheitsproblemen.

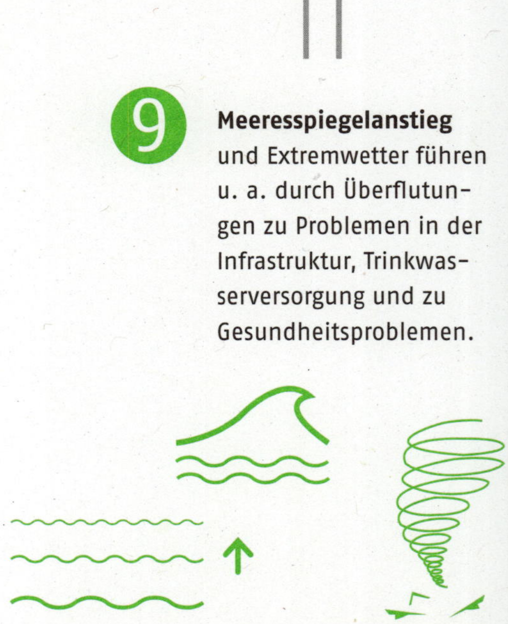

3 **Degradation der Korallenriffe** führt zu sinkenden Fischbeständen sowie Erwerbs- und Nahrungseinbußen der traditionellen Fischer.

4 **Hohe Ernteausfälle** durch Dürren und Überflutungen führen zu Nahrungsmittelknappheit und Gesundheitsproblemen.

5 **Geschwächte Nutztiere** sind durch Hitze, Trinkwasserknappheit und Futtermangel anfälliger für Krankheiten und vorzeitigen Tod.

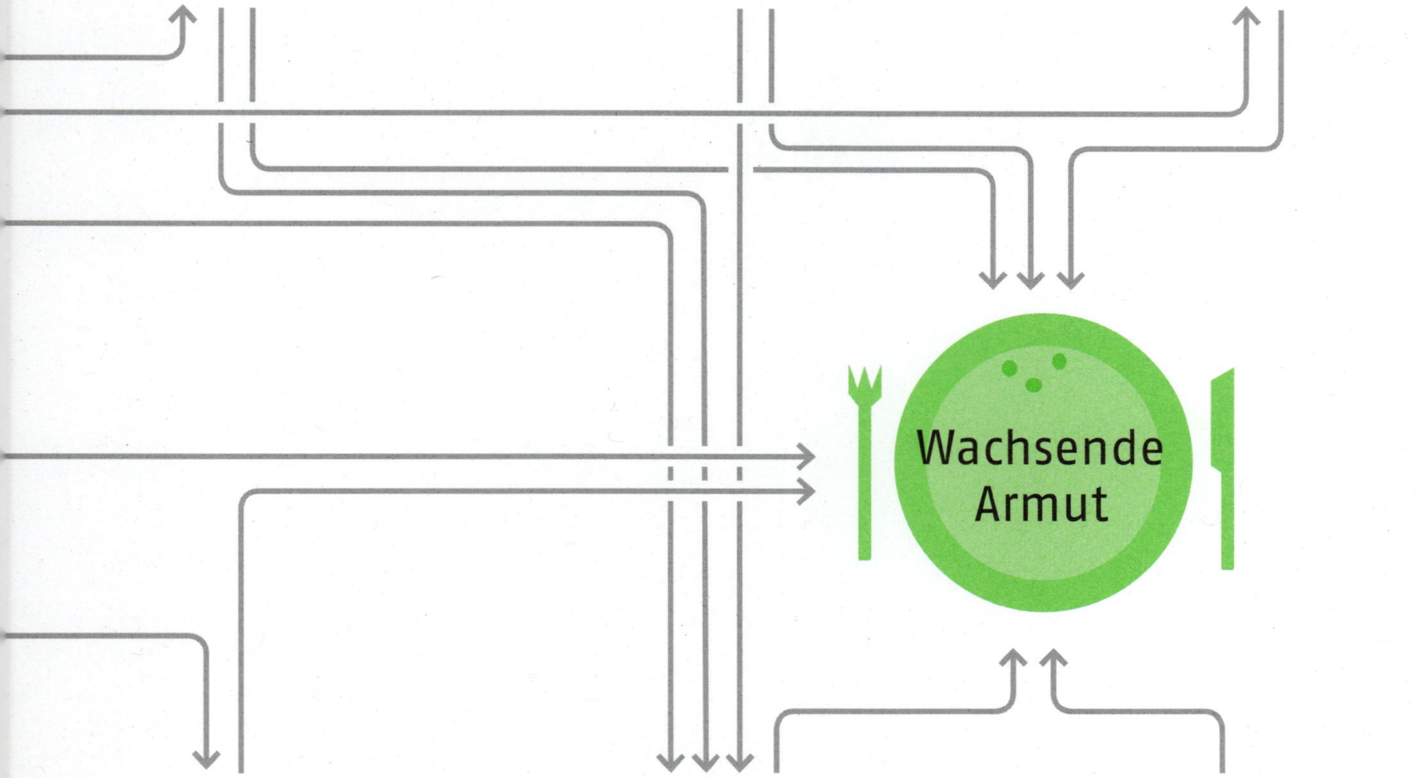

8 **Klimamigration nimmt zu** und kann zu Unruhen, zum Verstärken von gewaltsamen Konflikten, Menschenrechtsverletzungen und politischer Instabilität führen.

7 **Unterernährung steigt** in der Bevölkerung und führt zu lebenslangen Gesundheitsproblemen. Auslöser sind u. a. klimabedingte Ernteausfälle oder Flucht.

6 **Von Mücken oder Wasser übertragene Krankheiten** wie Malaria oder Cholera nehmen durch Starkregen und Hitze zu und verlagern sich geografisch.

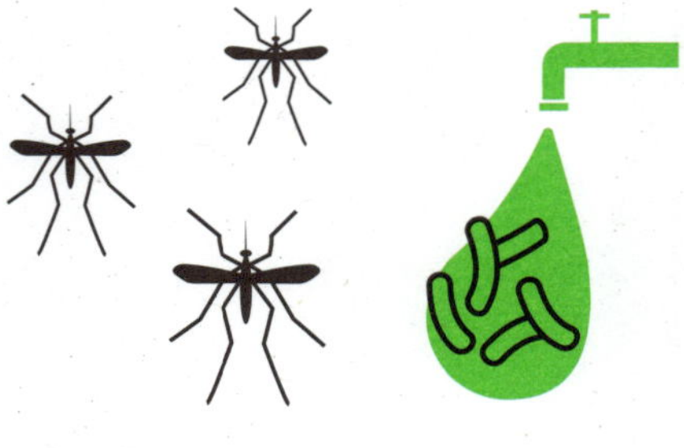

Quelle: IPCC (2014)

Rückgang der Artenvielfalt

Durch die Klimakrise verstärkt

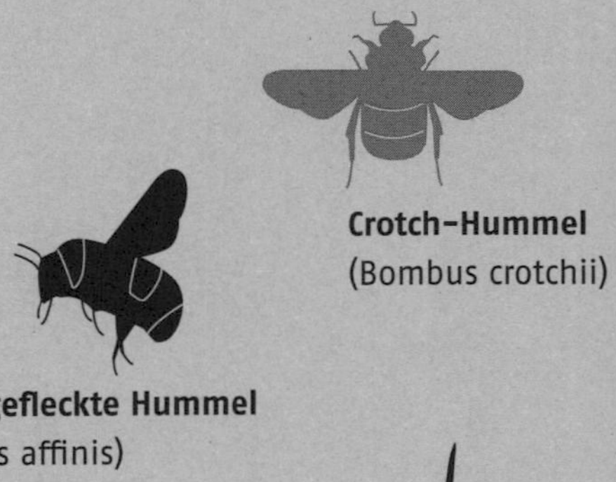

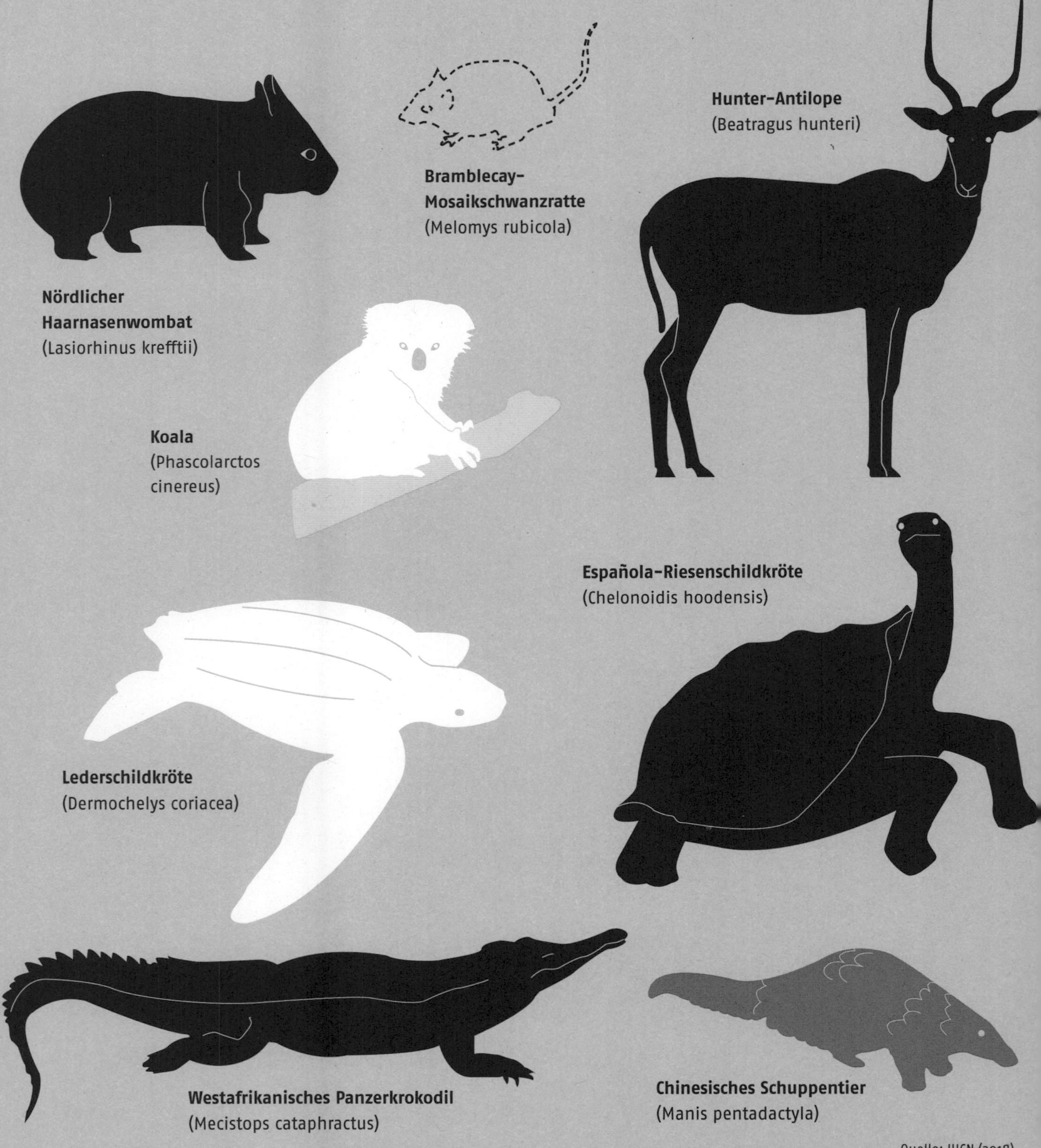

Quelle: IUCN (2018)

Kategorien der IUCN gefährdet (VU) stark gefährdet (EN) vom Aussterben bedroht (CR) ausgestorben

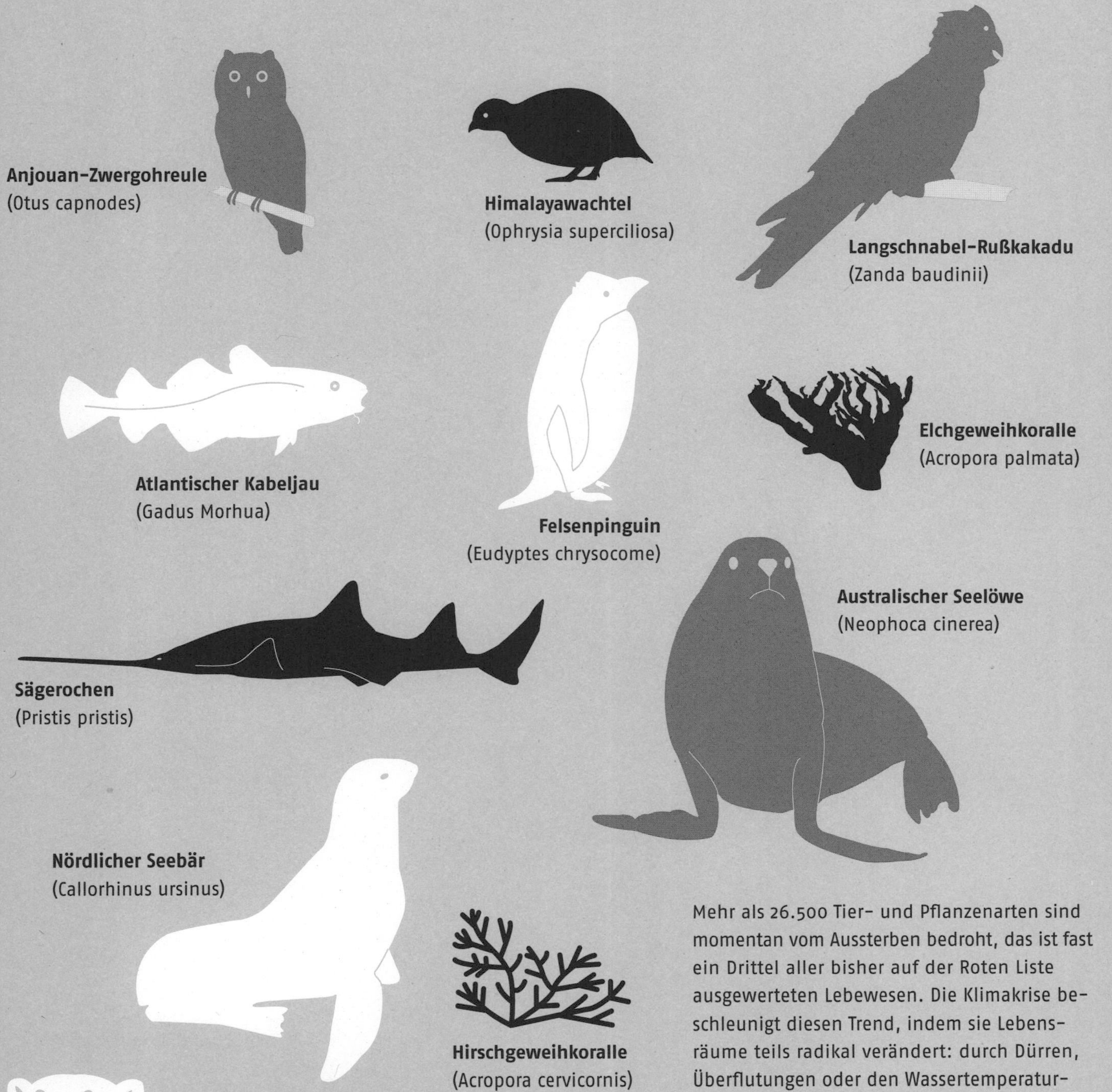

Mehr als 26.500 Tier- und Pflanzenarten sind momentan vom Aussterben bedroht, das ist fast ein Drittel aller bisher auf der Roten Liste ausgewerteten Lebewesen. Die Klimakrise beschleunigt diesen Trend, indem sie Lebensräume teils radikal verändert: durch Dürren, Überflutungen oder den Wassertemperaturanstieg. Das Risiko eines klimatisch bedingten Biodiversitätsverlusts ist in Südamerika, Australien und Neuseeland am höchsten.

Die Artenvielfalt ist weltweit in den letzten Jahren um 60 % zurückgegangen, was einen drastischen Einschnitt in viele Ökosysteme darstellt. 40 % aller Amphibien, 25 % der Säugetiere, 33 % aller Haiarten sowie 33 % der Korallenarten und 14 % der Vögel sind vom Aussterben bedroht.

Schnelles Handeln, besonders das Einrichten und Vergrößern von Schutzgebieten, ist nötig – denn nur gesunde, ungestresste Tiere haben eine Chance, sich an den Klimawandel anzupassen.

Globale Wasserknappheit

1 Gletscher und Grundwasserreserven schrumpfen ...

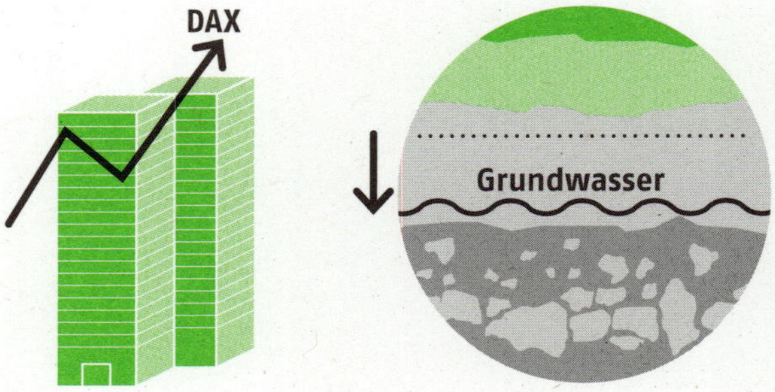

Mineralwasserunternehmen senken den Grundwasserspiegel in einigen Regionen, indem sie zu viel Wasser abpumpen. Die Bevölkerung ist in der Folge auf das teure abgefüllte Wasser angewiesen.

Dürren und Regenumverteilung werden durch die Klimakrise verstärkt.

Sind Gletscher erst mal abgeschmolzen, gibt es kaum noch Nachschub für Flüsse und Seen.

Das rasante Bevölkerungswachstum, gekoppelt mit der menschengemachten Klimakrise, sorgt für teils schweren Wassermangel in einigen Teilen der Erde. In den Ländern, in denen die Wasserknappheit aktuell schon gravierend ist, wird sie durch die Klimakrise noch verstärkt. Durch veränderte Regenmuster sowie trockeneres Klima wird sie sich zudem auf neue Regionen der Welt ausbreiten. Wetterextreme und das Schmelzen der Inlandgletscher werden das Problem voraussichtlich weiter verstärken.

Wasser ist nicht nur als Trinkwasser essenziell, sondern auch in der Energiegewinnung, Warenproduktion und Landwirtschaft ein wichtiger Faktor. Um die Ressource Wasser für zukünftige Generationen zu wahren, müssen wir weg von fossilen Kraftwerken und stattdessen effiziente landwirtschaftliche Bewässerungssysteme, bessere Regenwassernutzung und weniger Wasserverbrauch in der Warenproduktion erreichen.

Aktuell sind rund 4 Milliarden Menschen saisonbedingt von akuter Wasserknappheit betroffen, und 500 Millionen Menschen leiden das ganze Jahr über unter Wassermangel.

Quellen: Hoekstra (2008), Luo et al. (2015), Mekonnen/Hoekstra (2016), Richard et al. (2017), UCS (2011), WWAP (2018), watercalculator.org (2018)

2 Der Wasserverbrauch steigt …

Die Energienachfrage wächst: Große Atomkraftwerke benötigen über **3 Milliarden Liter Wasser pro Tag.**

Die Industrialisierung wächst: Wasserintensive Prozesse sind u. a. Rohstoffgewinnung und Weiterverarbeitung von seltenen Erden.

Der Konsum steigt: Für die Herstellung eines Baumwoll-T-Shirts werden rund 2500 Liter Wasser benötigt.

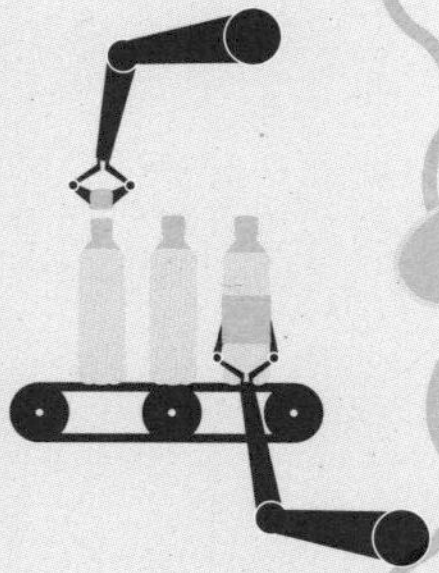

Für die Herstellung einer Plastikflasche wird zweimal so viel Wasser benötigt, wie sie enthält.

Ineffiziente Bewässerung und durch die Klimakrise steigender Bedarf: 70 % des Wassers weltweit wird in der Landwirtschaft verbraucht.

Wachsender Fleischkonsum: Für 1 kg Rindfleisch werden rund 15.500 Liter Wasser benötigt.

3 Extremer Wassermangel

Prognose für 2040

mehr Trinkwasser wird 2050 benötigt. Treiber sind unter anderem die stetig wachsende Weltbevölkerung, Wirtschaft und fortschreitende Industrialisierung von Schwellenländern.

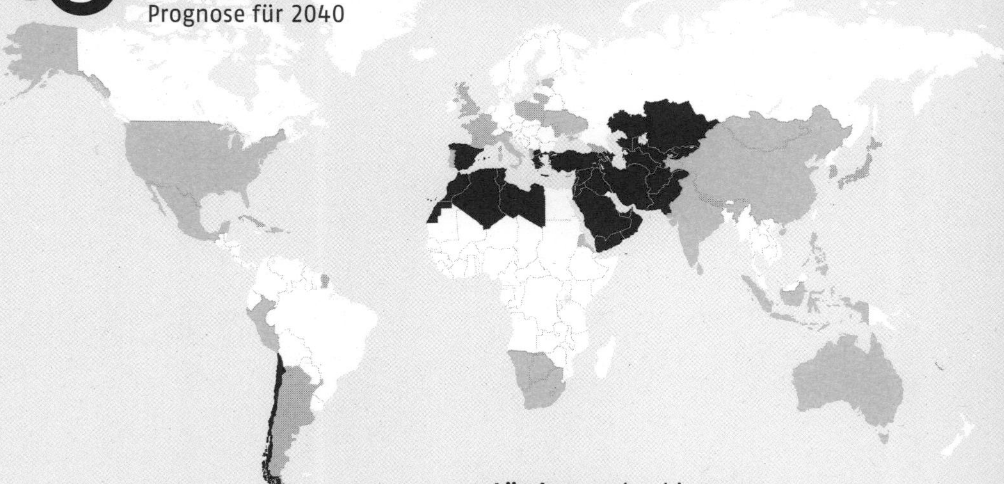

Wasserknappheit
(weniger Wasser in %)

- mittel bis hoch (20–40 %)
- hoch (40–80 %)
- extrem hoch (>80 %)

33 Länder werden bis 2040 voraussichtlich mit extrem hoher Wasserknappheit konfrontiert sein, wenn im gleichen Maße CO_2 emittiert wird wie bisher.

Moskitos, Zecken und invasive Arten

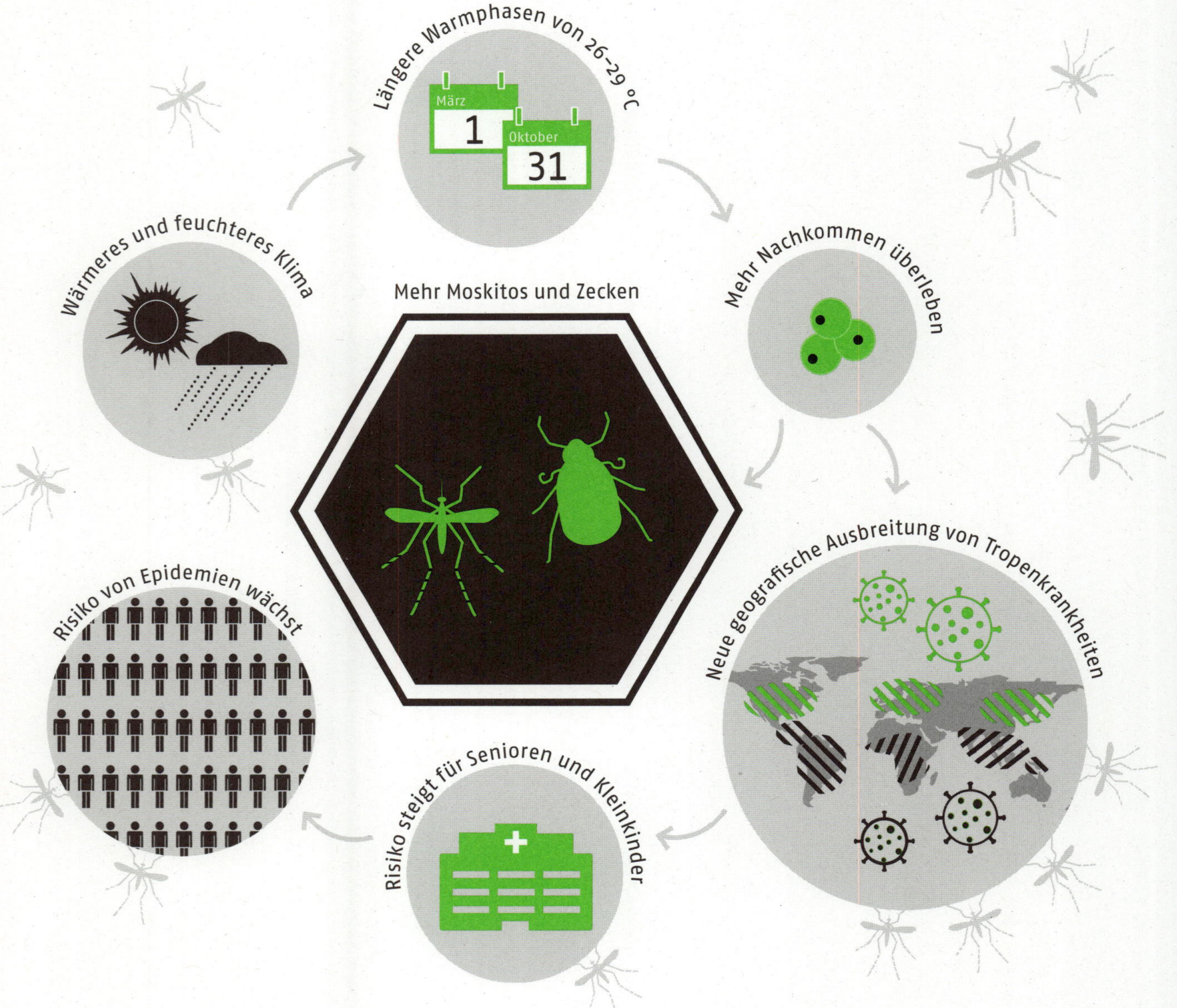

Durch das wärmere und teils feuchtere Klima werden Mücken zahlreicher und breiten sich in neuen Gebieten aus. Die tropische Tigermücke ist auf dem Vormarsch in nördlichere Breiten, sie ist Träger von einigen Tropenviruskrankheiten wie Zika, Denguefieber und Chikungunya. In Europa und Nordamerika sieht man bereits steigende Zahlen von Tigermücken und Tropenkrankheiten. Durch mildere Winter können sie überleben, und durch längere, wärmere Sommer verlängert sich ihre Fortpflanzungszeit und vergrößert sich ihre Nachkommenschaft.

Ein weiteres Gesundheitsrisiko stellen Zecken dar. Gefährliche tropische Arten breiten sich immer weiter aus und mit ihnen die Zahl von schweren Krankheiten wie Borreliose. Zecken fühlen sich im wärmer werdenen Klima wohl, ihre Zahlen steigen weltweit. In einzelnen Regionen steigen sie bis zur Epidemie an.

Quellen: CDC (2018), Eisen et al (2013), Mordecai et al (2017)

In einigen Ökosystemen lassen sich die Folgen der menschengemachten Klimakrise schon heute beobachten. Viele Zugvögel reagieren sensibel auf Veränderungen ihrer Umwelt und passen ihre Flugrouten und Brutgebiete an. Bis vor einigen Jahren stoppten Kraniche im Nordosten Deutschlands lediglich kurz, wenn sie im Herbst in Richtung Süden zogen. Im Jahr 2012 verbrachte schon rund ein Drittel der Vögel den gesamten Winter in Deutschland. Ihr Flugweg verkürzte sich in nur 10 Jahren von 2000 km auf durchschnittlich 670 km, während ihre Populationsgröße stetig steigt.

Das Mittelmeer ist ein weltweiter Hotspot für invasive Arten. Veränderungen und Stress durch die menschengemachte Klimakrise sind dort bereits negativ sichtbar. Tropische Arten gelangen hauptsächlich durch den Sueskanal und durch die Schifffahrt in das Mittelmeer, wo sie heimischen Arten die Lebensgrundlage rauben. Der aus dem Indopazifik eingewanderte Kaninchenfisch nimmt zum Beipiel 60 % mehr pflanzliche Nahrungsmasse auf als heimische Fische. Andere Arten wandern vom Mittelmeer in die Nordsee ab, da sie dort mittlerweile wärmere Wassertemperaturen vorfinden.

Kraniche:

- verlassene Brutgebiete, Simulation
- Brutgebiete heute
- Brutgebiete, Simulation 2070–2099

Tropische Fische:

- ursprünglicher Lebensraum
- neue Ausdehnung

Quellen: Huntley et al. (2007), Mannino et al. (2017), Nowald (2010), Verge's et al. (2014)

»

In Zukunft wird jeder vom Klimawandel
betroffen sein, auch ihr.
Es gibt nur einen Planeten.
Fangt damit an, eure Kohlekraftwerke
außer Betrieb zu setzen,
und übernehmt Verantwortung!
Es ist nie zu spät. Deutschland hat
das Geld, das Know-how
und die Technologien, um auf
erneuerbare Energien umzusteigen.
Je früher man damit anfängt,
desto besser für alle.

«

Chinma George, 2017
Expertin für Klimawandel und
Landwirtschaft
Beraterin für die UN-Wirtschaftskom-
mission für Afrika (UNECA)

Quelle: Oxfam (2017)

Lösungsansätze → 1. Priorität → 2. Priorität → Klima-Anpassungen

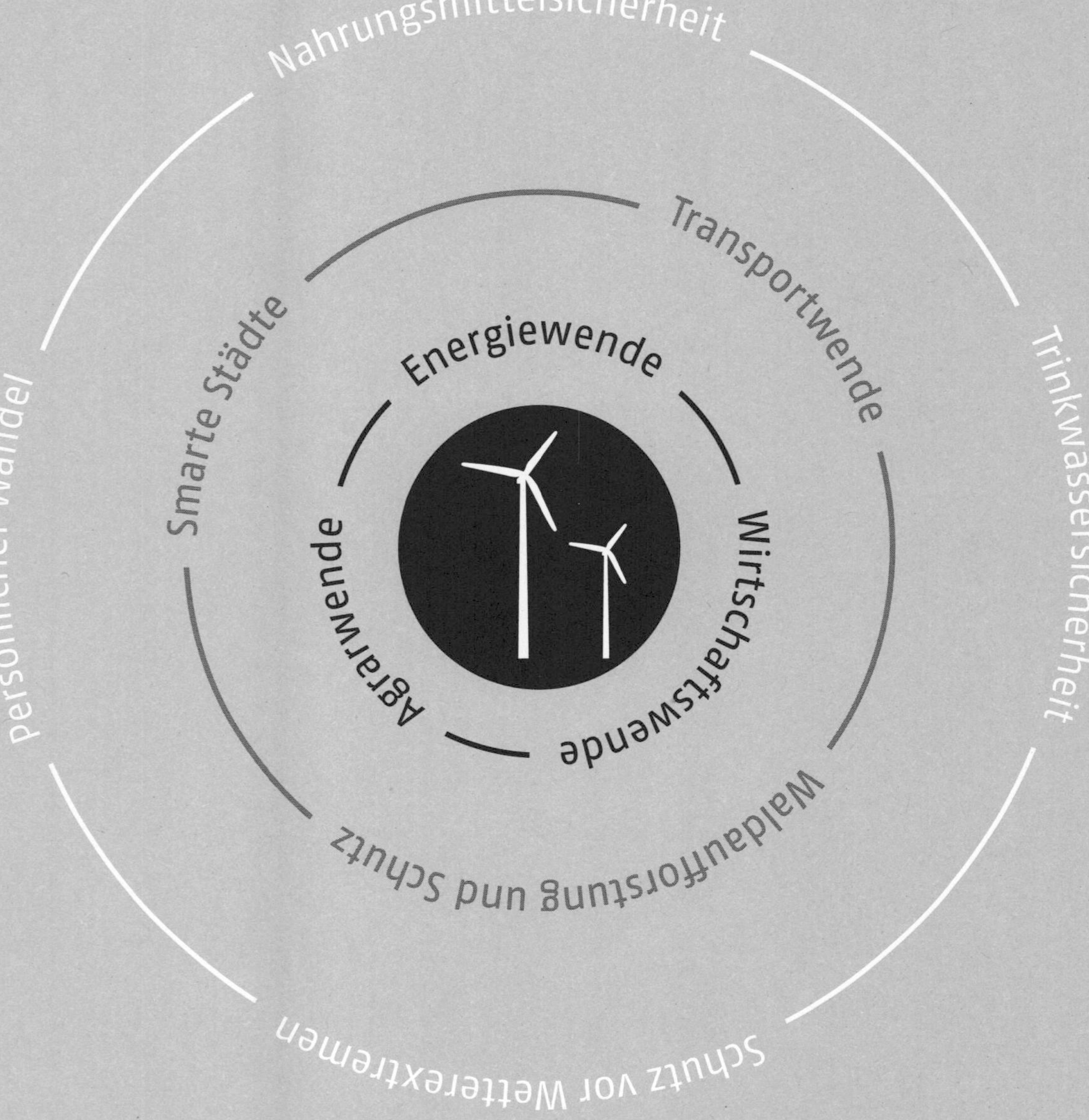

Lösungsansätze

Die Anpassung an die Klimakrise ist essenziell

Schon 1992 in Rio de Janeiro haben sich die Regierungen der Welt auf einer Konferenz der Vereinten Nationen (UN) zum ersten Mal darauf geeinigt, dass die vom Menschen verursachte Veränderung des Klimasystems rückgängig gemacht werden muss. Daraus resultierte der 1. Weltklimagipfel 1995 in Berlin, dann folgten 2005 das Kyoto-Protokoll und 2015 der Pariser Klimavertrag COP21, der von 196 Staaten unterschrieben wurde. Die USA, der zweitgrößte CO_2-Emittent weltweit, hat unter Präsident Donald Trump den Austritt aus dem Vertrag angekündigt.

Mittlerweile haben zahlreiche wissenschaftliche Studien gezeigt, dass die Erwärmung auf 1,5 °C begrenzt werden sollte, um die Risiken zu minimieren, aber auch bei 1,5 °C kann der Klimawandel schneller voranschreiten, als wir uns anpassen können.

Zum einen müssen CO_2-Emissionen radikal reduziert werden – bis 2025 sollen die jeweiligen Klimaziele der Staaten erreicht werden –, zum anderen müssen die Staaten beginnen, sich für die Folgen zu rüsten, und sich an die neuen klimatischen Bedingungen anpassen, um die negativen Effekte der globalen Erwärmung abzufedern und Risiken für die Menschen zu minimieren.

Gesundheitsprobleme
Ohne Anpassung:
maximal hohes Risiko
Mit hoher Anpassung:
hohes Risiko

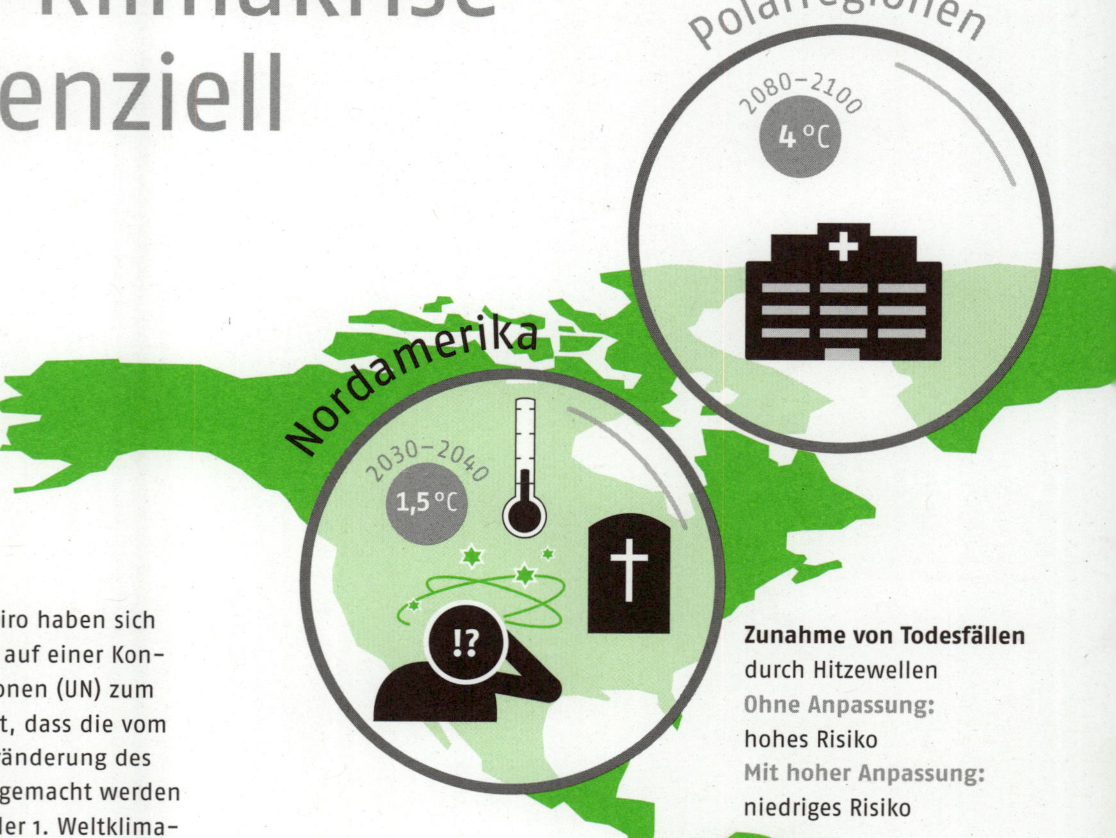

Zunahme von Todesfällen durch Hitzewellen
Ohne Anpassung:
hohes Risiko
Mit hoher Anpassung:
niedriges Risiko

Fast 200 Staaten unterzeichneten den Paris-Klimaakkord. Darin einigten sich die Regierungschefs darauf, die Erwärmung auf unter 2 °C, besser 1,5 °C, zu begrenzen.

Ernteertrag und Nahrungsmittelsicherheit nehmen ab.
Ohne Anpassung:
maximal hohes Risiko
Mit hoher Anpassung:
niedriges Risiko

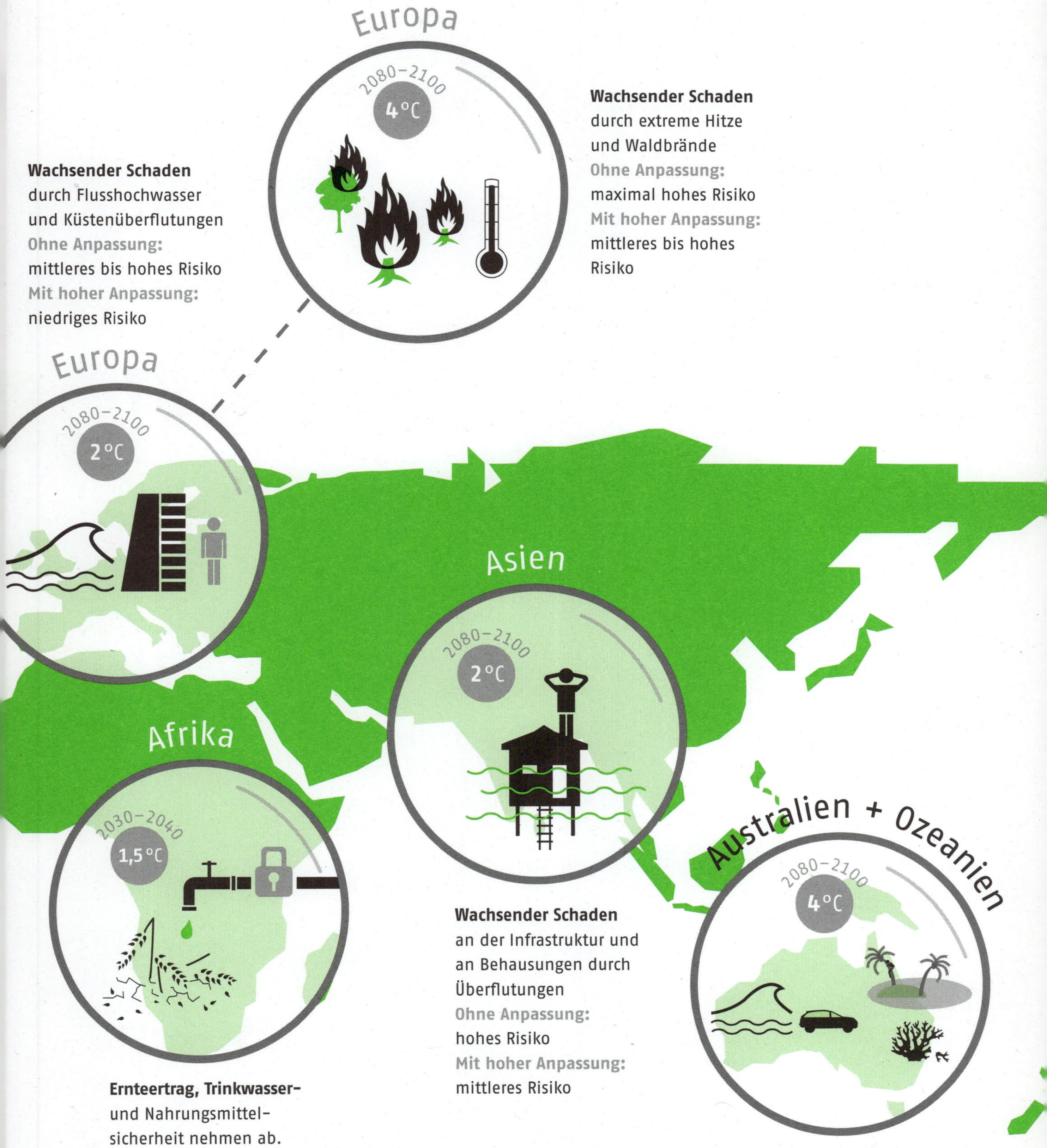

Wachsender Schaden durch extreme Hitze und Waldbrände
Ohne Anpassung: maximal hohes Risiko
Mit hoher Anpassung: mittleres bis hohes Risiko

Wachsender Schaden durch Flusshochwasser und Küstenüberflutungen
Ohne Anpassung: mittleres bis hohes Risiko
Mit hoher Anpassung: niedriges Risiko

Wachsender Schaden an der Infrastruktur und an Behausungen durch Überflutungen
Ohne Anpassung: hohes Risiko
Mit hoher Anpassung: mittleres Risiko

Ernteertrag, Trinkwasser- und Nahrungsmittelsicherheit nehmen ab.
Ohne Anpassung: hohes Risiko
Mit hoher Anpassung: niedriges Risiko

Schäden an Küsteninfrastruktur, Ökosystemen und Inseln
Ohne Anpassung: hohes Risiko (maximal für Inseln)
Mit hoher Anpassung: mittleres Risiko (hoch für Inseln)

Quellen: IPCC (2014), UNFCCC (2017)

In 10 Punkten zu mehr Klimaschutz

Nahrungsmittelsicherheit 1

Weltweit sind rund 800 Millionen Menschen chronisch unterernährt. Die Klimakrise verschärft diese Situation. In den ärmsten Regionen der Welt sind ca. 500 Millionen Kleinstfarmen für 80 % der Lebensmittelproduktion zuständig. Ihnen muss finanziell geholfen werden, um die Nahrungsmittelsicherheit zu verbessern.

Staaten-übergreifende Kooperationen intensivieren

z. B. nach COP21 und Kyoto-Protokoll Handlungsgruppen bilden

Trinkwassersicherheit 2

Neben Nahrungsmitteln sollte gewährleistet sein, dass jeder Mensch auf der Welt genügend sauberes Trinkwasser zur Verfügung hat. Die Klimakrise verschärft den Trinkwassermangel in ca. 20 Staaten extrem.

Schutz vor Wetterextremen 3

Ein weiterer sozialer Aspekt ist der Schutz vor Überflutungen, besonders in den ärmsten Ländern: Durch Starkregen und Meeresspiegelanstieg wächst in Zukunft die Klimaflucht.

Waldaufforstung und -schutz 4

Ein sofortiger weltweiter Stopp von Waldrodungen würde einen schnellen und enormen Effekt auf die CO_2-Bilanz von Ländern haben: Indem die Bäume anthropogenes CO_2 aufnehmen, fungieren sie als Klimaschützer.

Quellen: Bai et al. (2018), Gitz et al. (2016), Scherer & Tänzler (2018)

10 Persönlicher Wandel

...werde auch du ein Klimaheld!
Mehr dazu ab Seite 108

9 Transportwende

Regulation von Frachtflügen: Obst, Gemüse und Fleisch werden mit verheerenden Emissionen für die Reichen um die Welt geflogen. Stattdessen ist ein stadtnaher Ausbau des Nahverkehrs durch Züge, Elektrobusse und Radwege unbedingt notwendig.

8 Agrarwende

Weg von Pestiziden, Nahrungsmittelverschwendung, Biodiversitätsverlust und industrieller Monokultur, zurück zur biologischen Landwirtschaft, vielen kleinen Permakulturhöfen und gesunden Böden, die als CO_2-Speicher dienen.

Aufklärungsarbeit
vernetzen und ausweiten
z. B. Onlineplattformen, Klimawochen, Bildung, Medien, TV, Bücher

7 Wirtschaftswende

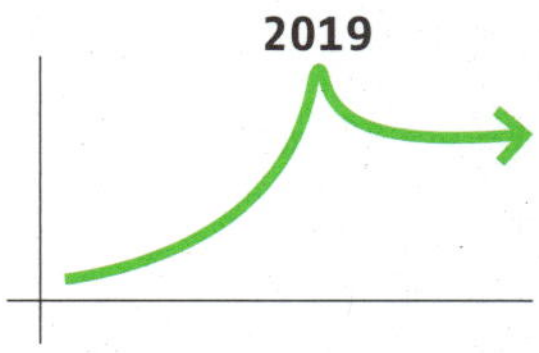

Das Ende des Wachstums einleiten: In Zukunft sollten Nachhaltigkeit, Recycling, grüne Produktion und Ressourcenschonung oberste Prioriät haben. An die Stelle von Expansion und Ausbeutung rückt »Grüne Effizienz«.

6 Energie- und Politikwende

Der Ausbau der Solarenergie und eine effiziente Speicherung müssen in den Fokus der Subventionen rücken, Kohle- und Gaskraftwerke sollten dagegen CO_2-Abgaben leisten, statt Subventionen zu erhalten.

5 Smarte Städte

Mehr als die Hälfte der Weltbevölkerung lebt in Städten, in denen 75 % der weltweiten Energieemissionen produziert werden. Nachhaltiger grüner Umbau der Infrastruktur, Energieproduktion und Hausisolierung sollten hier oberste Klimaziele sein.

Die Energiewende ist dringend nötig

91 %

der Weltbevölkerung sind laut der Weltgesundheitsorganisation (WHO) gesundheitsschädlicher Luft ausgesetzt. Mehr grüne Energie heißt auch weniger Kosten im Gesundheitsbereich.

89 Mio.

Menschen in Afrika und Asien nutzen Solarstrom, Tendenz steigend (jährlich 4 %). Alle Entwicklungsländer investieren heute schon mehr in Solarenergie als die Industrienationen.

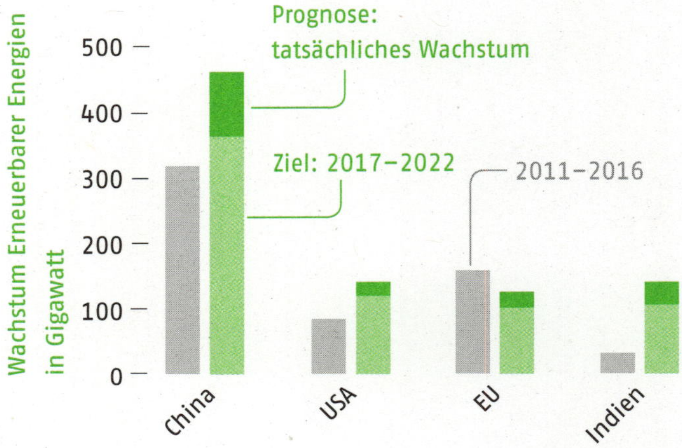

8,3 Mio.

Menschen arbeiten weltweit im grünen Energiesektor.

Erneuerbarer-Energien-Mix
weltweit 2018

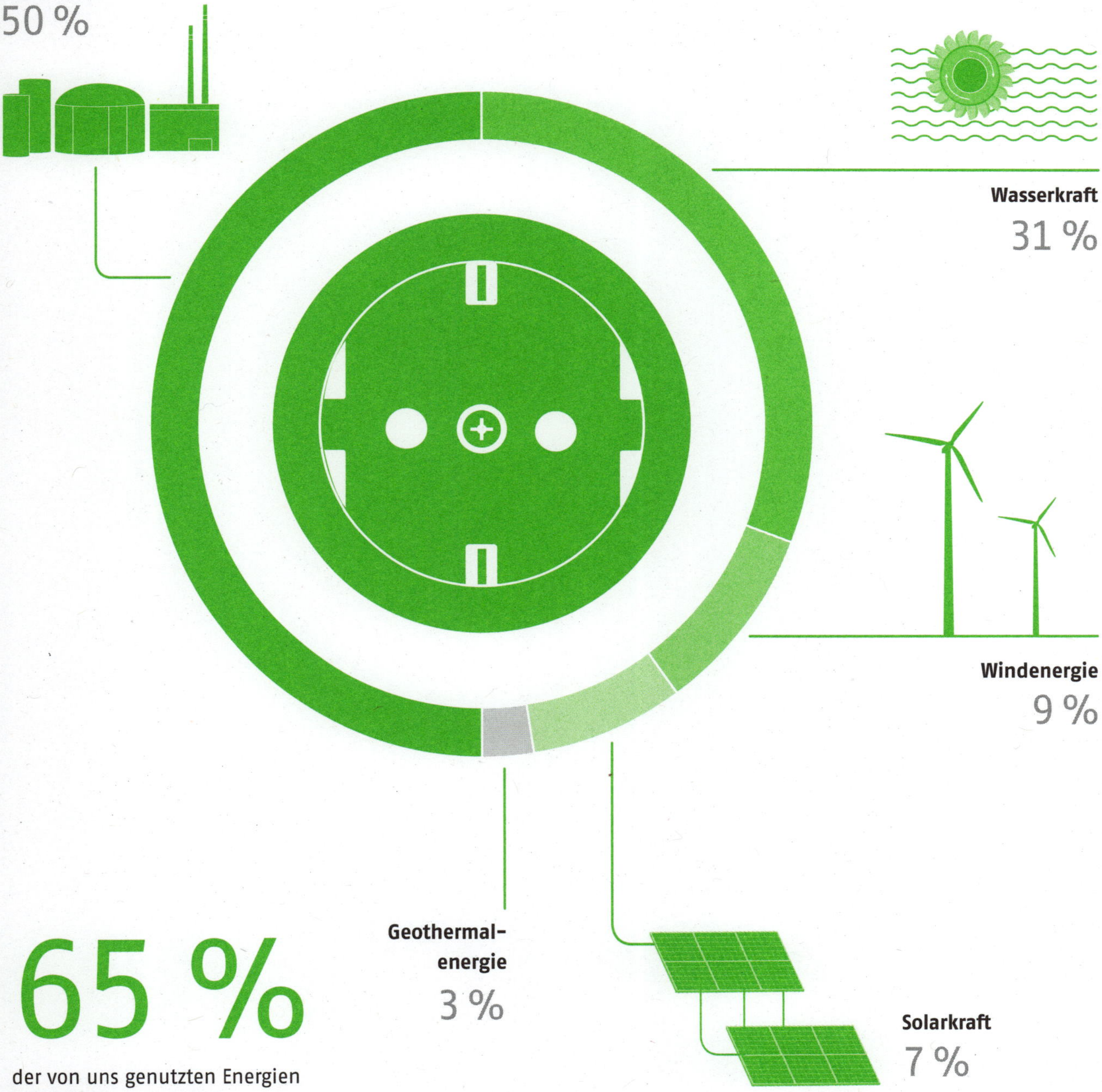

65 %

der von uns genutzten Energien müssten erneuerbar sein, damit wir bis 2050 unter 2 °C bleiben. Dafür müsste der Ausbau allerdings 7-mal schneller vonstattengehen.

Quellen: IEA (2018), IRENA (2017), WBG (2017), WHO (2018)

Grüne Wirtschaftswende

Die Klimakrise und die Ausnutzung von natürlichen Rohstoffen stehen in engem Verhältnis zueinander. Momentan benötigen wir, an Ressourcen gemessen, 1,5 Erden pro Jahr.

Die Wirtschaft wächst seit dem Ende des II. Weltkriegs stetig. Durch die Globalisierung und Digitalisierung wurde die Warenproduktion ausgelagert, die Energienutzung nahm zu, und wachsende Onlineshops treiben das Transportaufkommen in die Höhe.

Wirtschaftswende heißt, ein nachhaltiges Wirtschaftssystem zu erschaffen, in dem die natürlichen Ressourcen als endlich angesehen werden und dementsprechend angemessen genutzt und geschützt werden – staatenübergreifend und zum Wohle aller Menschen auf der Welt. Das ultimative Ziel muss sein, den zukünftigen Generationen einen lebenswerten Planeten mit intakten Ökosystemen zu übergeben.

Erden benötigen wir zurzeit mit unserer Lebensweise, gemessen an den Rohstoffen, die wir jährlich verbrauchen. Der »Earth Overshoot Day«, an dem wir die jährlich zur Verfügung stehenden Rohstoffe verbraucht haben, rückt jedes Jahr mehr in die Mitte des Jahres.

Quellen: Dietz et al. (2018), DEHSt (2017), EC (2018), OECD (2018)

In 7 Schritten zum nachhaltigen Unternehmen

1 Den eigenen Umwelteinfluss überprüfen: Nachhaltigkeitsteam gründen

2 Leistungsfaktoren ermitteln und Prioritäten setzen

3 Umwelteinfluss von Produktionsprozessen und Materialien messen

CO_2-Reduktion

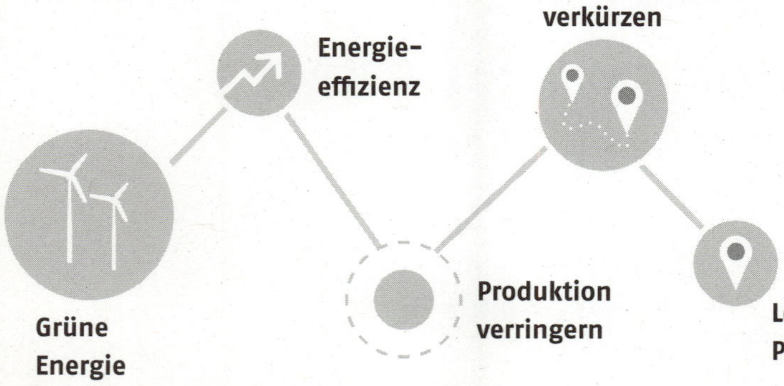

Einsparen von Rohstoffen

2019

Das Ende des Wirtschaftswachstums einleiten und damit »grüne Effizienz« und Stabilität erzeugen.

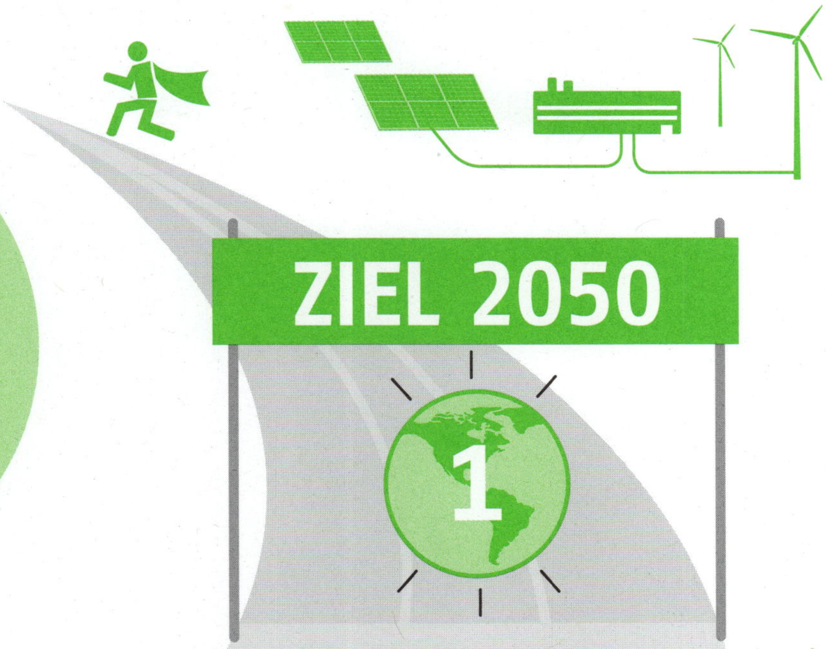

7 Handeln, um Effizienz und Nachhaltigkeit zu steigern

6 Die gemessenen Resultate verstehen und interpretieren, Trends erkennen

5 Beurteilung der Produkte: Recycling, Energiebilanz und Nachhaltigkeit

4 Produktionsablauf bewerten: Energieeffizienz und Emissionen messen

Emissionshandel verstehen

Beispiel: Unternehmen A und B aus der Energiewirtschaft und energieintensiven Industrie müssen beide laut Gesetz 10.000 t CO_2 einsparen. Entweder sie kaufen Berechtigungen für 7 Euro pro Tonne, oder sie verbessern ihre Anlage durch Investitionen in die Sanierung zur CO_2-Reduktion. Moderne Anlagen können sogar einen Berechtigungsüberschuss haben (wenn sie mehr CO_2 einsparen als vorgegeben), den sie gewinnbringend verkaufen können.

1 **Für Unternehmen A** ist es günstiger, 60.000 Euro in Sanierungen zu investieren, um die CO_2-Einsparungen zu erreichen. Somit kostet die vermiedene Tonne CO_2 sie nur 6 Euro.

2 **Für Unternehmen B** ist es günstiger, die Berechtigungen für 70.000 Euro (7 €/t) von der Energiebörse zu kaufen, als z. B. für 80.000 Euro zu sanieren.

Agrarwende als Chance

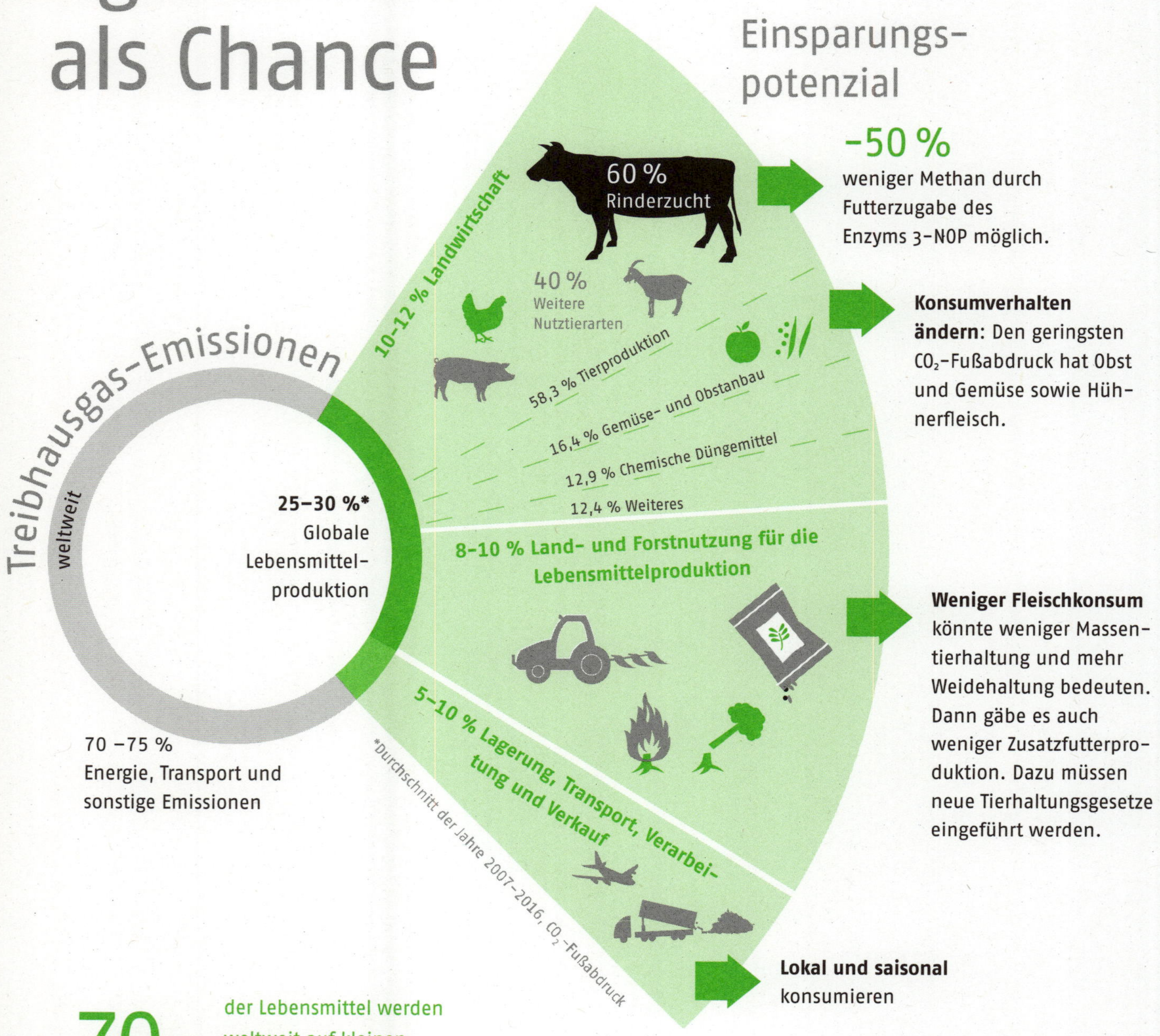

70 % der Lebensmittel werden weltweit auf kleinen Höfen angebaut.

Kleine Höfe leiden verstärkt unter …

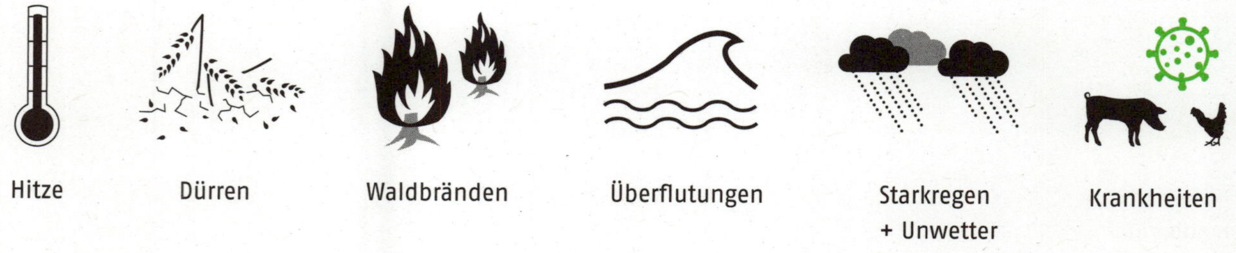

Quellen: Gerber et al. (2013), Guégan & Léger (2015), IPCC (2019), Thornton et al. (2018), De Ramon N'Yeurt et al. (2012)

Gefährdung der Nahrungsmittelsicherheit

–20 %
weniger Ernteertrag bis 2050 für Sorten wie Mais in Afrika

Anpassung der Agrartechniken

Weniger Düngemittel = weniger Nitrogenemissionen, bei gleichbleibendem Ernteertrag

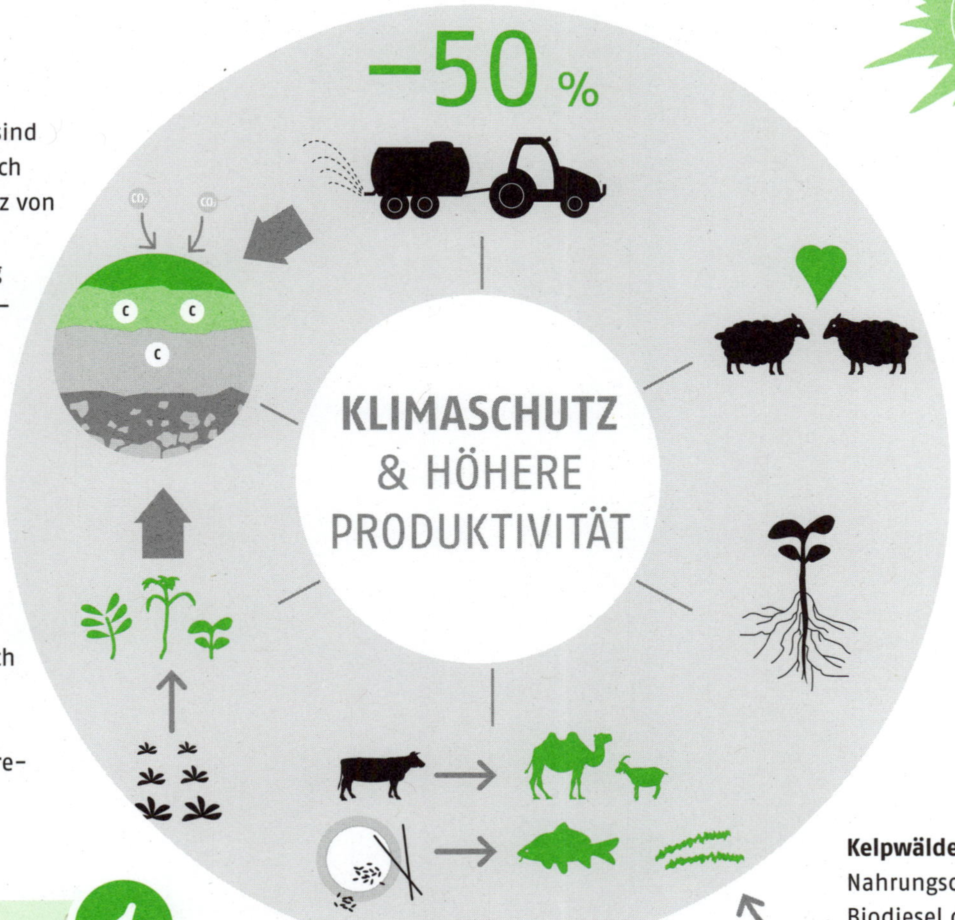

Gesunde Böden sind CO_2-Speicher. Durch geringeren Einsatz von Maschinen und weniger Düngung bleibt die Humusschicht erhalten.

Selektion in der Zucht: z. B. hitzeresistentere Unterarten züchten.

Selektion der Sorten: parasiten-, feuchtigkeits-, hitze- und dürreresistente Sorten züchten.

Permakultur und Mischkultur: Durch Vielfalt sind die Böden gesünder, feuchter und dürreresistenter.

Umstellung auf angepasste Nutztierarten oder Aquakulturen bei Bodenversalzung

Kelpwälder können als Nahrungsquelle und Biodiesel dienen: Wenn auf 9 % der Ozeanfläche Kelp angebaut würde, könnte das den Weltbedarf an fossilen Brennstoffen ersetzen und 53 Milliarden Tonnen CO_2 aus der Luft ziehen.

3–4 x
höherer Ertrag pro m² durch den Anbau in Permakultur

Wir brauchen eine Transportwende

Restriktionen für Frachtflugzeuge müssen erarbeitet werden, Kerosin müsste weltweit mit einer seinen Emissionen angemessenen Klimaabgabe belegt werden.

1 Transportemissionen

weltweit, inklusive Personenverkehr

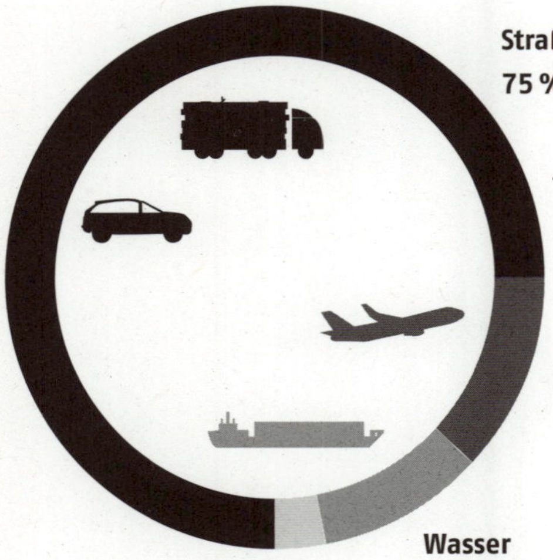

2 Frachtemissionen im Detail

in gr CO_2 pro Tonne und km

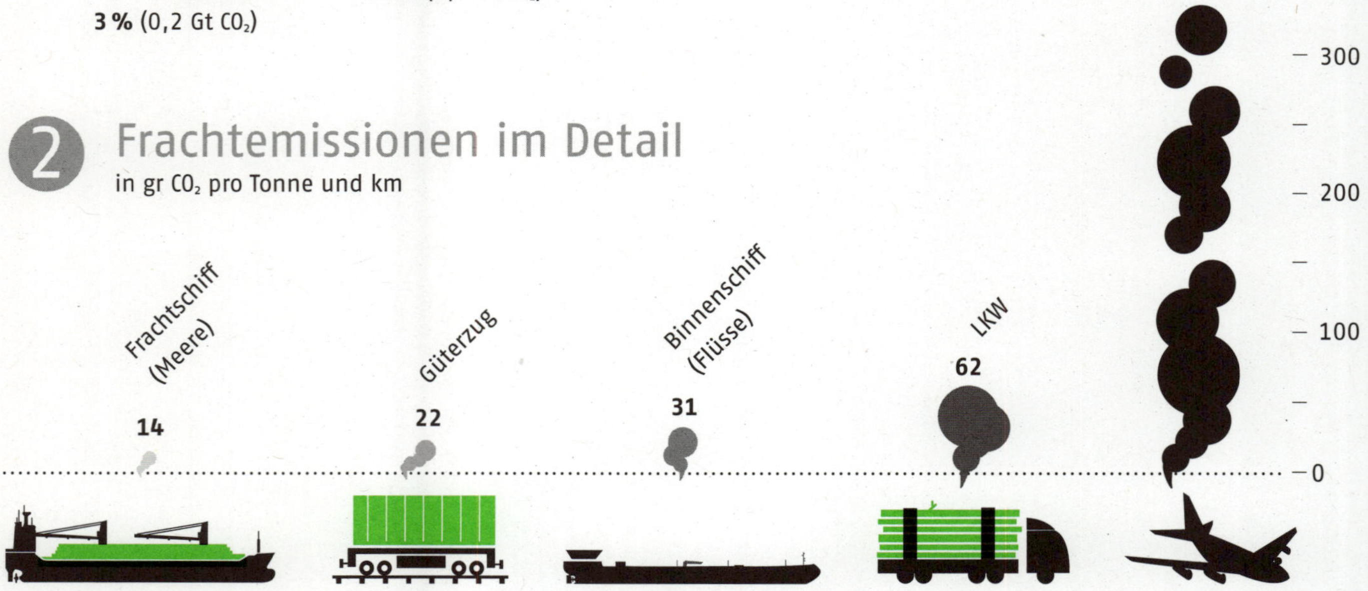

+71 %

höhere Emissionen im Transportsektor seit 1990

50 %

der Frachtemissionen weltweit werden durch LKWs verursacht.

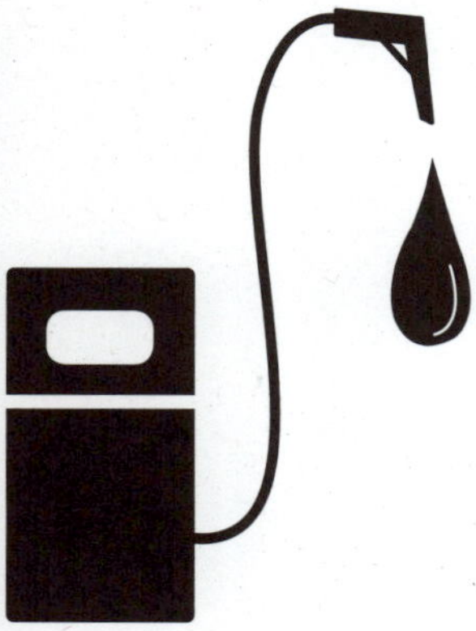

Bis 2050 muss die Erdölabhängigkeit im Transportwesen drastisch reduziert werden, um das 2-°C-Ziel zu erreichen.

Große Städte müssen radfreundlicher werden, besonders in Asien fehlen Radwege und die entsprechende Infrastruktur.

Der Transportsektor ist der schnellstwachsende Verursacher von CO_2-Emissionen weltweit. Dadurch hat er auch das beste Einsparpotenzial und ist somit eine der obersten Prioritäten für den Klimaschutz: 23 % der globalen Treibhausgase werden beim Transport emittiert. Dieser Wert steigt momentan um 2,5 % pro Jahr. Den rasantesten Anstieg seit 1990 hat dabei China zu verbuchen.

Im Frachtsektor wird bis 2050 mit bis zu 4-mal höherem Warentransport und Emissionen gerechnet im Verhältnis zum Jahr 2010. Gravierend für das Klima ist der Luftfracht- und Personenluftverkehr; ihn auf ein Minimum einzuschränken sollte oberstes Gebot der Weltpolitik sein.

Der Nahverker muss ausgebaut werden und sollte kostenlos angeboten werden, um die Anzahl der Autos in den Städten zu reduzieren.

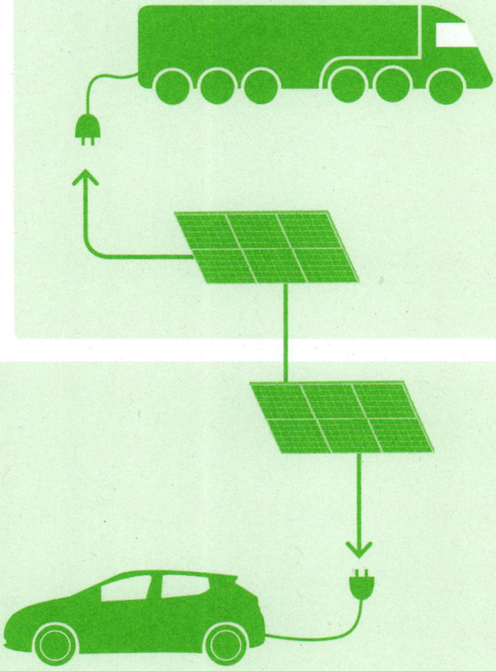

Elektro-LKWs wie der »FUSO eCanter« von Daimler sind bereits auf der Straße und werden ab 2019 in größerer Serie produziert.

Die meisten Elektroautos fahren zurzeit in China, gefolgt von Europa und den USA. Allerdings sind deren Akkus in der Herstellung sehr energie- und ressourcenintensiv.

5,2 Mio.

E-Autos fahren weltweit bislang auf den Straßen (2018), Tendenz steigend.

Quellen: OECD (2018), IEA (2017)

Weltkarte des Wandels

Island: angetrieben vom Ökotourismus und 100 % Ökostrom aus Wasserkraft und Geothermie

USA, San Francisco: Recyclingstadt Nr. 1 weltweit, 80 % des Mülls werden wiederverwertet.

Marokko erreicht bis 2030 das 1,5-°C-Ziel des Pariser Klimaabkommens. Laut dem Climate Action Tracker (CAT) schaffen dies nur 2 Staaten von 32 evaluierten, der zweite ist Gambia.

Costa Rica nutzt bereits zu 99 % erneuerbare Energie.

Brasilien: 70.000 ha sollen wiederbewaldet werden, das wäre das weltweit größte Aufforstungsprojekt.

Grünes Unternehmen: »Patagonia« nutzt hauptsächlich grüne Energie, recycelt Materialien und spendet 1 % des Umsatzes an Umweltbewegungen überall auf der Welt – 70 Millionen $ bis heute. Außerdem wird Land in Südamerika gekauft, um es in Nationalparks umzuwandeln.

Grüne Suchmaschine: Auf www.ecosia.org wird für jede Suche 1 Baum gepflanzt. Bisher wurden weltweit so schon 50 Millionen Bäume gepflanzt.

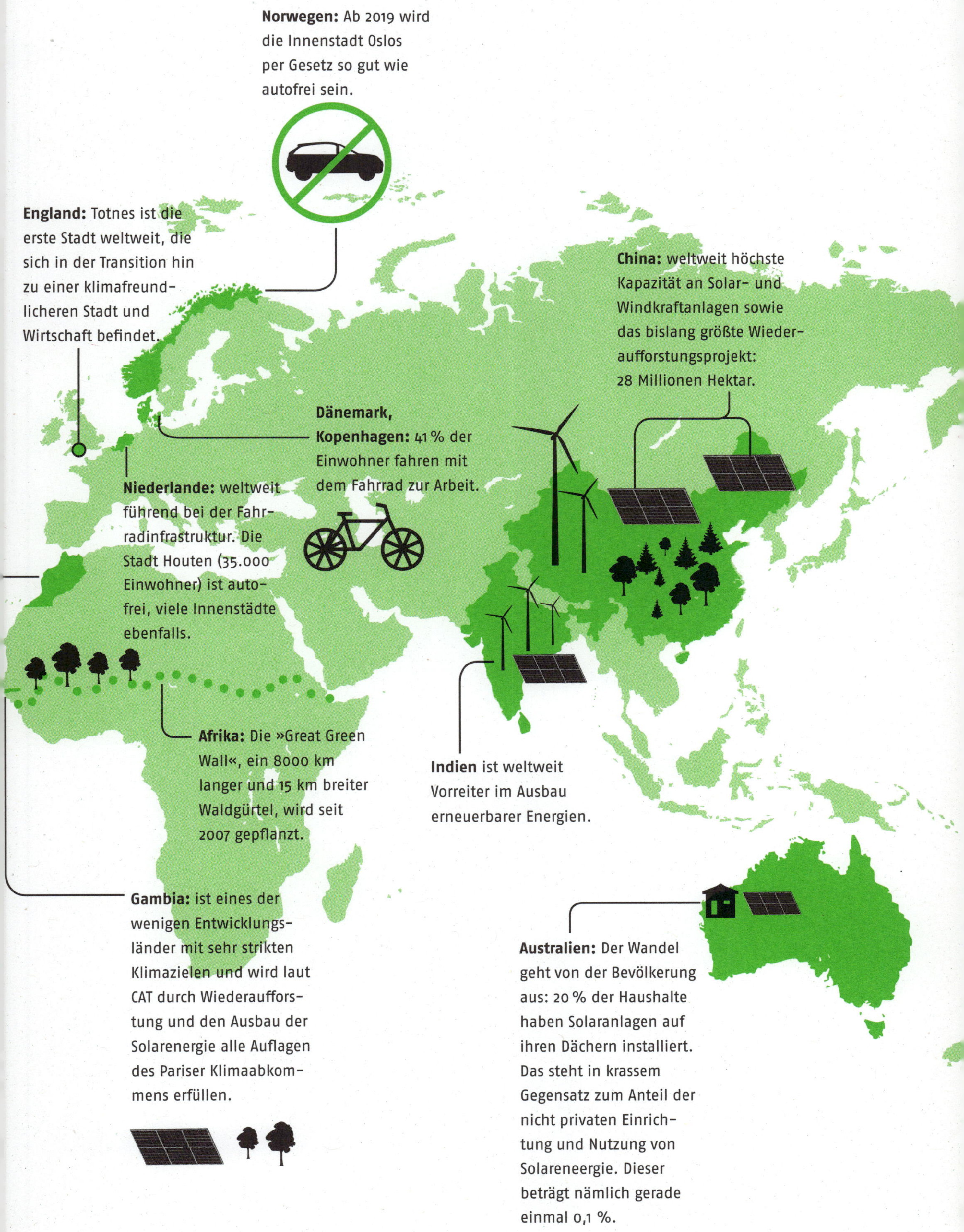

Quellen: CEC (2018), CAT (2018), CA (2015), CE (2017), CV (2018), GGW (2018), Hopkins et al. (2016), NEA (2018), OK (2019), PA (2018), SFE

Persönlicher Wandel

Tonnen CO_2 pro Jahr + Bereich

1

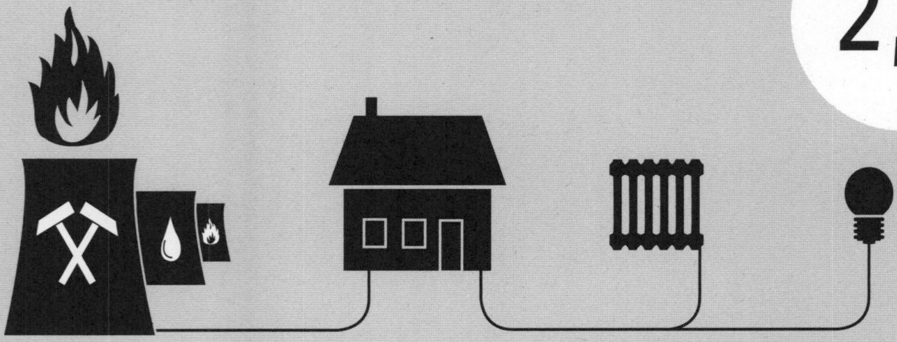

2,6

Strom und Gas aus fossilen Energieträgern, veraltetes Heizsystem, 2-Personen-Haushalt mit 100 m²

2

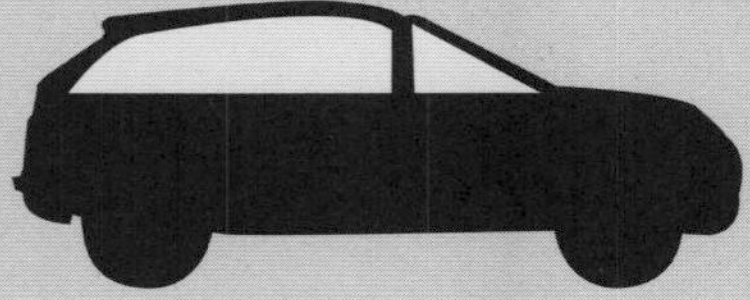

Ein großer Diesel-SUV für jede Distanz und ca. 10.000 km Fahrstrecke pro Jahr

3,0

3

Zwei Flugreisen pro Jahr, eine Kurzstrecke und ein Transkontinentalflug

4,5

4

2,0

4,5

Lebensmittel: oft von Übersee, nicht saisonal, fleischbetonte Kost

Weiterer Konsum: durchschnittlich hoch, inklusive Onlinebestellungen

Quelle: UBA (2019)

Strom und Gas aus erneuerbaren Energien, entweder durch den Wechsel zu Ökostromanbietern oder die Installation einer Solaranlage. Effizientes, modernes Heizsystem im Niedrigenergiehaus mit wenig ungenutzter Fläche.

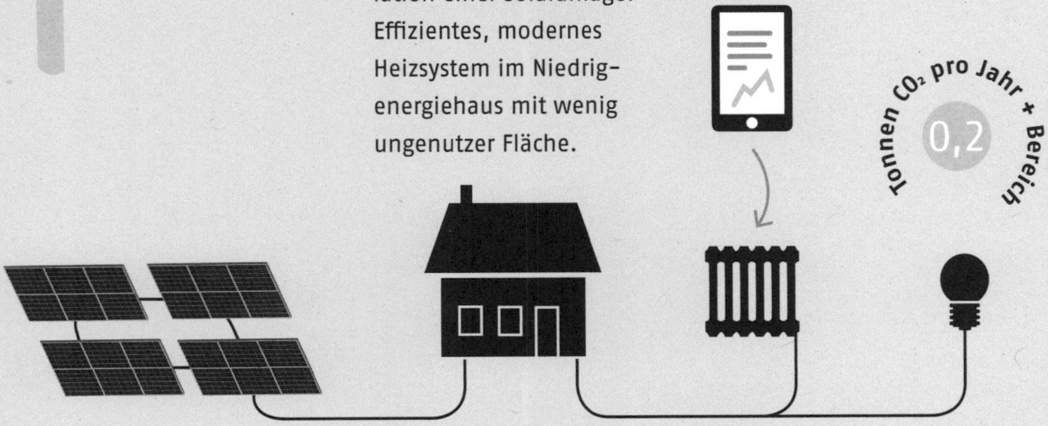

1 Kleinwagen mit LPG-Gas oder E-Auto (7000 km pro Jahr) und kurze Strecken mit dem Rad

Urlaubsreisen mit der Bahn (4000 km pro Jahr) oder dem Fernbus (2000 km)

Lebensmittel aus der Region und saisonal, manchmal bio, vegetarische Kost

Weiterer Konsum: sparsam, langlebige Produkte, häufiger Kauf von Gebrauchtwaren und in lokalen Geschäften statt online

Berechne deinen Fußabdruck und setze dir Ziele:
http://www.uba.co2-rechner.de

Der Klimaschutz beginnt zu Hause

Die Weltpolitik ist ein träger Apparat. Deshalb kommt es auf jeden Einzelnen an. Werde selbst zum aktiven Klimaschützer! Hier kommen ein paar Tipps, um den persönlichen CO_2-Fußabdruck zu verringern oder auf anderem Weg aktiv zum Klimaschutz beizutragen.

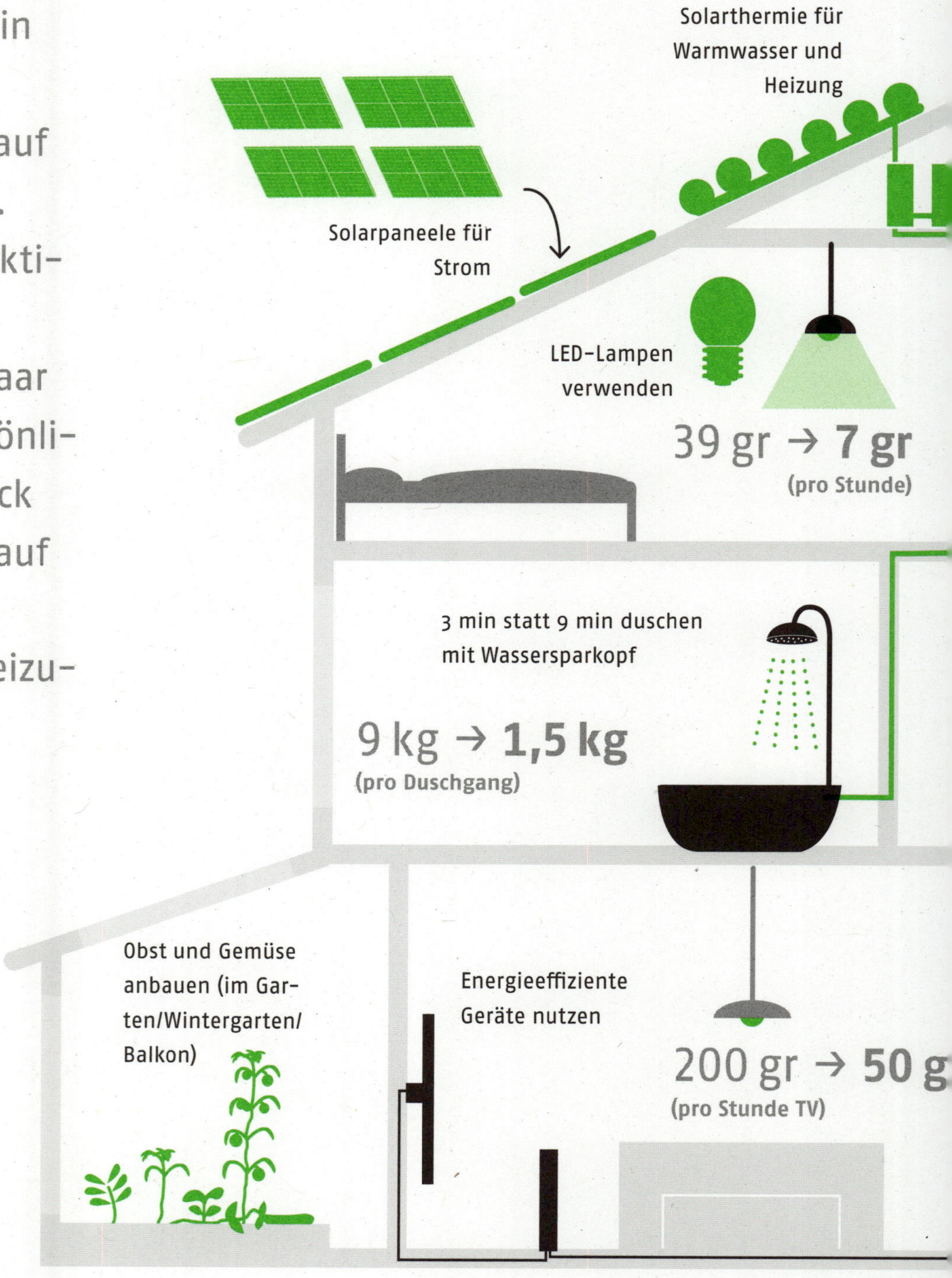

Quellen: UBA (2019), www.stromauskunft.de

Zum Ökostromanbieter wechseln 0,76 t → **0,05 t**

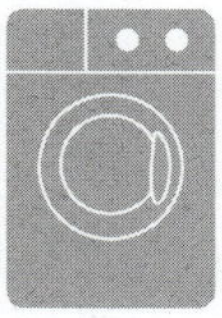

Die Wäsche bei 30° statt 90° waschen

1060 gr → **260 gr**
(pro Waschgang)

Wäsche lufttrocknen statt im Trockner

3700 gr → **0 gr**
(pro Trocknernutzung)

Grillen mit Kohle vermeiden

Bäume pflanzen (im Garten oder auf einem Grünstreifen)

Grüne Städte und Mobilität

Quelle: https://calculator.carbonfootprint.com

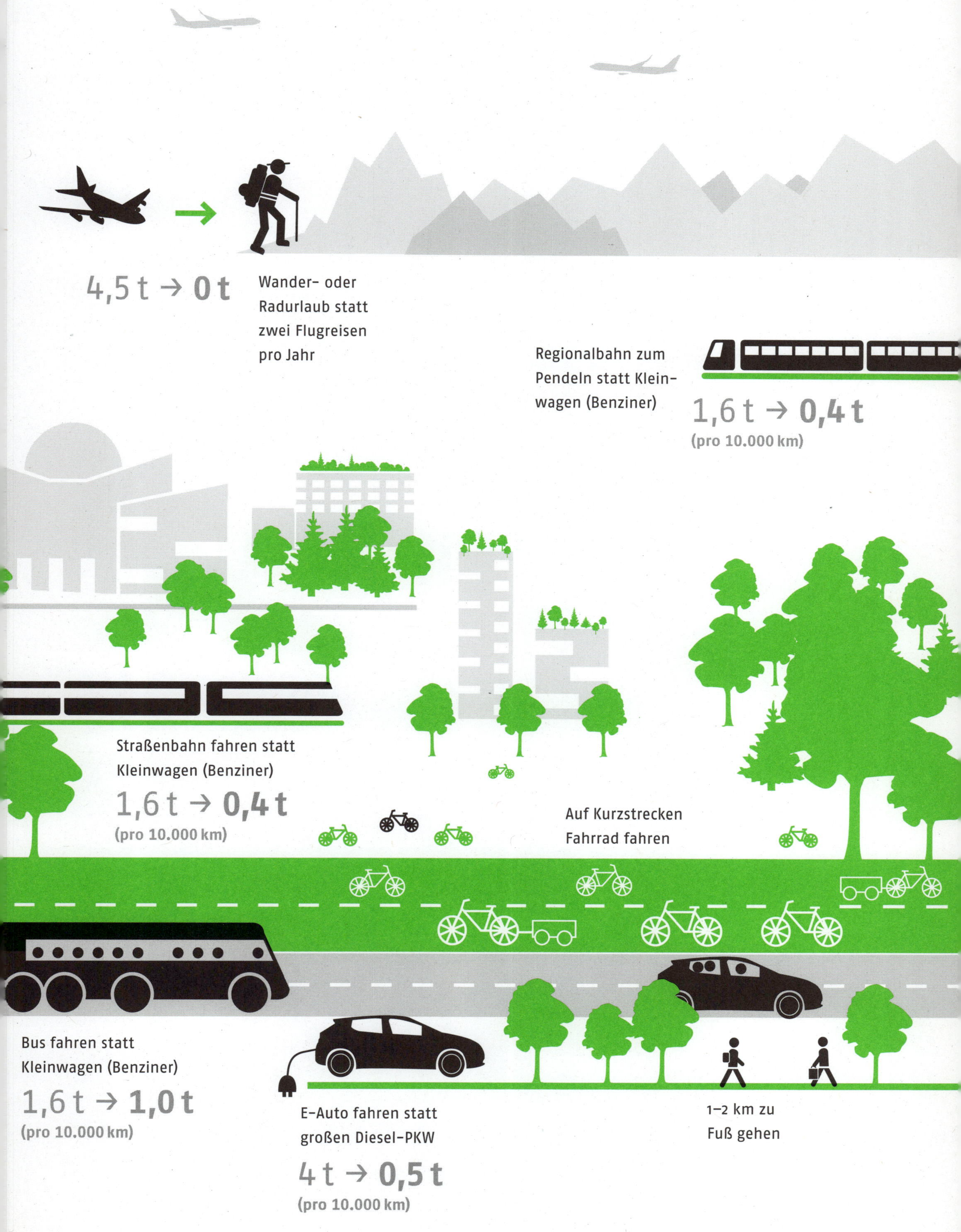
4,5 t → 0 t
Wander- oder Radurlaub statt zwei Flugreisen pro Jahr
Regionalbahn zum Pendeln statt Kleinwagen (Benziner)
1,6 t → 0,4 t
(pro 10.000 km)
Straßenbahn fahren statt Kleinwagen (Benziner)
1,6 t → 0,4 t
(pro 10.000 km)
Auf Kurzstrecken Fahrrad fahren
Bus fahren statt Kleinwagen (Benziner)
1,6 t → 1,0 t
(pro 10.000 km)
E-Auto fahren statt großen Diesel-PKW
4 t → 0,5 t
(pro 10.000 km)
1–2 km zu Fuß gehen

Nachhaltig konsumieren

Beim Kauf auf Langlebigkeit achten

Verzicht üben und Konsum reduzieren

nicht!

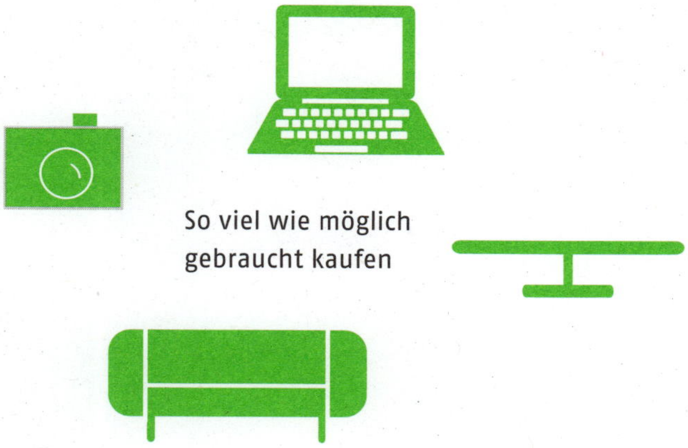

So viel wie möglich gebraucht kaufen

Qualität anstatt Quantität bevorzugen, besonders bei Kleidung

Weniger Elektrogeräte kaufen, nach manuellen Alternativen suchen

Zu einer umweltfreundlichen Bank wechseln

AAA+

Kleine und energieeffiziente Elektrogeräte bevorzugen

»

Wenn die Verbrennung
von fossilen Brennstoffen so weitergeht,
wird die Bürde für künftige
Generationen zu groß.
Die junge Generation hat das Potenzial,
das Schicksal der Welt zu verändern.
Unterschätzt es nicht!

«

Prof. Dr. James Hansen,
ehem. Direktor der NASA,
Columbia University Earth Institute

Quellen

Seiten	Quellenangaben
008 | 009	Deutscher Wetterdienst (DWD) (2018): Klimawandel – ein Überblick. https://www.dwd.de/DE/klimaumwelt/klimawandel/ueberblick/ueberblick_node.html (20.05.2019)
	IPCC (2014): Synthesis Report, Fifth Assessment Report. https://www.ipcc.ch/report/ar5/syr/ (20.05.2019)
	Rahmstorf, S. (2013): Wie funktioniert eigentlich der Treibhauseffekt? http://www.pik-potsdam.de/~stefan/leser_antworten.html (20.05.2019)
	Riedel, E. Janiak, C. (2015): Anorganische Chemie. De Gruyter Studium.
012 | 013	Buchal, C., Schönwiese, C. D. (2011): Klima – Die Erde und ihre Atmosphäre im Wandel der Zeiten. https://www.boensel-ess-darmstadt.de/files/Ph_Q3/klima_2011-heraeus.pdf (20.05.2019)
014 | 015	IPCC (2014): Synthesis Report, Fifth Assessment Report. https://www.ipcc.ch/report/ar5/syr/ (20.05.2019)
	Le Quéré, C., et al. (2012): The global carbon budget 1959–2011. https://www.earth-syst-sci-data-discuss.net/5/1107/2012/essdd-5-1107-2012.pdf (20.05.2019)
	Maribus (2010): World Ocean Review –Living with the oceans. https://worldoceanreview.com/en/wor-1/ (20.05.2019)
	World Resources Institute (WRI) (2018): Global Forest Watch https://www.globalforestwatch.org (20.05.2019)
016 | 017	Boden, T. A., Marland, G., Andres, R. J. (2017): Global, Regional, and National Fossil-Fuel CO_2 Emissions. Oak Ridge National Laboratory (ORNL), Oak Ridge, TN (United States) DOI: 10.3334/CDIAC/00001_V2017. https://www.osti.gov/dataexplorer/biblio/1389331-global-regional-national-fossil-fuel-co2-emissions (20.05.2019)
	BP (2018): Statistical Review of World Energy. http://www.bp.com/en/global/corporate/energy-economics.html (20.05.2019)
	UNFCCC (2018): National Inventory Submissions 2018. United Nations Framework Convention on Climate Change. https://unfccc.int/national_reports/annex_i_ghg_inventories/national_inventories_submissions/items/10566.php (20.05.2019)
018 | 019	IPCC (2018): Global warming of 1.5°C. IPCC Special Report. https://www.ipcc.ch/sr15/ (20.05.2019)
	Trenberth, K. E., Fasullo, J. T. (2016): Insights into Earth's Energy Imbalance from Multiple Sources. National Center for Atmospheric Research, Boulder, Colorado. https://doi.org/10.1175/JCLI-D-16-0339.1 (20.05.2019)
020 | 021	Cheng, L., Abraha, J., Hausfather, Z., Trenberth, K. E. (2019): How fast are the oceans warming? Science, 11.01.2019: Vol. 363, Issue 6423, DOI: 10.1126/science.aav7619. https://science.sciencemag.org/content/363/6423/128 (20.05.2019)
	EPA (2016): Climate Change Indicators in the United States: Ocean Heat. https://www.epa.gov/climate-indicators/downloads-indicators-report (20.05.2019)
	Gleckler, P. J. et al. (2016): Industrial-era global ocean heat uptake doubles in recent decades. Nature Climate Change volume 6, pages 394–398 (2016). https://www.nature.com/articles/nclimate2915 (20.05.2019)
	Resplandy, L., et al. (2018): Quantification of ocean heat uptake from changes in atmospheric O2 and CO2 composition. Nature 563, 105–108 (2018). https://www.nature.com/articles/s41586-018-0651-8 (20.05.2019)
	IPCC (2013): Climate Change 2013: The Physical Science Basis. http://www.ipcc.ch/report/ar5/wg1/ (20.05.2019)
022 | 023	Kriegler, E., Hall, J. W., Held, H., Dawson, R., Schellnhuber, H. J. (2009): Imprecise probability assessment of tipping points in the climate system. http://www.ncbi.nlm.nih.gov/pmc/articles/PMC2657590 (20.05.2019)
028 | 029	IPCC (2014): Synthesis Report, Fifth Assessment Report. https://www.ipcc.ch/report/ar5/syr/ (20.05.2019)
	Umweltbundesamt (UBA) (2018): Die Treibhausgase. https://www.umweltbundesamt.de/themen/klima-energie/klimaschutz-energiepolitik-in-deutschland/treibhausgas-emissionen/die-treibhausgase (20.05.2019)
030 | 031	NOAA (2018): Full Mauna Loa CO2 record. https://www.esrl.noaa.gov/gmd/ccgg/trends/full.html (20.05.2019)
	UN (2013): World Population Prospects: The 2012 Revision. New York. https://population.un.org/wpp/Publications/Files/WPP2012_highlights.pdf (20.05.2019)

UN (2018): World Population Prospects 2017. https://population.un.org/wpp/Graphs/ (20.05.2019)

032 | 033 Boden, T. A., Marland, G., Andres, R. J. (2017): Global, Regional, and National Fossil-Fuel CO2 Emissions. Oak Ridge National Laboratory (ORNL), Oak Ridge, TN (United States) DOI: 10.3334/CDIAC/00001_V2017. https://www.osti.gov/dataexplorer/biblio/1389331-global-regional-national-fossil-fuel-co2-emissions (20.05.2019)

BP (2018): Statistical Review of World Energy. http://www.bp.com/en/global/corporate/energy-economics.html (20.05.2019)

Europäische Kommission (EC) (2015): Pariser Übereinkommen.
https://ec.europa.eu/clima/policies/international/negotiations/paris_de (20.05.2019)

Umweltbundesamt (UBA) (2019): Treibhausgasemissionen in Deutschland 2018 nach Gas und Kategorie.
https://www.bmu.de/fileadmin/Daten_BMU/Download_PDF/Klimaschutz/pi-thg_abbildungen_bf.pdf (20.05.2019)

UNFCCC (2018): National Inventory Submissions 2018. United Nations Framework Convention on Climate Change.
http://unfccc.int/process/transparency-and-reporting/reporting-and-review-under-the-convention/greenhouse-gas-inventories-annex-i-parties/national-inventory-submissions-2018; accessed June 2018. (20.05.2019)

034 | 035 Boden, T. A., Marland, G., Andres, R. J. (2017): Global, Regional, and National Fossil-Fuel CO2 Emissions. Oak Ridge National Laboratory (ORNL), Oak Ridge, TN (United States) DOI: 10.3334/CDIAC/00001_V2017. https://www.osti.gov/dataexplorer/biblio/1389331-global-regional-national-fossil-fuel-co2-emissions (20.05.2019)

BP (2018): Statistical Review of World Energy. http://www.bp.com/en/global/corporate/energy-economics.html (20.05.2019)

Frank, C., LeFevre, E. (2011): McGraw-Hill Companies Inc. Coal-fired Power Plants of the People's Republic of China. http://www.esri.com/mapmuseum/mapbook_gallery/volume26/pdf/mapbook26_104.pdf (20.05.2019)

International Energy Agency (IEA) (2017): World Energy Outlook 2017: China https://www.iea.org/weo/china https://www.irena.org/-/media/Files/IRENA/Agency/Publication/2019/Mar/IRENA_RE_Capacity_Statistics_2019.pdf

Global Wind Energy Coucil (GWEC) (2018): The Evolution of Wind Power. Interactive map
http://gwec.net/global-figures/interactive-map (20.05.2019)

IRENA (2019): Renewable Energy Statistics 2019, The International Renewable Energy Agency, Abu Dhabi.
https://www.irena.org/-/media/Files/IRENA/Agency/Publication/2019/Mar/IRENA_RE_Capacity_Statistics_2019.pdf (15.07.2019)

UNFCCC (2018): CAIT Climate Data Explorer. https://www.climatewatchdata.org/countries/CHN (20.05.2019)

036 | 037 Davis, S. J., Caldeira, K. (2010): Consumption-based accounting of CO2 emissions.
http://www.pnas.org/content/107/12/5687.full.pdf+html (20.05.2019)

Peters, G. P., Minx, J. C., Weber, C. L., Edenhofer, O. (2014): Growth in emission transfers via international trade from 1990 to 2008 Proceedings of the National Academy of Sciences 108, 8903-8908. https://www.pnas.org/content/108/21/8903 (20.05.2019)

U.S. Energy Information Administration (EIA) (2018): U.S. energy-related carbon dioxide (CO2) emissions
https://www.eia.gov/todayinenergy/detail.php?id=36953 (20.05.2019)

038 | 039 Boden, T. A., Marland, G., Andres, R. J. (2017): Global, Regional, and National Fossil-Fuel CO2 Emissions. Oak Ridge National Laboratory (ORNL), Oak Ridge, TN (United States) DOI: 10.3334/CDIAC/00001_V2017. https://www.osti.gov/dataexplorer/biblio/1389331-global-regional-national-fossil-fuel-co2-emissions (20.05.2019)

BP (2018): Statistical Review of World Energy. http://www.bp.com/en/global/corporate/energy-economics.html (20.05.2019)

Europäische Kommission (EC) (2015): Pariser Übereinkommen.
https://ec.europa.eu/clima/policies/international/negotiations/paris_de (20.05.2019)

UNFCCC (2018): National Inventory Submissions 2018. United Nations Framework Convention on Climate Change.
http://unfccc.int/process/transparency-and-reporting/reporting-and-review-under-the-convention/greenhouse-gas-inventories-annex-i-parties/national-inventory-submissions-2018; accessed June 2018. (20.05.2019)

Wiedmann, T., Wood, R., Lenzen, M., Minx, J., Guan, D., Barrett, J. (2010): The carbon footprint of the UK – Results from a Multi-Region Input-Output model. Economic Systems Research 22, 19-42. https://www.researchgate.net/publication/227611940_A_Carbon_Footprint_Time_Series_of_the_UK-Results_from_a_Multi-Region_Input-Output_Model (20.05.2019)

040 | 041 Ezeah, C., Fazakerley, J., Byrne, T. (2015): Tourism Waste Management in the European Union: Lessons Learned from Four Popular EU Tourist Destinations. American Journal of Climate Change. http://dx.doi.org/10.4236/ajcc.2015.45035 (20.05.2019)

Lenzen, M., Sun, Y. Y., Faturay, F., Ting, Y. P., Geschke, A., Malik, A. (2018): The carbon footprint of global tourism. Nature Climate Change. https://doi.org/10.1038/s41558-018-0141-x (20.05.2019)

atmosfair (2018): CO2-Rechner https://www.atmosfair.de/de/kompensieren/flug (20.05.2019)

042 | 043 Belkhir, L., Elmeligi, A. (2018): Assessing ICT global emissions footprint: Trends to 2040 & recommendations. Journal of Cleaner Production. http://www.electronicsilentspring.com/wp-content/uploads/2015/02/ICT-Global-Emissions-Footprint-Online-version.pdf (20.05.2019)

London South Bank University (LSBU) (2018): Changing behaviour to create low impact data centres. https://www.lsbu.ac.uk/stories/changing-behaviour-for-low-impact-data-centres (20.05.2019)

McAfee (2009): The Carbon Footprint of Email Spam Report. http://www.mclellanwritingteam.com/files/mcafee_report_carbon_footprint_of_email.pdf (20.05.2019)

Mora, C., Rollins, R. L., Taladay, K., Kantar, M. B., Chock, M. K., Shimada, M., Franklin, E. C. (2018): Bitcoin emissions alone could push global warming above 2°C. Nature Climate Change volume 8, pages 931–933. https://www.nature.com/articles/s41558-018-0321-8 (20.05.2019)

Shehabi, A., Smith, S. J., Horner, N., Azevedo, I., Brown, R., Koomey, J., Masanet, E., Sartor, D., Herrlin, M., Lintner, W. (2016): United States Data Center Energy Usage Report. Lawrence Berkeley National Laboratory, Berkeley, California. LBNL-1005775 https://ses.lbl.gov/publications/united-states-data-center-energy (20.05.2019)

Synergy Research Group (SRG) (2017): Hyperscale Data Center Count Approaches the 400 Mark; US Still Dominates. https://www.srgresearch.com/articles/hyperscale-data-center-count-approaches-400-mark-us-still-dominates (20.05.2019)

Whitehead, B., Andrews, D., Shah, A., Maidment, G. (2014): Assessing the environmental impact of data centres part 1: Background, energy use and metrics. Building and Environment Volume 82, December 2014, Pages 151-159 https://doi.org/10.1016/j.buildenv.2014.08.021 (20.05.2019)

044 | 045 Airports Council International (ACI) (2018): Statistics: World Airport Traffic 2018. https://aci.aero/news/2018/09/20/aci-world-publishes-annual-world-airport-traffic-report/ (20.05.2019)

American Association of Port Authorities (AAPA) (2016): World Port Rankings 2016. http://aapa.files.cms-plus.com/Statistics/WORLD%20PORT%20RANKINGS%202016.xlsx (20.05.2019)

U.S. Department of Transportation, Bureau of Transportation Statistics (RITA) (2018): Transportation Statistics Annual Report 2018 https://www.bts.gov/tsar (20.05.2019)

046 | 047 Cuypers, D., Peters, G., Prieler, S., Geerken, T., Karstensen, J., Fisher, G., Gorissen, L., Hizsnyik, E., Lust, A., Van Velthuizen, H. (2015): The impact of EU consumption on deforestation: Comprehensive analysis of the impact of EU consumption on deforestation. Europäische Union. DOI: 10.2779/822269.

Henders, S., Persson, U. M., Kastner, T. (2015): Trading forests: land-use change and carbon emissions embodied in production and exports of forest-risk commodities. Environmental Research Letters, Volume 10, Number 12 https://iopscience.iop.org/article/10.1088/1748-9326/10/12/125012/meta (20.05.2019)

048 | 049 Ernst, M., Lefebvre, P., Nepstad, D. (2007): Amazonia 2030. Infrastructure and Landcover. Amazon Scenarios. Woods Hole Research Center.

Garret, R. D., Valentim, J., Gil, J. (2015): Technology transfer: challenges and opportunities for the adoption of integrated crop-livestock-forestry systems in the Amazon. Aus dem Buch: Integrated crop-livestock-forestry systems: a Brazilian experience for sustainable farming, Embrapa.

Global Forest Watch (GFW) (2018): Interactive Map. http://www.globalforestwatch.org (20.05.2019)

Lovejoy, T. E., Nobre, C. (2018): Amazon Tipping Point. Sci. Adv. 4, eaat2340 (2018). https://www.researchgate.net/publication/323341184_Amazon_Tipping_Point (20.05.2019)

Nobre, C. A., Sampaiob, G., Bormac, L. S., Castilla-Rubiod, J. C., Silvae, J. S., Cardosoc, M. (2016): Land-use and climate change risks in the Amazon and the need of a novel sustainable development paradigm. PNAS, vol. 113, no. 39, 10759–10768. http://www.pnas.org/cgi/doi/10.1073/pnas.1605516113 (20.05.2019)

Rosa, I. M. D., Smith, M. J., Wearn, O. R., Purves, D., Ewers, R. M. (2016): The Environmental Legacy of Modern Tropical Deforestation. Current Biology. https://www.cell.com/current-biology/pdf/S0960-9822(16)30625-X.pdf (20.05.2019)

050 | 051 Hubbs, T., Irwin, S., Good, D. (2017): Assessing Brazilian Soybean Yield Risks: Historical Deviations from Trend. Department of Agricultural and Consumer Economics University of Illinois. farmdoc daily (7):5. https://farmdocdaily.illinois.edu/2017/01/assessing-brazilian-soybean-yield-risks.html (20.05.2019)

United States Department of Agriculture (USDA) (2017): Planting of Summer Crops Begins in Brazil. Commodity Intelligence Report. https://ipad.fas.usda.gov/highlights/2017/09/Brazil/index.htm (20.05.2019)

052 | 053 Hawighorst, P. (2015): Analyse des Palmölsektors in Deutschland. Meo Carbon Solutions. https://www.forumpalmoel.org/imglib/downloads/Der%20Palmölmarkt%20in%20Deutschland%202013%20-%20Endbericht.pdf (20.05.2019)

Hooijer, A., Page, S., Canadell, J. G., Silvius, M., Kwadijk, J., Wosten, H., Jauhiainen, J. (2010): Current and future CO_2 emissions from drained peatlands in Southeast Asia. https://helda.helsinki.fi/bitstream/handle/10138/29039/bg_7_1505_2010.pdf?sequence=2 (20.05.2019)

Page, S. E., Rieley, J. O., & Banks, C. J. (2011). Global and regional importance of the tropical peatland carbon pool. Global Change Biology, 17(2), 798–818. https://doi.org/10.1111/j.1365-2486.2010.02279.x (20.05.2019)

Noleppa, S., Cartsburg, M. (2016): Palm Oil Report Germany. Searching for Alternatives. WWF Deutschland. https://mobil.wwf.de/fileadmin/fm-wwf/Publikationen-PDF/WWF_Report_Palm_Oil_-_Searching_for_Alternatives.pdf (20.05.2019)

054 | 055 Chemnitz, C., Weigelt, J. (2015): Bodenatlas 2015 – Daten und Fakten über Acker, Land und Erde. Heinrich-Böll-Stiftung, Institute for Advanced Sustainability Studies, Bund für Umwelt- und Naturschutz Deutschland und Le Monde diplomatique. https://www.boell.de/de/bodenatlas (20.05.2019)

Bazyli, C., Kryszak, Ł. (2018): Impact of different models of agriculture on greenhouse gases (GHG) emissions: A sectoral approach. https://doi.org/10.1177/0030727018759092 (20.05.2019)

Flessa, H., Don, A., Jacobs, A., Dechow, R., Tiemeyer, B., Poeplau, C. (2018): Humus in landwirtschaftlich genutzten Böden Deutschlands. Bundesministerium für Ernährungund Landwirtschaft (BMEL) und Thünen-Institut für Agrarklimaschutz. https://www.bmel.de/SharedDocs/Downloads/Broschueren/Bodenzustandserhebung.pdf?__blob=publicationFile (20.05.2019)

Patzel, N., Wilhelm, B. (2018): Das Boden-Bulletin. Landbau in Zeiten der Erderhitzung. WWF Deutschland.

057 IPCC (2018): Global Warming of 1.5 °C. Report. Intergovernmental Panel on Climate Change, Geneva, Schweiz. https://www.ipcc.ch/sr15/ (20.05.2019)

Malik, A., Lan, J. & Lenzen, M. (2016): Trends in global greenhouse gas emissions from 1990 to 2010. Environmental Science & Technology 50, 4722–4730, doi:10.1021/acs.est.5b06162.

Norgaard, K. M. (2006): We don't really want to know. Organization & Environment 19, 347-370.

Norgaard, K. M. (2011): Living in denial - climate change, emotions, and everyday life. MIT Press.

060 | 061 Intelligence Community Assessment (ICA) (2012): Global Water Security. https://www.dni.gov/files/documents/Special%20Report_ICA%20Global%20Water%20Security.pdf (20.05.2019)

Intergovernmental Science-Policy Platform on Biodiversity and Ecosystem Services (IPBES) (2018): Biodiversity and Nature's Contributions Continue Dangerous Decline, Scientists Warn. https://www.ipbes.net/news/media-release-updated-biodiversity-nature%E2%80%99s-contributions-continue-dangerous-decline-scientists (20.05.2019)

IPCC (2014): Synthesis Report, Fifth Assessment Report. https://www.ipcc.ch/report/ar5/syr/ (20.05.2019)

Kopp, R. E., DeConto, R. M., Bader, D. A., Hay, C. C., Horton, R. M., Kulp, S., Oppenheimer, M., Pollard, D., Strauss, B. H. (2017): Evolving understanding of Antarctic Ice-Sheet physics and ambiguity in probabilistic sea-level projections. Earth's Future 5: 1217-1233. https://agupubs.onlinelibrary.wiley.com/doi/full/10.1002/2017EF000663 (20.05.2019)

United Nations (UN) (2018): The United Nations World Water Development Report 2018. Nature-based solutions for Water. http://www.unwater.org/world-water-development-report-2018-nature-based-solutions-for-water/ (20.05.2019)

The UN Refugee Agency (UNHCR) (2018): Figures at a Glance. http://www.unhcr.org/figures-at-a-glance.html (20.05.2019) (20.02.2019)

Watts, R. J., Richter, B. D., Opperman, J. J., Bowmer, K. H. (2011): Dam reoperation in an era of climate change. CSIRO Publishing. Marine and Freshwater Research, 2011, 62, 321–327. https://www.publish.csiro.au/MF/MF10047 (20.05.2019)

062 | 063 Guo, Y., et al. (2018): Quantifying excess deaths related to heatwaves under climate change scenarios: A multicountry time series modelling study. https://doi.org/10.1371/journal.pmed.1002629 (20.05.2019)

Mora, C., et al. (2017): Global risk of deadly heat. Nature Climate Change, Vol 7, July 2017. DOI: 10.1038/NCLIMATE3322. https://www.nature.com/articles/nclimate3322 (20.05.2019)

Nationel Oceanic and Atmospheric Administration (NOAA) (2019): Climate at a Glance: Global Time Series. National Centers for Environmental information. https://www.ncdc.noaa.gov/cag/ (20.05.2019)

Robine, J. M., Cheung, S. L. K., Le Roy, S., Van Oyen, H.,Griffiths, C., Michel, J. P., Herrmann, F. R. (2008): Death toll exceeded 70,000 in Europe during the summer of 2003. Comptes Rendus Biologies

Volume 331, Issue 2, February 2008, Pages 171178. https://doi.org/10.1016/j.crvi.2007.12.001 (20.05.2019)

World Meteorological Organization (WMO) (2018): Summer sees heat and extreme weather. https://public.wmo.int/en/media/news/summer-sees-heat-and-extreme-weather (20.05.2019)

064 | 065 National Snow and Ice Data Center (NSIDC) (2018): Charctic Interactive Sea Ice Graph. https://nsidc.org/arcticseaicenews/charctic-interactive-sea-ice-graph/ (20.05.2019)

National Snow and Ice Data Center (NSIDC) (2018): Arctic sea ice at minimum extent for 2018. https://nsidc.org/news/newsroom/arctic-sea-ice-2018-minimum-extent (20.05.2019)

Serreze, M. C., Barrett, A. P., Stroeve, J. (2012): Recent changes in tropospheric water vapor over the Arctic as assessed from radiosondes and atmospheric reanalyses. J. Geophys. Res., 117, D10104. https://doi.org/10.1029/2011JD017421 (20.05.2019)

U. S. Global Change Research Program (USGCRP) (2017): Climate Science Special Report. Fourth National Climate Assessment, Volume I. Chapter 11: Arctic Changes and their Effects on Alaska and the Rest of the United States. https://science2017.globalchange.gov/chapter/11/ (20.05.2019)

066 | 067 Fretwell, P., Pritchard,H. D., Vaughan,D. G., Bamber, J. L., et al. (2013): Bedmap2: improved ice bed, surface and thickness datasets for Antarctica. The Cryosphere, 7, 375–393, 2013. http://www.the-cryosphere.net/7/375/2013 (20.05.2019)

Kopp, R. E., DeConto, R. M., Bader, D. A., Hay, C. C., Horton, R. M., Kulp, S., Oppenheimer, M., Pollard, D., Strauss, B. H. (2017): Evolving understanding of Antarctic Ice-Sheet physics and ambiguity in probabilistic sea-level projections. Earth's Future 5: 1217-1233. https://agupubs.onlinelibrary.wiley.com/doi/full/10.1002/2017EF000663 (20.05.2019)

National Snow and Ice Data Center (NSIDC) (2018): Greenland Surface Melt Extent. https://nsidc.org/greenland-today/greenland-surface-melt-extent-interactive-chart/ (20.05.2019)

Rignot, E., Jacobs, S., Mouginot, J., Scheuchl, B. (2013): Ice-Shelf Melting Around Antarctica. Science 19 Jul 2013: Vol. 341, Issue 6143, pp. 266-270, DOI: 10.1126/science.1235798. http://science.sciencemag.org/content/341/6143/266.full (20.05.2019)

Robinson, A., Calov, R., Ganopolski, A. (2012): Multistability and critical thresholds of the Greenland ice sheet. Nature Climate Change (2012), Nr. 2: 429-432. https://www.nature.com/articles/nclimate1449 (20.05.2019)

Shepherd, A., Fricker, H. A., Farrell, S. L. (2018): Trends and connections across the Antarctic cryosphere. Nature 558, 223-232 (2018) https://www.nature.com/articles/s41586-018-0171-6 (20.05.2019)

068 | 069 Eriksson, M., Jianchu, X., Shrestha, A. B., Vaidya, R. A., Nepal, S., Sandström, K. (2009): The Changing Himalayas. Impact of climate change on water resources and livelihoods in the greater Himalayas. International Centre for Integrated Mountain Development. https://www.cabdirect.org/cabdirect/abstract/20093086376 (20.05.2019)

Intelligence Community Assessment (ICA) (2012): Global Water Security. https://www.dni.gov/files/documents/Special%20Report_ICA%20Global%20Water%20Security.pdf (20.05.2019)

International Cryosphere Climate Initiative (ICCI) (2018): Himalayas. http://iccinet.org/himalayas (20.05.2019)

Wester, P., Sharma, E., Molden, D., Rahman, A., Khatiwada, Y.R., Zhang, L., Singh, P., Yao, T. (2019): The Hindu Kush Himalaya Assessment. https://doi.org/10.1007/978-3-319-92288-1_1 (20.05.2019)

070 | 071 Jeong, S. J. Bloom, A. A., Schimel, D., Sweeney, D., Parazoo, N. C., Medvigy, D., Schaepman-Strub, G., Zheng, C., Schwalm, C. R., Huntzinger, D. N., Michalak, A. M., Miller, C. E. (2018): Accelerating rates of Arctic carbon cycling revealed by long-term atmospheric CO_2 measurements. Science Advances 11 Jul 2018: Vol. 4, no. 7, eaao1167 DOI: 10.1126/sciadv.aao1167. http://advances.sciencemag.org/content/4/7/eaao1167 (20.05.2019)

Jones, A., Stolbovoy, V., Tarnocai, C., Broll, G., Spaargaren, O., Montanarella, L. (2009): Soil Atlas of the Northern Circumpolar Region. European Commission, Office for Official Publications of the European Communities, Luxembourg.

Knoblauch, C., Beer, C., Liebner, S., Grigoriev, M. N., Pfeiffer, E.-M. (2018): Methane production as key to the greenhouse gas buget of thawing permafrost. Nature Climate Change, DOI: https://doi.org/10.1038/s41558-018-0095-z (20.05.2019)

Parazoo, N. C., Koven, C. D., Lawrence, D. M., Romanovsky, V., Miller, C. E. (2017): Detecting the permafrost carbon feedback: talik formation and increased cold-season respiration as precursors to sink-to-source transitions. The Cryosphere, 12, 123-144, 2018 https://doi.org/10.5194/tc-12-123-2018 (20.05.2019)

072 | 073 ARC Centre of Excellence, Coral Reef Studies (ARC) (2016): Heat sickens corals in global bleaching event. https://www.coralcoe.org.au/media-releases/heat-sickens-corals-in-global-bleaching-event (20.05.2019)

IPCC (2014): Synthesis Report, Fifth Assessment Report. https://www.ipcc.ch/report/ar5/syr/ (20.05.2019)

Maribus (2010): World Ocean Review – Mit den Meeren leben. http://worldoceanreview.com (20.05.2019)

Rahmstorf, S., Box, E., Feulner, G., et al. (2015): Exceptional twentieth-century slowdown in Atlantic Ocean overturning circulation. Nature Climate Change, 23. März 2015. https://www.nature.com/articles/nclimate2554 (20.05.2019)

XL Catlin Seaview Survey (2016): Coral Reefs. http://catlinseaviewsurvey.com/science/coral-reefs (20.05.2019)

074 | 075 IRIN (2017): https://www.irinnews.org/maps-and-graphics/2017/04/04/updated-mapped-world-war (20.05.2019)

International Organization for Migration (IOM) (2015): Regional Maps on Migration, Environment and Climate Change. https://environmentalmigration.iom.int/maps (20.05.2019)

Kelley, C. P., Mohtadi, S. Cane, M. A., Seager, R., Kushnir, Y. (2015): Climate change in the Fertile Crescent and implications of the recent Syrian drought. Proc. Natl. Acad. Sci. USA. 2015 Mar 17; 112(11): 3241–3246.

OCHA (2018): Afghanistan Weekly Field Report (3 - 9 September 2018)

Rechkemmer, A., O'Connor, A., Rai, A., Decker Sparks, J. L., Mudliar, P., Shultz, J. M. (2016): A complex socialecological disaster: Environmentally induced forced migration. Disaster Health. 2016; 3(4): 112–120. DOI: 10.1080/21665044.2016.1263519

UNHCR (2017): Klimawandel und Bevölkerungsbewegungen durch Naturkatastrophen. https://www.unhcr.org/dach/wp-content/uploads/sites/27/2017/07/UNHCR_klimawandel-papier_v04.pdf (20.05.2019)

German Advisory Council on Global Change (WBGU) (2007): Climate Change as a Security Risk

076 | 077 Commonwealth Marine Economies Programme (CMEP) (2018): Pacific Marine Climate Change Report Card 2018. Townhill, B., Buckley, P., Hills, J., Moore, T., Goyet, S., Singh, A., Brodie, G., Pringle, P., Seuseu, S., Straza, T. https://www.sprep.org/attachments/Publications/CC/cefas-pacific-islands-report-card.pdf (20.05.2019)

IPCC (2014): Synthesis Report, Fifth Assessment Report. https://www.ipcc.ch/report/ar5/syr/ (20.05.2019)

Lijing, C., Abraham, J., Hausfather, Z., Trenberth, K. E. (2019): How fast are the oceans warming? Science. Vol. 363, Issue 6423, pp. 128-129 DOI: 10.1126/science.aav7619. http://science.sciencemag.org/content/363/6423/128 (20.05.2019)

078 | 079 Brown, S. Nicholls, R. J., Lázár, A. N., Hornby, D. D., Hill, C., Hazra, S., Appeaning, K., Haque, A. A., Caesar, J., Tompkins, E. L. (2018): What are the implications of sea-level rise for a 1.5, 2 and 3 °C rise in global mean temperatures in the Ganges-Brahmaputra-Meghna and other vulnerable deltas? https://link.springer.com/article/10.1007%2Fs10113-018-1311-0 (20.05.2019)

Davis, K. F., Bhattachan, A., D'Odorico, P., Suweis, S. (2018): A universal model for predicting human migration under climate change: examining future sea level rise in Bangladesh, Environ. Res. Lett. 13, 6. http://iopscience.iop.org/article/10.1088/1748-9326/aac4d4/pdf (20.05.2019)

IPCC (2014): Synthesis Report, Fifth Assessment Report. https://www.ipcc.ch/report/ar5/syr/ (20.05.2019)

Maribus (2010): World Ocean Review – Mit den Meeren leben. http://worldoceanreview.com (20.05.2019)

Sweet, W. V., Horton, R., Kopp, R. E., LeGrande, A. N., Romanou, A. (2017): Sea level rise. In: Climate Science Special Report: Fourth National Climate Assessment, Volume I, U. S. Global Change Research Program, Washington, DC, USA, pp. 333-363, DOI: 10.7930/J0VM49F2. https://science2017.globalchange.gov/ (20.05.2019)

080 | 081 CB (2017): Mapped: How climate change affects extreme weather around the world. https://www.carbonbrief.org/mapped-how-climate-change-affects-extreme-weather-around-the-world (20.05.2019)

Funk et al. (2015): Bull. Amer. Meteor. Soc., 96 (12), S77–S82

Kam et al. (2015): Bull. Amer. Meteor. Soc., 96 (12), S61–S65

King et al. (2015): Environmental Research Letters, 10 (5), 54002

Murakami et al. (2015): Bull. Amer. Meteor. Soc., 96 (12), S115–S119

Sweet et al. (2013): Bull. Amer. Meteor. Soc., 97 (12), S25–S30

Szeto et al. (2016): Bull. Amer. Meteor. Soc., 97 (12), S42–S46

Sweet et al. (2013): Bull. Amer. Meteor. Soc., 94 (9), S17–S20

Shiogama et al. (2013): Atmospheric Science Letters, 14 (3), 170–175

Zhang et al. (2016): Bull. Amer. Meteor. Soc., 97 (12), S131–S135

082 | 083 IPCC (2014): Synthesis Report, Fifth Assessment Report. https://www.ipcc.ch/report/ar5/syr/ (20.05.2019)

084 | 085 IUCN (2018): The IUCN Red List of Threatened Species. https://www.iucnredlist.org (20.05.2019)

086 | 087 Damania, R., Desbureaux, S., Hyland, M., Islam, A., Moore, S., Rodella, A. S., Russ, J., Zaveri, E., (2017): Uncharted Waters: The New Economics of Water Scarcity and Variability. World Bank, Washington, DC. https://openknowledge.worldbank.org/handle/10986/28096 (20.05.2019)

Luo, T., Young, R., Reig, P. (2015): Aqueduct Projected Water Stress Country Rankings. Technical Note. Washington, D.C.: World Resources Institute. https://www.wri.org/publication/aqueduct-projected-water-stress-country-rankings (20.05.2019)

Hoekstra, A. (2008): Water for Food. The water footprint of food. p54
https://waterfootprint.org/media/downloads/Hoekstra-2008-WaterfootprintFood_1.pdf (20.05.2019)

Mekonnen, M., Hoekstra, A. (2016): Four Billion People Facing Severe Water Scarcity. Science Advances 2 (2): e1500323. http://advances.sciencemag.org/content/2/2/e1500323 (20.05.2019)

Union of Concerned Scientists (UCS) (2011): Nuclear Power and Water. Quick facts on nuclear power generation and water use. https://www.ucsusa.org/sites/default/files/legacy/assets/documents/nuclear_power/fact-sheet-water-use.pdf (20.05.2019)

United Nations World Water Assessment Programme/UN-Water (WWAP) (2018): The United Nations World Water Development Report 2018: Nature-Based Solutions for Water. Paris, UNESCO.
http://www.unwater.org/publications/world-water-development-report-2018/ (20.05.2019)

watercalculator (2018): The Hidden Water in Everyday Products - Water Footprint Calculator
http://watercalculator.org (20.05.2019)

088 Centers for Disease Control Prevention (CDC) (2018): World Map of Areas with Risk of Zika.
https://wwwnc.cdc.gov/travel/page/world-map-areas-with-zika (20.05.2019)
Climate change increases the number and geographic range of disease-carrying sects and ticks.
https://www.cdc.gov/climateandhealth/pubs/vector-borne-disease-final_508.pdf (20.05.2019)

Eisen, L., Moore, C. G. (2013): Aedes (Stegomyia) aegypti in the continental United States: a vector at the cool margin of its geographic range. J Med Entomol. 2013 May;50(3):46778. https://www.ncbi.nlm.nih.gov/pubmed/23802440 (20.05.2019)

Mordecai, E. A., Cohen, J. M., Evans, M. V., Gudapati, P., Johnson, L. R., Lippi, C. A., Miazgowicz, K., Murdock, C. C., Rohr, J. R., Ryan, S. J., Van Savage, Shocket, M. S., Ibarra, A. S., Thomas, M. B., Weikel, D. P. (2017): Detecting the impact of temperature on transmission of Zika, dengue, and chikungunya using mechanistic models.
https://journals.plos.org/plosntds/article?id=10.1371/journal.pntd.0005568 (20.05.2019)

089 Huntley, B., Green, R. E., Collingham, Y. C., Willis, S. G. (2007): A Climatic Atlas of European Breeding Birds. Durham University.

Mannino, A. M., Balistreri, P., Deidun, A. (2017): The Marine Biodiversity of the Mediterranean Sea in a Changing Climate: The Impact of Biological Invasions, Mediterranean Identities. DOI: 10.5772/intechopen.69214
https://www.intechopen.com/books/mediterranean-identities-environment-society-culture/the-marine-biodiversity-of-the-mediterranean-sea-in-a-changing-climate-the-impact-of-biological-inva (20.05.2019)

Nowald, G., Donner, N., Modrow, M. (2010): Influence of climate change on the wintering site selection of eurasian cranes http://www.rbcu.ru/PDF/Book/Climate%20Workshop%202010%20Proceedings_inside_low%20res.pdf#page=61 (20.05.2019)

Verge's, A., et al. (2014): The tropicalization of temperate marine ecosystems: climate-mediated changes in herbivory and community phase shifts. Proc. R. Soc. B 281: 20140846. http://dx.doi.org/10.1098/rspb.2014.0846 (20.05.2019)

091 Oxfam (2017): https://www.oxfam.de/blog/zukunft-klimawandel-betroffen-gibt-nur-planeten (20.05.2019)

094 | 095 IPCC (2014): Synthesis Report, Fifth Assessment Report. https://www.ipcc.ch/report/ar5/syr/ (20.05.2019)

UNFCCC (2017): 20 Years of Effort and Achievement: http://unfccc.int/timeline/ (20.05.2019)
Adoption of the Paris Agreement: http://unfccc.int/resource/docs/2015/cop21/eng/l09r01.pdf (20.05.2019)

096 | 097 Bai, X., Dawson, R. J., Ürge-Vorsatz, D., Delgado, G. C., Barau, A. S., Dhakal, S., Dodman, D., Leonardsen, L., Masson-Delmotte, V., Roberts, D. C., Schultz, S. (2018): Six research priorities for cities and climate change. Nature 555, 23–25 (2018) DOI: 10.1038/d41586-018-02409-z. https://www.nature.com/articles/d41586-018-02409-z (20.05.2019)

Gitz, V., Meybeck, A., Lipper, L., De Young, C., Braatz, S. (2016): Climate change and food security: risks and responses. Food and Agriculture Organization of the United Nations. http://www.fao.org/3/a-i5188e.pdf (20.05.2019)

Scherer, M., Tänzler, D. (2018): The Vulnerable Twenty – From Climate Risks to Adaptation. A compendium of climate fragility risks and adaptation finance needs of the V20 countries. adelphi research.
https://www.adelphi.de/en/publication/vulnerable-twenty (20.05.2019)

098 | 099 International Energy Agency (IEA) (2018): Renewables 2018. https://www.iea.org/renewables2018/ (20.05.2019)

International Renewable Energy Agency (IRENA) (2017): Renewable energy in national climate action, (#Renewables4Climate update for COP24), International Renewable Energy Agency, Abu Dhabi. http://www.irena.org/publications/2017/Nov/Turning-to-renewables-Climate-safe-energy-solutions (20.05.2019)

The World Bank (WBG) (2017): Annual Report 2017. http://pubdocs.worldbank.org/en/908481507403754670/Annual-Report-2017-WBG.pdf (20.05.2019)

World Health Organization (WHO) (2018): Interactive global ambient air pollution map. https://www.who.int/airpollution/en/ (20.05.2019)

100 | 101 Dietz, S., Fankhauser, S. (2018): An economic solution to climate change that could save trillions. London School of Economics.

European Commission (EC) (2018): EU Emissions Trading System (EU ETS). https://ec.europa.eu/clima/policies/ets_en (20.05.2019)

Deutsche Emissionshandelsstelle (DEHSt) (2018): Wie funktioniert der Emissionshandel? https://www.dehst.de/DE/Emissionshandel-verstehen/Grundlagen/grundlagen-des-emissionshandels-node.html (20.05.2019)

Organisation for Economic Co-operation and Development (OECD) (2018): Action steps for sustainable manufacturing. https://www.oecd.org/innovation/green/toolkit/actionstepsforsustainablemanufacturing.htm (20.05.2019)

102 | 103 Gerber, P. J., Steinfeld, H., Henderson, B., Mottet, A., Opio, C., Dijkman, J., Falcucci, A., Tempio, G. (2013): Tackling climate change through livestock – A global assessment of emissions and mitigation opportunities. FAO, Rom

Guégan, S., Léger, F. (2015): Case Study – Permacultural Organic Market Gardening and Economic Performance.

IPCC (2019): Climate Change and Land. An IPCC Special Report on climate change, desertification, land degradation, sustainable land management, food security, and greenhouse gas fluxes in terrestrial ecosystems https://www.ipcc.ch/site/assets/uploads/2019/08/Fullreport-1.pdf (07.10.2019)

Thornton, P., Dinesh, D., Cramer, L. (2018): Agriculture in a changing climate: Keeping our cool in the face of the hothouse. https://journals.sagepub.com/doi/10.1177/0030727018815332 (20.05.2019)

De Ramon N'Yeurt, A., Chynoweth, D. P., Capron, M. E., Stewart, J. (2012): Negative Carbon Via Ocean Afforestation. https://www.researchgate.net/publication/259892834_Negative_Carbon_Via_Ocean_Afforestation (20.05.2019)

104 | 105 EIA (2017): Tracking Progress: Transport. https://www.iea.org/etp/tracking2017/transport/ (20.05.2019)

Organisation for Economic Co-operation and Development (OECD)/International Transport Forum (ITF) (2015): The Carbon Footprint of Global Trade – Tackling Emissions from International Freight Transport.

106 | 107 Clean Energy Council (CEC) (2018): https://www.cleanenergycouncil.org.au/news/number-of-australian-homes-with-rooftop-solar-tops-2-million-and-counting?_ga=2.115044743.1217710657.1548041773-588701851.1548041773 (20.05.2019)

Climate Action Tracker (CAT) (2018): https://climateactiontracker.org/countries/ (20.05.2019)

Conservation (CV) (2018): https://www.conservation.org/NewsRoom/pressreleases/Pages/World%E2%80%99s-Largest-Tropical-Reforestation-Project-to-Take-Place-in-the-Amazon-Rainforest.aspx (20.05.2019)

Cycling Embassy (CE) (2018): http://www.cycling-embassy.dk/2017/12/05/new-bicycle-account-bicycles-outnumber-cars-central-copenhagen/ (20.05.2019)

Great Green Wall (GGW) (2018): http://www.greatgreenwall.org/about-great-green-wall (20.05.2019)

Hopkins, R., Thomas, M. (2016): Gemeinsam die Zukunft gestalten - Ein Leitfaden für Transition-Initiativen. Transition Network, Totnes. http://www.transitionnetwork.org (20.05.2019)

NEA (2018): Iceland Renewable Energy 2011. http://www.nea.is (20.05.2019)

Oslo Kommune (OK) (2019): https://www.oslo.kommune.no/politics-and-administration/green-oslo

Patagonia (PA) (2018): https://www.patagonia.com/climate-change.html (20.05.2019)

San Francisco Environment (SFE) (2018): Mayor Lee Announces San Francisco Reaches 80 Percent Landfill Waste Diversion, Leads All Cities in North America. https://bit.ly/2CM4bZy (20.05.2019)

108–115 Umweltbundesamt (UBA) (2019): http://www.uba.co2-rechner.de (20.05.2019)

https://www.stromauskunft.de (20.05.2019) / https://calculator.carbonfootprint.com (20.05.2019)

Über die Autorin

Esther Gonstalla, Jahrgang 1985, arbeitet seit 2008 als freie Buchgestalterin und Infografikerin in Hamburg und seit 2013 jedes Jahr von einem anderen Land aus: Bisher lebte sie längere Zeit in der Karibik, in Kanada, Französisch-Polynesien und Australien. Zu ihren Kunden gehören National Geographic Deutschland, Institute for Climate Physics (ICCP) in Südkorea, Ludwig-Maximilians-Universität München, Friedrich-Ebert-Stiftung, Stern, Cicero Magazin und sie engagiert sich für das Pacific Garbage Screening.

Das erste Buch dieser Reihe hat Gonstalla im Jahr 2009 als Diplomarbeit an der Fachhochschule Münster gestaltet und geschrieben: »Das Atombuch – Radioaktive Abfälle und verlorene Atombomben«. Sie wurde dafür mit dem Preis der Stiftung Buchkunst ausgezeichnet, für »eines der schönsten deutschen Bücher 2009«, und dem Hochschulpreis der FH Münster. Daraufhin folgten 2011 das erste »Klimabuch« und 2017 im oekom verlag »Das Ozeanbuch«. **Zum Portfolio:** www.erdgeschoss-grafik.de

Danke!

Ein großer Dank für die fachliche Unterstützung geht an:
Prof. Axel Timmermann (ICCP, Busan)

Des Weiteren danke ich: Dr. Samuel Alexander (Universität Melbourne), Erin Bishop & Isabelle Michal (UNHCR), Prof. Christoph Buchal (Universität Frankfurt), Silke Deparade (UBA), Prof. Hartmut Graßl, Dr. James Hansen (Columbia University), Dr. Sabine Henders (Thünen-Institut für Waldökosysteme), Prof. Manfred Lenzen (Universität Sydney), Dr. Maria Martin (PIK Potsdam), Prof. Dr. Hans Joachim Schellnhuber (PIK Potsdam), Dr. Fabian Schlösser (Universität Hawaii), Prof. Christian-D. Schönwiese (Goethe-Universität), Dr. Rolf Sommer (WWF), Dr. Nikola Patzel (Büro für Bodenkommunikation) und Dr. Bronwyn Wake (nature climate change).

Außerdem möchte ich meiner Lektorin Laura Kohlrausch vom oekom Verlag ganz herzlich danken für die tolle Zusammenarbeit und Veronique Dürr für die grafische Hilfe bei der Infografik auf Seite 44/45.

AUSSERDEM BEI OEKOM ERSCHIENEN:

Das Ozeanbuch

Über die Bedrohung der Meere

»Das Ozeanbuch ist in jeder Hinsicht ein derart hervorragendes und uneingeschränkt empfehlenswertes Buch, dass es eigentlich zur Pflichtlektüre an weiterführenden Schulen gehören müsste!« DATZ Die Aquarienzeitschrift, Helmut Göthel

Unfälle auf Ölplattformen, Strudel aus Plastikmüll, Überfischung, wo man hinschaut: die Meere sind längst nicht mehr nur noch Sehnsuchtsorte und Urlaubsparadiese; Verschmutzung und Ausbeutung haben ihnen in den letzten Jahrzehnten gewaltig zugesetzt. Doch wie steht es wirklich um das größte Ökosystem der Erde?

Obwohl wir seit jeher von und mit dem Meer leben, bleibt es bis heute eines der letzten unbekannten Territorien der Erde – sogar der Mond ist besser erforscht als die gigantischen Wassermassen, die für unseren Planeten so wichtig sind. Genau dieses Unwissen könnte dem Ozean (und uns!) zum Verhängnis werden: Um das sensible Ökosystem zu schützen, müssen wir die Zusammenhänge zwischen menschlichem Handeln und den Veränderungen des maritimen Lebensraums besser verstehen lernen.

»Das Ozeanbuch« zeichnet ein umfassendes Bild der Risiken und Chancen und verdeutlicht Zusammenhänge – in über 45 leicht verständlichen und attraktiven Infografiken.

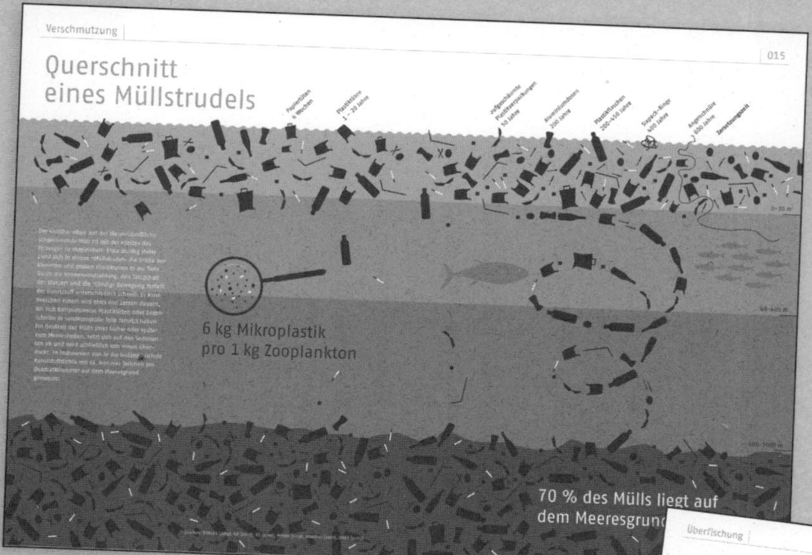

128 Seiten, oekom verlag München, 2017
ISBN: 978-3-96006-012-3
Preis: 24,00 €

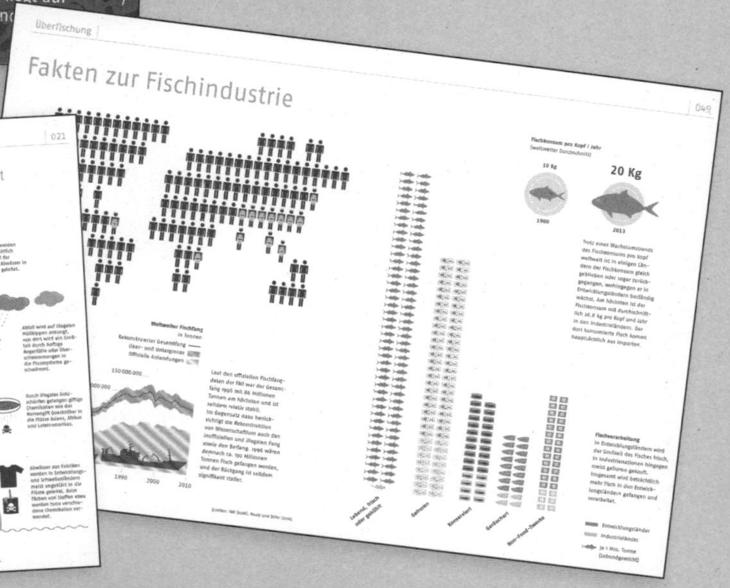

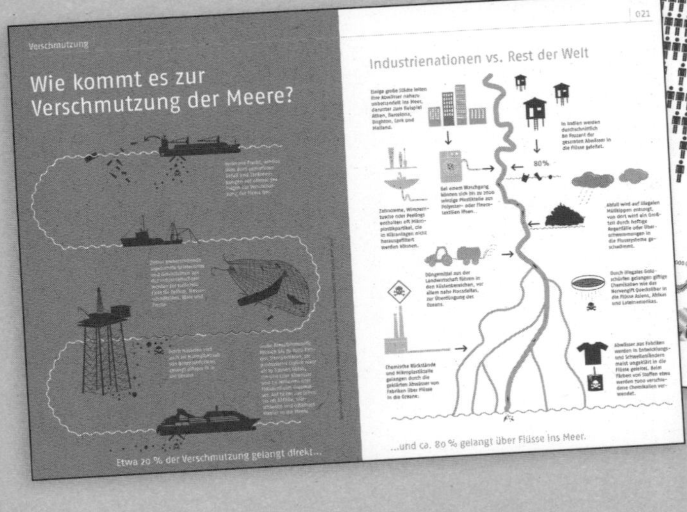

»Gemeinsam, als nachhaltig
denkende Konsumenten,
können wir zum Klimaschutz,
politischen und wirtschaftlichen
Umdenken beitragen.
Lasst uns diese Chance nutzen,
für eine bessere Zukunft.«

Esther Gonstalla